Chine, le grand prédateur

La collection *Monde en cours*
est dirigée par Jean Viard

www.editionsdelaube.com

ISBN 978-2-8159-4456-4

Pierre-Antoine Donnet

Chine, le grand prédateur

Un défi pour la planète

préface de Jean-Pierre Cabestan

éditions de l'aube

Je dédie ce livre à Véronique, veuve de Cabu,
assassiné le 7 janvier 2015 avec ses amis de Charlie.
J'ai eu le bonheur de le rencontrer
et nous partagions une fascination pour l'Asie orientale.
Sa bonté et sa bienveillance restent gravées dans mon cœur.
Sans qu'il le sache peut-être, il m'avait donné
une sacrée leçon de vie.

Préface

Jean-Pierre Cabestan

Voici un livre important et utile. Important parce que Pierre-Antoine Donnet établit un bilan accablant et inquiétant du régime chinois actuel, de ses projets intérieurs et internationaux. Utile car il est plus que temps pour nous autres Européens et Français d'en tirer les conséquences qu'il convient, dans notre relation avec la République populaire de Chine, sur les plans à la fois diplomatico-stratégique, économique et humain. Le titre de cet ouvrage – *Chine : le grand prédateur* – est clairement inspiré par le titre d'un livre récent de François Heisbourg, *Le Temps des prédateurs*[*1]. Néanmoins, Pierre-Antoine Donnet concentre à juste titre son attention sur la Chine, non seulement parce que c'est le pays qu'il étudie depuis plus de quarante ans et dont il parle la langue, mais parce que le régime politique chinois actuel présente à ses yeux, comme l'indique le sous-titre de son essai, « un défi pour la planète ». J'ajouterais que ce régime, c'est-à-dire le Parti communiste chinois – une énorme machine de plus de 90 millions de membres dirigée d'une main de fer et en totale opacité par une élite de moins de 600 000 cadres dirigeants –, et non pas la société chinoise, présente aujourd'hui le principal défi pour la planète.

* Les références sont développées en fin d'ouvrage.

Pierre-Antoine Donnet analyse ici en cinq chapitres incisifs la réalité chinoise, et surtout le côté cour dont le PC chinois s'efforce de cacher, par sa propagande et ses campagnes de désinformation, la réalité. Je ne vais pas reprendre les arguments qu'il développe : on les connaît. Le régime de Pékin, et surtout celui qu'a perfectionné le président Xi Jinping depuis 2012, est plus que jamais liberticide. Ayant instauré grâce aux technologies modernes des systèmes de surveillance orwelliens, il est parvenu à conserver une grande longueur d'avance sur toute force qui pourrait le menacer. Il a repris en main Hong Kong, y tuant depuis 2020 le reste de démocratie et de libertés politiques qui y survivait. Il a imposé au Tibet, et plus encore au Xinjiang, une répression féroce, suspectant de « terrorisme » tous les musulmans (Ouïghours, Kazakhs, Kirghiz) qui luttent pour une réelle autonomie politique ou cherchent simplement à préserver leur culture et leur religion. Plus encore qu'auparavant, il tue dans l'œuf avec brutalité toute velléité de démocratisation, et même de réforme politique. Et il a ouvertement affiché le projet de rester au pouvoir, un pouvoir sans partage, pour « mille ans », comme l'a encore récemment affirmé le ministre des Affaires étrangères chinois Wang Yi. Bref, le régime chinois et la « société secrète » qui préside aux destinées du pays sont devenus l'ennemi numéro un de la démocratie. Numéro un, non pas parce qu'il est plus opposé à la démocratie que d'autres gouvernements autoritaires. La Russie de Poutine, le récent coup d'État militaire en Birmanie et même la prise d'assaut du Capitole à Washington – un fait sans précédent dans l'histoire des États-Unis d'Amérique – nous rappellent combien l'autoritarisme est répandu, combien il est facile et rapide de passer de la démocratie à la dictature, et combien la démocratie peut être fragile. Numéro un parce que la Chine populaire est aujourd'hui la seconde puissance économique et militaire au monde. Elle a de fortes chances de dépasser les États-Unis en valeur du produit intérieur brut (PIB) avant la fin de la présente décennie. Et chaque jour, elle est un peu plus en mesure de défier ces derniers et leurs alliés dans son environnement régional, notamment dans le détroit de Taïwan et en mer de Chine méridionale. Quel pourrait être l'avenir de nos démocraties si le leadership américain cédait la place au leadership chinois ? La démocratie serait immanquablement dans une position de plus grande faiblesse, nos valeurs seraient plus nettement en danger.

Ceux qui, en Occident, ont cru que la République populaire, grâce à nos politiques d'engagement et au « doux commerce », allait s'acculturer à la démocratie se sont bien trompés. Pierre-Antoine Donnet me fait l'amabilité de citer mon livre[2]. Malheureusement, trois ans après sa parution, force est de constater que mes conclusions pessimistes restent valables. Qui plus est, comme le montre bien l'auteur de *Chine : le grand prédateur*, le gouvernement de Pékin ne critique plus seulement ce qu'il appelle la « démocratie occidentale » pour protéger sa survie, c'est-à-dire la dictature du Parti communiste sur la société chinoise. Désormais, sa puissance économico-financière lui permet d'avancer ses pions et de tenter de modifier en sa faveur le rapport des forces entre le socialisme et le capitalisme, entre son système hautement autoritaire et nos démocraties. Tout en se défendant de vouloir exporter son « modèle », il pousse son avantage en dénonçant chaque jour l'approche universaliste des droits de l'homme, en vantant *urbi et orbi* les avantages de son système de gouvernance et en développant, en particulier dans le système onusien, un entrisme inédit qui lui permet de plus en plus d'y imposer son récit, en particulier la « palissade* » due à Xi, selon lequel l'humanité partage un destin commun…

---

* « Il n'y a pas d'oasis de sécurité absolue. La sécurité des uns ne peut pas être assurée au prix de l'instabilité des autres, car les menaces pour les uns peuvent devenir un jour les défis des autres. Quand un voisin est en difficulté, il nous faut lui donner la main et non penser seulement à

Le caractère prédateur du régime de Pékin présente de multiples dimensions. Le développement sans précédent de l'économie chinoise doit être salué comme le succès d'une société chinoise à laquelle le Parti communiste s'est enfin résolu en 1979 à lâcher la bride, à la laisser entreprendre et gagner de l'argent. Mais cette modernisation inouïe a sécrété un défi tout aussi inouï, le défi environnemental. Le gouvernement de Xi Jinping en est conscient, mais son opacité et son intégration partielle et inachevée à la communauté internationale ont aggravé les problèmes qu'il affronte, et que le monde doit surmonter : en Chine même, la lenteur de la décarbonisation de la fabrication d'électricité et la pollution à grande échelle des eaux ; à l'échelle de la planète, la déforestation des régions tropicales et le pillage organisé des réserves halieutiques des océans. L'on sait depuis longtemps que le régime chinois ne recule devant aucun moyen pour acquérir et maîtriser les technologies qui lui permettront de ravir aux États-Unis, et plus largement aux pays développés, le leadership technologique. Ces dernières années, cette bataille s'est intensifiée. Elle s'inscrit dans la stratégie économique introduite par Xi en 2020 : la nouvelle « double circulation » selon laquelle le pays doit à la fois stimuler la consommation intérieure et continuer à mondialiser son économie. En réalité, l'objectif de cette stratégie est, pour la Chine, de réduire sa dépendance à l'égard des technologies occidentales, de développer ses propres technologies et normes et de les imposer au plus grand nombre de pays possible, d'abord à

---

consolider notre propre palissade. Il est nécessaire d'adopter un concept de sécurité commune, intégrée, coopérative et durable ». Xi Jinping, « Construire ensemble une communauté de destin pour l'humanité », Allocution à l'Office des Nations unies à Genève, 18 janvier 2017. <http://french.cri.cn/news/china/685/20210114/606720.html>. (Tous les liens ont été vérifiés le 15 mai 2021.)

ceux du Sud, les plus faciles à capter, puis à ceux du Nord, les plus dépendants de l'économie chinoise. En d'autres termes, le gouvernement chinois est en train d'introduire sa propre stratégie de découplage économique avec l'Occident. La Chine va-t-elle réussir dans cette entreprise ? Parviendra-t-elle à devenir leader dans les technologies du futur ? Je n'en suis pas sûr. Si elle a acquis des poches d'excellence – missiles, fusées, satellites, drones, train à grande vitesse, paiement en ligne –, elle connaît encore beaucoup de retard dans de nombreux domaines : puces électroniques, moteurs d'avions, nanotechnologies, recherche médicale, pour n'en nommer que quelques-uns.

Les ambitions internationales de la Chine sont connues : réunifier coûte que coûte Taïwan, prendre le contrôle du domaine maritime qu'elle revendique ainsi que de l'ensemble des terres immergées qui s'y trouvent, imposer ses propres normes internationales et réorganiser l'économie mondiale afin que celle-ci prenne pour centre non plus l'Occident, mais l'économie chinoise elle-même. Ainsi seulement la République populaire pourra, aux yeux du PC chinois, détrôner les États-Unis de leur piédestal. Ceux qui refusent de voir la dimension stratégique des Nouvelles Routes de la soie de Xi Jinping sont de mauvaise foi. Il est clair que la Belt and Road Initiative (BRI) poursuit des objectifs économiques : l'internationalisation des grands groupes chinois, la conquête de nouveaux marchés, la sécurisation des approvisionnements en matières premières. Mais en multipliant les liens de dépendance économique et financière entre un nombre toujours plus important de pays du Sud, la Chine a mis en place de nouvelles relations asymétriques, et pour ainsi dire tributaires, constitutives d'une nouvelle forme d'hégémonie. Le grand nombre d'États qui ont soutenu ces dernières années, à la demande insistante du gouvernement chinois, la politique de celui-ci au Xinjiang ou à Hong Kong atteste cette montée en puissance. Est-ce à dire que ces pays « aiment la Chine »? Non, évidemment; cela signifie simplement qu'ils lui sont redevables et que le régime chinois les tient en laisse.

La bonne nouvelle, si l'on peut dire, est que la BRI est en train de s'essouffler, non seulement parce que les pays du Sud ont de plus en plus de mal à rembourser leurs dettes aux banques d'État chinoises, mais aussi parce que Pékin a besoin de financements plus importants pour soutenir la croissance intérieure, ses propres projets d'infrastructures ou la recherche et développement dans les technologies de pointe. Mais cette évolution n'a guère de chances d'atténuer le caractère de plus en plus rugueux de la diplomatie chinoise. L'Australie, le Canada, et maintenant l'Union européenne qui a osé prendre des sanctions ciblées contre certains des responsables des atteintes les plus choquantes aux droits de l'homme au Xinjiang, en font les frais. Et les menaces de Pékin contre Taïwan se multiplient, alimentant les craintes d'une crise militaire, voire d'un conflit armé qui, immanquablement, mettrait directement aux prises la Chine et les États-Unis et pourrait rapidement se nucléariser. Et cela dans le contexte d'une crise sanitaire de Covid-19 qui n'en finit pas, d'un environnement économique qui reste en berne, du moins en Europe, alors que la Chine et l'Amérique renouent avec une croissance soutenue (entre 6 % et 8 % en 2021), et d'une montée des populismes et de l'intolérance dans les pays démocratiques.

Dans ces circonstances, et au vu du bilan préoccupant qu'établit avec précision Pierre-Antoine Donnet, que devons-nous faire? Je crois qu'il nous faut d'abord prendre la mesure de la confrontation géostratégique, de la compétition économique et de la rivalité idéologique qui nous oppose à la Chine. Je pense que nous sommes entrés dans une nouvelle guerre froide, non pas parce que nous le désirons, mais parce que le PC chinois, par son discours, ses politiques et ses actes, nous l'a imposé. Je comprends très bien les raisons qui pourraient conduire le lecteur à être en désaccord avec mon diagnostic, du fait des différences évidentes qui distinguent la période actuelle de l'ancienne guerre froide dont je me souviens encore, mon premier passage du Checkpoint Charlie à Berlin datant de 1974 et mon premier voyage en Union soviétique remontant à 1977, alors que Brejnev venait de réviser la Constitution du pays pour pouvoir devenir président de la République en plus de son titre de secrétaire général du PCUS. Nous sommes dans un monde mondialisé et la Chine populaire y appartient. Mais, justement, elle ne s'y est pas complètement intégrée, prenant des libertés non seulement avec les valeurs universelles auxquelles nous croyons, mais aussi avec les normes de l'Organisation mondiale du commerce, le droit de la mer, et maintenant les règles de politesse et de courtoisie de la vie diplomatique. Et depuis qu'elle est devenue forte, elle combat partout où elle le peut ces valeurs et ces normes.

Certains Européens me diront, embrayant sur les arguments de Pékin, que nous n'avons pas de conflits stratégiques avec la Chine. De fait, nous sommes loin de l'Asie-Pacifique, nos préoccupations tactiques sont à nos portes : le terrorisme islamique, le Sahel, la Russie, le Moyen-Orient ; nous n'avons pas les moyens d'intervenir militairement en Extrême-Orient, sauf pour y rappeler de manière bien symbolique le principe de la liberté de navigation, notamment en mer de Chine méridionale. Mais en cas de conflit sino-américain dans le détroit de Taïwan par exemple, quelle politique adopterions-nous à l'égard de la République populaire ? En tant que membres de l'OTAN, la plupart des pays européens ne seraient-ils pas contraints de soutenir leur allié américain, d'imposer un blocus à la Chine et de réduire fortement, voire de geler leurs relations économiques et humaines avec celle-ci ? Nous n'en sommes pas là, mais nous devons nous garder d'accepter un Munich avec Pékin, cédant sur la volonté de cette capitale d'imposer son diktat à Taïwan et de lui refuser toute maîtrise de son destin, ou de peu à peu prendre le contrôle des îlots des mers de Chine méridionale ou orientale administrés par d'autres pays. L'Europe est mieux préparée à la compétition économique et surtout technologique avec la République populaire. Cependant, il me semble désormais primordial de réduire autant que possible notre dépendance économique à l'égard de ce pays, en rapatriant les industries les plus stratégiques et en déplaçant les autres dans des pays moins enclins ou moins capables d'instrumentaliser cette dépendance à nos dépens. Ce faisant, nous risquons évidemment de perdre des parts de marché en Chine même. Mais le projet du gouvernement chinois n'est-il pas depuis plusieurs années de marginaliser l'empreinte des groupes étrangers sur son marché intérieur ? N'ouvre-t-il pas à l'étranger ses secteurs économiques une fois qu'il s'est assuré que ses champions nationaux y occupent une position de force ?

Enfin, plus que jamais il faut défendre la démocratie et ses valeurs. Car si nous ne le faisons pas, personne ne le fera pour nous. À cet égard, je voudrais instiller une dose d'optimisme dans la discussion. J'enseigne depuis quatorze ans la politique intérieure et étrangère de la République populaire dans une université hongkongaise. À mon arrivée en 2007, mes étudiants étaient, d'une manière générale, peu politisés, guère intéressés par les affaires de la cité. Puis les choses ont changé, ils se sont brûlé les ailes au cours du mouvement des parapluies en 2014, puis lors des protestations contre la loi d'extradition vers le continent et pour la démocratisation du territoire en 2019. On sait ce qu'il est advenu. Mes étudiants sont évidemment devenus plus prudents. Mais nous continuons d'aborder tous les sujets qu'un politiste doit traiter. Ceux d'entre eux qui viennent du continent font preuve d'une sensibilité au politique et d'une indépendance d'esprit que je n'aurais pas imaginées il y a seulement dix ans. Plus généralement, l'intérêt de mes étudiants pour l'expérience démocratique taïwanaise ne cesse de croître. Et je n'ai pas besoin de les pousser, en dépit de mon penchant connu à vanter les mérites de la société insulaire et à ne prêter guère de qualités à ceux que l'on appelait encore, lorsque j'y étudiais à la fin des années 1970, les « bandits communistes » (*gongfei*).

Donc, la société chinoise change et le lecteur qui connaît mal la Chine ne doit pas se laisser abuser par la propagande de Pékin. Certes, le régime jouit encore d'une incontestable « légitimité de résultat », pour reprendre une expression wébérienne*. Les Chinois sont dans leur majorité nationalistes, mais peu d'entre eux « aiment » le PC chinois et croient complètement à ce qu'il leur dit. Ceux qui le rejoignent le font par carriérisme. Nombre de Chinois du continent – et maintenant de Hong Kong – tendent à garder leurs idées pour eux et leurs proches. Ils restent distants et défiants à l'égard du discours officiel. Ils sont parfaitement conscients du fait que la propagande du Parti embellit la réalité et masque tout ce qui pourrait porter atteinte à son image. Ils savent surtout que le Parti est au-dessus de la loi et que le pouvoir tient lieu de règle. Enfin, parmi les élites, Xi Jinping est contesté. La personnalisation de son pouvoir, son autoritarisme et son agressivité sur la scène internationale sont autant de reproches que l'on entend régulièrement en Chine. Cela ne signifie pas qu'il est en danger, même si certains s'aventurent à prévoir sa chute à la suite d'une révolution de palais. Cela signifie encore moins que le régime est aux abois. Mais cela veut dire que la société chinoise s'autonomise, se mondialise, et qu'un pluralisme d'idées s'y forme chaque jour un peu plus. Elle est mieux éduquée et mieux informée qu'auparavant sur le monde extérieur comme sur son propre pays. Elle aspire aussi à plus de libertés, en particulier la liberté

* Yves Sintomer et Jérémie Gauthier, « Les types purs de la domination légitime : forces et limites d'une trilogie », *Sociologie*, vol. 5, 2014/3, p. 319-333.

d'information et d'opinion, comme l'a montré la crise du Covid-19 au printemps 2020.

N'oublions pas non plus que le gouvernement chinois – tout gouvernement chinois, en l'occurrence, quelle que soit sa couleur politique – va devoir continuer de relever de multiples défis intérieurs : outre la situation préoccupante de l'environnement, le vieillissement rapide de la population, la réduction dramatique des terres arables, la pauvreté relative mais persistante d'une bonne moitié de la société (600 millions de Chinois gagnent moins de 120 euros par mois) et les attentes toujours plus grandes de classes moyennes urbanisées en quête de bien-être. En d'autres termes, la Chine n'est pas aussi puissante qu'elle veut le faire croire. Et comme j'ai tenté de le montrer dans un essai à paraître prochainement, elle continuera d'hésiter à se lancer dans un conflit armé avec les États-Unis, préférant utiliser à son profit ce que les stratèges appellent « les zones grises » entre la guerre et la paix, y compris face à Taïwan*. Ce sont autant de raisons pour ne pas céder aux demandes, aux menaces et aux intimidations du régime communiste chinois. Nous sommes engagés avec celui-ci dans une partie de bras de fer appelée à durer. Il nous faut donc mieux nous y préparer.

Cette préparation ne nous interdit pas de tenter de coopérer avec le gouvernement chinois là où nos intérêts convergent, par exemple la lutte contre le réchauffement climatique, la gestion de la crise du Covid-19 ou les dossiers nucléaires iranien et nord-coréen. Toutefois, ne nous berçons pas d'illusions : aujourd'hui, la confrontation l'emporte structurellement sur la coopération.

La Chine n'est pas le seul prédateur. La Russie en est un autre ; mais avec le PIB de l'Italie, sa capacité de nuisance est

---

* Jean-Pierre Cabestan, *Demain la Chine : guerre ou paix ?*, Paris, Gallimard, 2021.

bien plus limitée. En conséquence, Pierre-Antoine Donnet, un ami fidèle rencontré à Pékin il y a plus de trente ans, a raison de nous alerter. Bonne lecture !

Jean-Pierre Cabestan est un sinologue français, spécialiste du droit et des institutions du monde chinois contemporain et plus particulièrement de Taïwan. Il est directeur de recherche au Centre national de la recherche scientifique. Depuis 2007, il est professeur et directeur du département de science politique de l'Université baptiste de Hong Kong. Il est également chercheur associé à l'Asia Centre - Centre études Asie.

Introduction

Bien que sévèrement touchée par la pandémie de Covid-19 apparue dans la ville chinoise de Wuhan, la Chine a été la seule grande économie du monde à afficher une croissance insolente en 2020 (+2,3 %), une performance qu'elle devrait renouveler facilement et même largement dépasser en 2021, année d'un fort rebond attendu après les tourments vécus en 2020*. À nouveau réuni avec l'arrivée à la Maison Blanche de Joe Biden le 20 janvier 2020, l'Occident s'organise, mais en vain, pour lui barrer la route. La Chine, bientôt la première puissance économique du globe**, représente un défi

* Selon Liu Shijing, conseiller pour la politique monétaire de la Banque centrale chinoise, la croissance du PIB chinois devrait même atteindre entre 8 et 9 % en 2021, la Chine renouant ainsi avec ses années de forte croissance (Reuters, 26 février 2021).

** Selon le rapport annuel 2020 du *think tank* britannique Centre for Economic and Business Research qui fait référence en la matière, publié le 26 décembre 2020, la Chine deviendra la première puissance économique du globe devant les États-Unis en 2028, soit cinq ans plus tôt qu'initialement prévu, du fait notamment du redémarrage en trombe de son économie au second trimestre de 2020 malgré la pandémie (CEBR, *World Economic Table 2021*, décembre 2020, p. 8, <https://cebr.com/wp-content/uploads/2021/02/WELT-2021-final-15.01.pdf>.). Une projection corroborée par le Centre japonais pour la recherche économique majeur pour les prochaines générations de Terriens, que ce soit en matière de réchauffement climatique, de transition écologique, d'hyperdéveloppement économique, d'innovation technologique et de bouleversements politiques engendrés par son modèle de développement, qui lui est unique. La société chinoise est engagée dans une course en avant qui, si elle lui a permis d'éradiquer l'extrême pauvreté en un temps record, n'est pas sans conséquences majeures pour l'ensemble de l'humanité. Cela du seul fait de son poids démographique, économique et environnemental. Les décisions qui sont prises aujourd'hui à Pékin vont, demain, peser sur l'ensemble du monde. Or rien n'indique que les autorités chinoises s'apprêtent à infléchir leurs orientations stratégiques. Au contraire. Dans le seul but d'assurer sa survie, le Parti communiste chinois, dont l'unique légitimité est le développement économique, est solidement ancré sur ses choix. La Chine se trouve-t-elle sur une trajectoire de collision avec le reste du monde ? Quels sont exactement les enjeux ? Qui pourrait s'opposer à cette course folle* ? Après la colonisation menée dans le monde par l'Europe au XIXe siècle, suivie de la domination planétaire américaine au XXe siècle, la Chine serait-elle devenue le grand prédateur environnemental,

(JCER). Selon le Fonds monétaire international, la croissance chinoise devrait grimper de 7,9 % en 2021, une performance qu'aucun autre pays du G20 ne sera en mesure d'égaler. Le pays devrait bénéficier d'une croissance annuelle moyenne de son PIB de 5,7 % pour la période 2021-2025 et de 4,5 % pour la période 2026-2030, une performance qui sera inégalée dans le monde industrialisé. La part de la Chine dans l'économie mondiale est passée de 3,6 % en 2000 à 17,8 % en 2020 et ne cessera de croître dans les prochaines années.

* Les dirigeants chinois sont évidemment loin d'être fous. Ils sont, au contraire, très rationnels et leurs décisions en matière d'orientations économiques sont mûrement réfléchies. À noter, en outre, que la croissance chinoise a notablement ralenti depuis une dizaine d'années.

politique et économique du XXIe siècle ? C'est là l'un des sujets majeurs que j'entends développer dans ce livre.

Que l'on comprenne bien : notre intention n'est sûrement pas de nier à la Chine le droit au progrès économique et social. Au contraire. Le peuple chinois a, comme tous les autres peuples du monde, le droit de trouver sa place au soleil. Gardons en mémoire, d'ailleurs, que la Chine a été pendant plus d'un millénaire la grande puissance du globe, alors que l'Europe du Moyen Âge connaissait encore les disettes, les épidémies et les guerres de Religion. Simplement, nous ne le savions pas. Je suis le premier à tirer mon chapeau devant le génie chinois, celui d'un peuple qui, en quarante ans à peine, a réussi à s'extraire de la grande pauvreté pour parvenir, à force de travail acharné, au rang envié de deuxième puissance économique du monde*. L'ascension foudroyante de la Chine depuis les premières réformes lancées en 1978 par le visionnaire Deng Xiaoping est époustouflante. Elle commande respect et admiration. Les Chinois, qui restent hantés par le souvenir de l'humiliation infligée à leur pays lors des guerres de l'Opium et des « traités inégaux » qui ont suivi il y a plus d'un siècle et demi, en retirent une légitime fierté et ils ont bien raison. Il y aurait là comme un juste retour des choses. Cela avec la perspective du grand basculement du monde dans le siècle de l'Asie.

Avant qu'elle ne devienne à son tour, mais bien plus tard, un redoutable prédateur, la Chine, qui était à l'époque celle de la dynastie des Qing (1644-1911), a été au XIXe siècle le jouet d'une prédation occidentale implacable. Ne l'oublions pas. Mais si ces faits sont irréfutables, il est bon d'en rappeler

* Pour modérer mon propos, cela m'amène à dire aussi que l'enrichissement des Chinois a profité à certains beaucoup plus qu'à d'autres. Les écarts de richesses en Chine sont actuellement parmi les plus élevés au monde.

le contexte : celui d'une dynastie finissante, à l'agonie, rongée par la corruption. L'impératrice Ci Xi elle-même, plutôt que de trouver des fonds pour bâtir une flotte chinoise capable de résister à l'invasion étrangère et plutôt que de s'intéresser à la misère de son peuple, avait préféré se faire construire un bateau en marbre au Palais d'Été (incendié en octobre 1860 par le corps expéditionnaire franco-anglais lors de la seconde guerre de l'opium). Mais cela, la propagande officielle chinoise ne le dit jamais*. Aujourd'hui, il nous faut bien constater, et cela sans animosité aucune, que les bouleversements provoqués par l'incroyable mutation chinoise qui se déroule sous nos yeux sont multiples et de portée planétaire. La Chine participe grandement à l'épuisement des ressources naturelles du globe, à la désertification des sols, à la disparition des espèces vivantes et, surtout, au réchauffement climatique. Son programme pharaonique des Nouvelles Routes de la soie est, à l'évidence, un instrument de domination économique ainsi qu'une nouvelle forme de prédation commerciale, environnementale et politique à l'échelle du monde. Aussi la question qui se pose avec acuité est-elle celle du désir et de la capacité de la Chine de Xi Jinping d'honorer ses immenses responsabilités de nouvelle

* Et à ce sujet, ça n'a pas raté : le 24 mars 2021, la porte-parole du ministère des Affaires étrangères chinois Hua Chunying n'a pas hésité à comparer les sanctions coordonnées décidées par l'Union européenne, le Canada, le Royaume-Uni et les États-Unis contre des responsables chinois impliqués dans la répression des Ouïghours au Xinjiang à la coalition qui s'était constituée en 1900 entre les États-Unis, l'Europe et le Japon pour envahir la Chine. « Mais la Chine n'est plus celle qu'elle était il y a cent vingt ans. Personne ne devrait oser offenser le peuple chinois », a-t-elle dit (Kristin Huang, « China-EU relations : Beijing ramps up the rhetoric in dispute over sanctions », *South China Morning Post* [dorénavant abrégé en *SCMP*], 24 mars 2021. <https://www.scmp.com/news/china/diplomacy/article/3126793/china-eu-relations-beijing-ramps-rhetoric-dispute-over>).

grande puissance dans le monde d'aujourd'hui et de demain. Au fil des années qui passent, la Chine est devenue un cas de conscience pour le devenir de notre planète. Au Xinjiang, au Tibet et à Hong Kong, les masques sont tombés, tandis que la menace contre Taïwan se précise. La relation Bisounours avec la Chine éternelle est sans doute terminée, et le réveil, brutal.

Ce livre n'est pas neutre, j'en conviens. Mais j'ai eu pour souci permanent de rester objectif. Le premier devoir d'un journaliste doit être le choix de l'objectivité plutôt que celui de la subjectivité, même si ce n'est pas toujours facile en ce qui concerne la Chine tant les méandres de l'évolution de la société chinoise sont sinueux. Le propre de tout journaliste honnête et curieux n'est-il pas de jouer ce rôle de vigie, dont la mission est de sonner le tocsin lorsque l'incendie gagne la plaine ou quand, en pleine mer, le grain pointe à l'horizon ? Le travail d'enquête que j'ai mené tout au long du premier semestre 2021 repose sur des sources clairement identifiées, solides et vérifiées*. J'ai donc tenté d'éviter, autant que faire se peut, de prendre parti, préférant opter pour l'information brute, sans l'enrober d'analyses partisanes, cela afin de laisser le lecteur se faire sa propre idée. Des faits, rien que des faits ! Cette règle d'or, je l'ai apprise lorsque j'ai rejoint l'Agence France-Presse en 1982. Elle ne m'a plus jamais quitté pendant toute ma carrière. Je laisse donc celui qui lira ces lignes seul juge devant une réalité qui est devenue, au fil des ans, une dominante de notre monde d'aujourd'hui et qui, sans que l'on sache vraiment quoi faire, explose sur nos écrans radar. Je m'étais donné pour ligne de conduite de ne pas laisser de place dans ce récit à la polémique gratuite, aux insultes et à la haine. Pari perdu, je le crains, comme vous le verrez dans les pages qui suivent. Bien des doutes ont surgi au fur et à mesure de l'écriture de ce livre

* À chaque fois que cela est possible, j'ai précisé les adresses URL afin que le lecteur puisse vérifier la source et se documenter davantage.

sur le sens que j'entendais donner à mon message. Franchir le Rubicon n'a pas été chose facile. Pendant de nombreuses nuits blanches j'ai retourné en tous sens la signification de ce que j'étais en train d'écrire. Mais les nuits blanches ont ceci de bon qu'elles sont bonnes conseillères. Les témoignages bouleversants – et qui se sont multipliés depuis 2020, venant surtout de femmes – d'Ouïghours, de Kazakhs, de Kirghiz et d'autres minorités musulmanes du Xinjiang, l'ancien Turkestan oriental annexé par la Chine de Mao en 1950, sur l'enfer qu'ils ont vécu dans les camps d'internement ont vaincu mes résistances. Ces témoignages, dont on ne peut plus raisonnablement douter de la véracité, heurtent les consciences, dont la mienne. Pourquoi s'en prendre à la Chine ? Ce livre ne vise évidemment pas le peuple chinois pour qui j'ai le plus profond respect et une grande admiration. Mais le régime de Xi Jinping, oui. Ce livre est un projet personnel dont j'assume l'entière responsabilité. La responsabilité de l'Agence France-Presse, qui a été ma deuxième famille pendant trente-sept ans, ne saurait être engagée de quelque façon que ce soit.

Pour moi qui aime tant la Chine, la situation actuelle dans ce pays est une déchirure incandescente. J'ai pensé qu'au bout du compte, je n'avais d'autre choix que d'ajouter ma voix à celles, déjà nombreuses, qui témoignent aujourd'hui d'une Chine devenue, à bien des égards, terrifiante. Je suis habité par la Chine depuis très longtemps. Je n'ai jamais été à proprement parler maoïste. Je me suis toujours méfié des effets de mode et tenu à l'écart des phénomènes de meute. Mais, encore adolescent, je militais à Secours rouge et, au grand dam de mon père, j'avais accroché sur un mur de ma chambre un poster du Premier ministre charismatique de l'époque, Zhou Enlai. Ce poster était resté en place plusieurs années. Mes amis s'en souviennent : sitôt mon bac en poche, je n'ai eu de cesse d'apprendre le chinois. C'était l'époque d'une certaine naïveté sur la Chine de Mao chez une jeunesse qui croyait dur comme fer à l'avènement d'un homme nouveau qui allait bientôt briller sur le monde et sauver le genre humain. Illusions perdues. Nous avons appris bien plus tard à quel point nous avions été trompés par des promesses qui furent en réalité suivies de désastres épouvantables pour la Chine, désastres que le Parti communiste chinois essaie encore aujourd'hui de cacher sous le tapis. En 2021, la naïveté à l'égard de la Chine n'est plus la même. Mais, la propagande chinoise aidant, elle a contaminé nombre de nos dirigeants et décideurs politiques. J'ai passé huit ans à étudier la Chine de l'intérieur dans les années quatre-vingt, si je compte mes séjours linguistiques à Taïwan et à Hong Kong. Depuis, plus de trente ans ont passé, mais je n'ai jamais cessé d'observer ce pays et d'y retourner fréquemment. Après mûre réflexion, j'ai décidé que le temps était venu pour moi de sortir du bois. Les pages qui suivent sont le fruit de cette réflexion. Comment et pourquoi la Chine est devenue un cas de conscience pour le monde : c'est là tout l'objet de ce livre.

1
Le nouvel « Homo sinicus », la tragédie des Ouïghours et des Tibétains

Placés sous la surveillance étroite et constante des autorités, 1,4 milliard d'êtres humains évoluent dans un univers de conformisme, d'obéissance, de discipline et de soumission, là où désormais le libre arbitre disparaît peu à peu au profit d'un moule sociétal envahissant. Soumis à une sorte d'enfermement collectif, l'homme de demain en Chine fait peur. Préfigure-t-il l'avenir de la société humaine ? La tragédie des Ouïghours et des Tibétains nous interpelle.

> « Il y a des jours où je désespère du genre humain. »
> ROBERT BADINTER

> « Le monde ne sera pas détruit par ceux qui font le mal, mais par ceux qui les regardent sans rien faire. »
> ALBERT EINSTEIN

Les Chinois, les Terriens les plus surveillés au monde

Les Chinois sont les Terriens les plus surveillés au monde. Une armada de caméras équipées de logiciels de reconnaissance faciale sophistiqués espionnent en permanence leurs moindres faits et gestes dans les lieux publics de toutes les grandes villes du pays. Le constat est sans appel : dix-huit des vingt villes les plus surveillées au monde se trouvent en Chine. Dans le top 20, seules Londres et Hyderabad font exception, mais sagement classées en queue de peloton. En 2021, un total de plus d'un milliard de ces caméras était installé dans les villes du monde, grandes ou petites, dont 54 % d'entre elles dans la seule Chine[3]. De cela résulte qu'en Chine, désormais, Big Brother veille partout. Une caméra ou un commissaire de quartier détecte un mauvais comportement ? Vous ne pouvez plus être membre du Parti ou représentant de votre quartier. Vous ne pouvez plus être parmi les meilleurs. Jeter un papier par terre, traverser la rue en dehors des clous, ne pas relever correctement son compteur d'eau, couper un arbre, voyager en train sans billet valide : en Chine, ces incivilités peuvent coûter cher. Une quarantaine de villes chinoises expérimentent depuis 2019 le programme dit de « crédit social » qui consiste à noter et à ficher les citoyens. Chaque citoyen obtient *in fine* une moyenne et une note, considérée comme une deuxième carte d'identité. « Le but de ce système, c'est la reconstruction de la morale », estime Lin Junyue, père du système du crédit social. Selon lui, un tel programme permettrait d'atteindre « le même niveau de civilité que les pays développés ». Gare à celui qui n'obéit pas à toutes les règles de bonne conduite. Le programme de « crédit social » a été généralisé dans toute la Chine en octobre 2020. Pour l'heure, une « liste noire » consultable sur internet, avec les noms, les adresses et parfois les visages des personnes, est déjà établie sur l'ensemble du territoire. Cette liste recense également les citoyens qui ont des problèmes d'argent et de dettes – lesquels en subissent les conséquences*. Ces millions de caméras de surveillance sont le noyau actif d'un système de contrôle social omniprésent devenu un outil précieux pour le Parti communiste chinois. Comme le note François Heisbourg, ce système, à l'image de celui imaginé par George Orwell dans son ouvrage prémonitoire *1984*, se rendra maître du contrôle de l'emploi, du logement, des études, de la Sécurité sociale, de la liberté d'aller et venir, des moyens de paiement et des instruments de communication des citoyens. Même si sa mise en place ne sera sans doute pas aisée, « cela n'en ravagera pas moins d'innombrables existences et permettra de conforter le pouvoir du PCC** ».

La réalité d'aujourd'hui est aussi celle d'une Chine qui exporte massivement ses matériels de surveillance, y compris bien sûr ses caméras, et cela en particulier dans les pays en développement et émergents où, lorsque les régimes y sont autoritaires, ces derniers sont attirés par ces possibilités inédites

* La surveillance de la population chinoise a atteint un sommet avec la mise en œuvre, depuis février 2019, d'une application « gratuite » dédiée à la « pensée Xi Jinping » pour les détenteurs de smartphones munis du logiciel Android (80 % du marché des smartphones en Chine) : « Study the Great Nation » (Xuexi qianguo), logiciel qui permet grâce à un *backdoor* (une porte dérobée) d'espionner toutes les activités de leur téléphone (mails, photos, messages, contacts, historiques de navigation). Les 90 millions de membres du PCC et les fonctionnaires du gouvernement ont pour instruction impérative de l'utiliser quasiment quotidiennement. En outre, cette application, devenue au fil des mois la plus téléchargée en Chine, soumet les utilisateurs à un jeu de questions-réponses sur l'étendue de leurs connaissances sur leur pays et leur leader Xi Jinping.

** François Heisbourg, *Le temps des prédateurs*, 2000, *op. cit.*, p. 82. Je souligne ici bien volontiers que le titre du livre de François Heisbourg m'a évidemment inspiré pour celui de mon propre livre.

de contrôle social. La question que l'on peut donc se poser est de savoir si l'on accepte que la Chine exporte également son modèle de société orwellien et que se duplique ainsi dans tous ces pays, sans garde-fou, une nouvelle société placée sous surveillance. Big Brother va-t-il étendre son emprise à travers le monde ? Des gouvernements oppressifs achètent des technologies de surveillance à la Chine, a déclaré l'Américaine Kimberly Breier, secrétaire d'État adjointe aux Affaires de l'hémisphère occidental, dans un discours au Conseil des Amériques le 26 avril 2019. « La Chine exporte un savoir-faire technologique qui peut aider les gouvernements autoritaires à surveiller, récompenser et punir les citoyens par le biais d'un système de surveillance numérique », a-t-elle précisé. La Chine a introduit ces technologies notamment au Tibet et au Xinjiang pour espionner les Tibétains, les Ouïgours, les Kazakhs et les membres d'autres groupes minoritaires. Les accords portant sur l'exportation de ces équipements high-tech de surveillance sont souvent inclus dans le programme des Nouvelles Routes de la soie, selon un rapport du Center for a New American Security intitulé *Grading China's Belt and Road*[4]. Le Zimbabwe, par exemple, dans le cadre d'un accord commercial de cette nature, « importe le système chinois de reconnaissance faciale et il l'utilisera probablement de manière à réduire le coût de l'autoritarisme », estiment les auteurs du rapport[5]. Mais ce système fonctionne aussi en sens inverse. Selon un rapport d'Amnesty International publié le 21 septembre 2020, plusieurs entreprises européennes ont doté la Chine de matériels de surveillance, notamment de reconnaissance faciale. L'ONG y évoque le géant français Idemia, l'un des leaders mondiaux du secteur de la biométrie – avec 15 000 collaborateurs et 2,3 milliards d'euros de chiffre d'affaires revendiqués. Amnesty met en cause Idemia pour la fourniture d'un système permettant de détecter et de reconnaître des visages sur une bande-vidéo au bureau de sécurité publique de Shanghai. Cette vente, dénonce l'ONG, a été réalisée en 2015 par Morpho, une ancienne filiale de Safran, qui a fusionné avec Oberthur, en 2017, pour former Idemia[6].

Dans ce contexte de camisole de force sociale et de carcan politique intégral, la seule liberté dont peut encore espérer bénéficier le peuple chinois est celle de consommer. Dans ce domaine, les vannes sont grandes ouvertes. Et le voilà plongé dans un univers de consumérisme forcené qui fait le bonheur et la fortune des grands conglomérats de vente en ligne, tel le géant Alibaba*. Une immense vague de matérialisme a submergé la Chine, même si les Chinois sont de plus nombreux à rechercher une vie spirituelle**.

> La consommation, c'est des records d'une année sur l'autre. Le Black Friday qui est un concept américain, une journée de soldes dans l'année, a été adopté par le groupe Alibaba depuis 2009, et les ventes en 2020, c'était 68 milliards d'euros pour la journée du 11 novembre, que l'on appelle la « journée des célibataires ». Or, en 2013, c'était 6 milliards d'euros. Donc on voit en sept ans la progression incroyable, des record battus d'une année sur l'autre. Pour vous donner une idée de ce que cela peut représenter, au pic de la consommation de cette journée du 11 novembre, c'était 583 000 commandes à la seconde[7]. On voit là cette accélération effrayante de la consommation digitale en Chine. La Chine est le 2e consommateur digital du monde derrière la Corée du Sud. Le secteur de la mode, c'est

* Alibaba, dont l'ancien patron Jack Ma est très populaire dans son pays et classé première fortune de Chine.

** Les statistiques montrent l'intérêt marqué des Chinois pour les religions, dont le christianisme et le bouddhisme qui, connaissant tous deux un renouveau extraordinaire, commencent à faire de l'ombre au Parti communiste chinois. Les autorités ont réagi en imposant ces dernières années un contrôle de plus en plus strict des pratiques religieuses.

> quand même 8 à 10 % des émissions de CO_2 mondiales, c'est plus que les vols internationaux et les transports maritimes réunis. C'est aussi le 2e plus grand consommateur d'eau après l'industrie pétrolière*.

En attendant que des réponses soient données au questionnement spirituel, une étude récente a montré que plus de la moitié de la population chinoise était en surpoids. Selon un rapport de la Commission nationale de la Santé publié le 23 décembre 2020, plus de 50 % des Chinois sont en surpoids, desquels 16,4 % sont obèses, résultat d'un changement profond du mode de vie qui se traduit par une activité physique réduite, une consommation croissante de viande et une forte diminution de fruits et légumes. Moins d'un quart de la population chinoise pratique une activité physique au moins une fois par semaine, selon cette étude[8].

Avec Hong Kong, les Tibétains sous la botte. Un génocide au Xinjiang ?

En Chine communiste, pas de place pour la pluralité de pensée. Pas d'espace pour toute dissidence. Quand un clou dépasse, il faut lui taper dessus. Le 28 décembre 2020, Zhang Zhan, une « journaliste citoyenne » qui avait couvert l'épidémie de Covid-19 à Wuhan, a été condamnée à quatre ans de prison. Son seul crime : avoir diffusé des vidéos de la situation sanitaire à Wuhan qui n'étaient pas dans la ligne tracée par le pouvoir et la propagande, et avoir chroniqué la vie des habitants de Wuhan, les premiers en Chine à avoir été confinés. Reconnue coupable d'avoir « cherché querelle et provoqué des troubles »,

---

* Nathalie Bastianelli, spécialiste des questions d'environnement et de consommation en Chine, lors d'un webinaire organisé par *Asialyst* et l'Institut national des langues et civilisations orientales, 27 janvier 2021.

l'expression couramment utilisée en Chine pour condamner des dissidents, Zhang Zhan avait entamé une grève de la faim et était nourrie de force dans sa cellule. Elle « a paru très abattue quand le jugement a été annoncé », a déclaré l'un de ses avocats, Ren Quanniu, se disant « très inquiet » pour son état psychologique. Les journalistes et les diplomates étrangers n'ont pas été autorisés à pénétrer dans le tribunal de Shanghai où cette ancienne avocate âgée de 37 ans a été jugée en quelques heures, présente devant ses juges en chaise roulante. Quelques-uns de ses partisans ont été repoussés par les forces de l'ordre lors de l'ouverture du procès. Or il est maintenant avéré que les autorités chinoises ont menti à la face du monde sur l'étendue de la pandémie à Wuhan, où a été détecté le virus en décembre 2019. Une étude menée par le Centre chinois pour le contrôle et la prévention des maladies, dont les conclusions ont été rendues publiques fin décembre 2020, montre que 4,4 % des 11 millions d'habitants de la ville, soit quelque 500 000 personnes, ont présenté des anticorps au Covid-19 dans leur sang, soit dix fois plus que les chiffres officiels (50 008)[9]. Il est clair que le bilan officiel du nombre de morts dus au virus, qui est de 4 634, est lui aussi sujet à caution.

Le lendemain de cette condamnation, à Hong Kong un jeune militant prodémocratie était condamné à quatre mois de prison pour « outrage au drapeau chinois » et « rassemblement illégal ». Tony Chung, à la tête d'un groupe désormais dissous qui réclamait l'indépendance de Hong Kong, avait été reconnu coupable d'avoir jeté à terre un drapeau chinois lors d'affrontements entre manifestants et forces de l'ordre devant le Parlement local (Legco) en juin 2019. Tony Chung, 19 ans, attendra en détention la tenue d'un autre procès pour « sécession », des faits passibles de la prison à perpétuité en vertu de la loi sur la sécurité nationale imposée fin juin par Pékin dans l'ancienne colonie britannique rétrocédée à la Chine en 1997. Tranches de vie tristement routinières en Chine populaire.

Le même jour étaient jugés à huis clos à Shenzhen, une ville limitrophe de Hong Kong, dix jeunes fugitifs hongkongais arrêtés fin août alors qu'ils tentaient de quitter la cité pour se réfugier à Taïwan. Parmi les dix prévenus, huit étaient accusés d'avoir illégalement passé la frontière chinoise, une infraction passible d'un an de prison, alors que deux étaient accusés d'avoir organisé cette fuite, un crime passible de sept ans de prison. Ils ont tous plaidé coupable. Deux mineurs du groupe devaient être jugés séparément. Deux jours plus tard, les prévenus étaient condamnés à des peines allant de sept mois à trois ans de prison. Ce procès est emblématique de la chape de plomb qui s'est abattue sur la ville depuis les manifestations monstres de 2019 et l'imposition qui a suivi, en juin 2020, d'une « loi sur la sécurité nationale ». Celle-ci prévoit des peines jusqu'à la prison à perpétuité pour tout prévenu reconnu coupable de sécession, de subversion, de terrorisme ou de collusion avec l'étranger. Quant au magnat de la presse Jimmy Lai Chee-ying, 73 ans, patron du quotidien *Apple Daily* et critique féroce du régime communiste chinois, l'une des rares voix qui demeurait pour donner la parole à la démocratie à Hong Kong, il croupit en prison depuis début décembre 2020. Il a finalement été condamné, le 16 avril 2021, à quatorze mois de prison pour participation à des rassemblements interdits. Pour leur part, Joshua Wong, 24 ans, et Agnes Chow, 24 ans, sans doute les activistes prodémocratie les plus connus, sont internés dans deux prisons de haute sécurité, placés à l'isolement et classés prisonniers de classe A, soit les plus dangereux. Des milliers de jeunes militants, parfois très jeunes, ont été arrêtés lors des manifestations monstres qui ont réuni jusqu'à deux millions de personnes, soit plus d'un Hongkongais sur quatre, en comptant les bébés et les vieillards, en 2019.

Le 6 janvier 2021, la police a arrêté à leur domicile 53 militants prodémocratie et élus de l'opposition soupçonnés de « complot visant à renverser le gouvernement » de Hong Kong, lors d'une rafle menée par un millier d'agents des forces de l'ordre aux premières heures du jour, en vertu de la loi sur la Sécurité nationale. Jour ordinaire à Hong Kong. La ville était jusqu'à l'automne 2020 un havre de libertés publiques inconnues sur le continent chinois. La cité est dorénavant placée sous l'emprise totale de Pékin. Fin février 2021, un nouveau projet de loi électorale a été proposé à Hong Kong. Il impose à tous les candidats et élus de témoigner de leur patriotisme et de leur amour pour la patrie chinoise. Une façon d'écarter le camp prodémocrate d'un scrutin législatif prévu en septembre de la même année. L'ordre est venu de Pékin, le 22 février. L'explication a été donnée, le mardi 23, par le ministre des Affaires continentales et constitutionnelles de l'ex-colonie britannique, Eric Tsang. Désormais les conseillers municipaux devront prêter serment d'allégeance à la nation chinoise. Tout contrevenant « malhonnête » sera renvoyé de son poste. Et d'ajouter que « le patriotisme est un amour holistique ». Ce projet de loi semble clairement viser la disqualification des 90 % d'élus locaux prodémocratie qui, lors des élections municipales de novembre 2019, avaient infligé une cinglante défaite au camp pro-Pékin. Un an plus tard, après que Pékin a imposé la loi sur la sécurité nationale, cette nouvelle procédure vise à n'avoir que des candidats et des élus « patriotes » à tous les niveaux du système politique local. Désormais, Hong Kong est totalement sous cloche.

Le 28 février 2021, 47 personnalités du camp démocrate ont été inculpées pour « subversion » en vertu de la nouvelle loi sur la « sécurité nationale », pour avoir organisé l'an dernier des primaires à l'intérieur de leur groupe afin de sélectionner les candidats qui seraient présentés en septembre aux élections au Legco, reportées par les autorités « en raison de la pandémie de Covid-19 ». Le lendemain, des centaines de supporteurs des militants inculpés, habillés de noir, la couleur de la contestation à Hong Kong, faisaient la queue devant le tribunal de

Kowloon, partie continentale de l'ancienne colonie, pour assister à l'ouverture de leur procès. Dans leurs rangs s'étaient glissés des diplomates des consulats du Royaume-Uni, du Canada, de l'Allemagne, des Pays-Bas et de l'Union européenne. « Nous sommes ici car nous éprouvons une grande inquiétude au sujet de l'application de la loi sur la sécurité nationale », a souligné Jonathan Williams, fonctionnaire du consulat britannique, cité par le *South China Morning Post.* À Washington, le secrétaire d'État américain Antony Blinken a exigé la libération immédiate des 47. « L'engagement politique et la liberté d'expression ne devraient pas être un crime. Nous nous tenons aux côtés du peuple de Hong Kong », a-t-il dit dans un tweet. Le secrétaire britannique aux Affaires étrangères Dominic Raab a estimé que les charges retenues contre les 47 étaient « profondément inquiétantes », soulignant que cette décision démontrait « dans des termes les plus sombres » que la loi sur la sécurité nationale était utilisée pour éliminer toute contestation politique à Hong Kong et non pour restaurer l'ordre. Il s'agit là sans doute du coup le plus sévère porté au camp démocrate à Hong Kong depuis la rétrocession de 1997, les principaux dirigeants du Parti démocratique et civique faisant tous partie des personnalités inculpées. Parmi elles, Joshua Wong Chi-fung, 25 ans, le jeune activiste infatigable des droits de l'homme et de la démocratie à Hong Kong qui a été de tous les combats de ces dernières années dans l'ancienne colonie, ainsi que la journaliste Claudia Mo Man-ching, une ancienne correspondante de l'Agence France-Presse devenue femme politique en vue et membre du groupe prodémocratie au Conseil législatif de Hong Kong. Plus guère de différence désormais entre Hong Kong et toute autre ville de Chine continentale, alors que Pékin avait juré de maintenir pendant cinquante ans un haut degré d'autonomie à Hong Kong, à qui il avait été promis qu'elle pourrait conserver ses institutions, une justice indépendante et un mode de vie qui lui était propre.

Ces mesures marquent la fin définitive du vent démocratique qui soufflait sur Hong Kong et qui avait réuni en 2019 jusqu'à deux millions de manifestants dans les rues de la ville de sept millions d'habitants pour protester contre l'emprise de la Chine sur la grande cité portuaire. Il officialise aussi la mort du concept « Un pays, deux systèmes » (一国两制) dont s'était servi Deng Xiaoping pour arracher en 1984 à la Première ministre britannique Margaret Thatcher la rétrocession de Hong Kong par le Royaume-Uni. D'abord sceptique, la « Dame de fer » avait fini par plier lorsque Pékin avait menacé de couper l'eau et l'électricité à Hong Kong et brandi d'autres mesures de représailles. La rétrocession fut rendue effective et célébrée en grande pompe par Pékin treize ans plus tard. Macao, colonie portugaise, devait suivre en 1999. Elles sont aussi, enfin et surtout, un message politique extrêmement fort pour Taïwan et sa population, auxquels Pékin avait offert le même concept pour mener à bien la réunification de l'île rebelle au continent chinois. Déjà très hostiles à cette proposition, les 23 millions d'habitants de Taïwan verront dans cette tragédie une leçon parlante sur la signification réelle de la prétendue politique du sourire de Pékin : la Chine est une et indivisible sous la direction du Parti communiste chinois, et sous son étendard, pas de place ni pour le pluralisme, ni pour toute idée de dissidence. Conséquence de la répression qui s'est abattue sur la ville : le 4 mars 2021, Hong Kong a été retirée de la liste annuelle de l'Heritage Foundation* des villes jouissant de l'économie la plus libre où elle était régulièrement classée

* L'Heritage Foundation est un laboratoire d'idées et lobby américain basé à Washington. Il se donne pour mission de « formuler et promouvoir des politiques publiques conservatrices sur les principes de la libre entreprise, du gouvernement limité, de la liberté individuelle, des valeurs traditionnelles américaines et d'une défense nationale forte ».

première depuis vingt-cinq ans, la célèbre institution estimant que Pékin en avait désormais pris « un contrôle total »[10]. Le 11 mars 2021, l'Assemblée nationale populaire chinoise a clos ses travaux annuels en mettant à exécution son projet de transformation radicale du Code électoral à Hong Kong, s'assurant que seuls des « patriotes » pourront désormais diriger la Région administrative spéciale. Désormais, les candidats devront être jugés éligibles par un comité choisi par Pékin. Les délégués ont approuvé cette décision avec 2 895 voix pour, 1 abstention et 0 contre. « Quand le décompte a été donné, trente secondes d'applaudissements ont suivi. » L'entreprise de démolition systématique des libertés menée par Pékin à Hong Kong est donc désormais terminée. Réagissant à cette mesure, les ministres du G7 ont déclaré ce qui suit :

> Nous, ministres des Affaires étrangères de l'Allemagne, du Canada, des États-Unis d'Amérique, de la France, de l'Italie, du Japon et du Royaume-Uni, ainsi que le Haut représentant de l'Union européenne, exprimons ensemble nos vives préoccupations face à la décision de la Chine de porter atteinte de manière fondamentale aux caractéristiques démocratiques du système électoral de Hong Kong. Cette décision est un signal fort que les autorités de la République populaire de Chine sont déterminées à faire taire les voix et opinions dissidentes à Hong Kong[11].

De tous ces événements, et en particulier des manifestations monstres de 2019, il ressort un enseignement majeur : la population chinoise, lorsqu'elle est libre de le faire, ose se lever contre le pouvoir central à Pékin, ce qui est évidemment totalement insupportable pour le régime.

La colonisation et les guerres coloniales sont des phénomènes vieux comme le monde. Une culture dominante entend remplacer une culture dominée en prétendant lui apporter la civilisation. La Chine n'a évidemment pas été précurseur en la matière. Loin de là. La colonisation de l'Amérique par les Européens et l'extermination des peuples indigènes à partir de la fin du XVIe siècle est là pour nous le rappeler. Le massacre de Mỹ Lai, le 16 mars 1968, est un crime de guerre américain perpétré au cours de la guerre du Viêt-nam qui a fait entre 347 et 504 morts civils. Ce jour-là, des soldats américains ont violé et tué des centaines de civils vietnamiens et incendié leurs maisons. Un seul homme avait résisté. L'officier Hugh Thompson, qui avait dirigé son arme contre ses compatriotes, avait sauvé ainsi de nombreuses vies. Il avait plus tard témoigné sur ces meurtres et avait été dénoncé par ses pairs comme un traître. Il a ensuite passé le reste de sa vie en souffrant de profonde dépression et de syndrome post-traumatique, se réveillant la nuit en proie à des cauchemars. Il est mort en 2006. Tout cela, ce sont des faits qui doivent rester ancrés dans notre mémoire. Pour autant, les tragédies du Xinjiang et du Tibet prennent place au XXIe siècle. Nous ne pouvons pas y rester insensibles. De plus, les crimes passés n'exonèrent pas ceux qui en commettent aujourd'hui.

La Convention des Nations unies pour la prévention et la répression du crime de génocide adoptée en décembre 1948 par l'Assemblée générale de l'ONU, et dont la Chine est signataire, définit qu'un génocide relève d'actes perpétrés « avec l'intention de détruire, en partie ou en totalité, un groupe national, ethnique, racial ou religieux ». Un génocide est-il en cours au Xinjiang ? L'Histoire et l'horreur se répètent en Chine. Quelque trente ans après le massacre de la place Tiananmen à Pékin, le 4 juin 1989, lorsque l'armée chinoise a ouvert le feu sur des manifestants prodémocratie et fait des centaines, voire des milliers de morts. On ne connaîtra jamais le bilan réel de ce désastre que la machine de la propagande du régime a, depuis, effacé de la mémoire collective*. Aujourd'hui, depuis 2015, une tragédie encore plus abominable se déroule au Xinjiang, dans le Grand Ouest du pays, où les autorités chinoises ont interné plus d'un million d'Ouïghours de confession musulmane, soumis à un traitement inhumain. Comment pourrions-nous le passer sous silence dans ce livre ? Le Xinjiang avait été le premier champ d'expérimentation de la surveillance électronique de la population. Aujourd'hui, les témoignages qui se multiplient ne laissent plus de place au doute. Selon de multiples sources crédibles, plus d'un million d'Ouïghours, peut-être jusqu'à trois millions, sont internés dans des camps de rééducation, tandis que plus de 500 000 autres sont contraints au travail forcé. Les autorités chinoises nient farouchement ces informations et ont baptisé ces camps « centres de formation professionnelle », un démenti qui ne trompe guère au vu des informations recueillies qui vont toutes dans le même sens. En particulier celles de l'expert du Xinjiang Adrian Zenz. Selon une étude du *think tank* américain Center for Global Policy (CGP) publiée le 15 décembre 2020 et signée de l'anthropologue allemand, au moins 570 000 membres de cette ethnie musulmane et turcophone sont enrôlés dans des champs de coton au Xinjiang, région qui produit quelque 20 % de la production mondiale de coton. Les chiffres sont

* À la suite de ce massacre, nous fûmes quelques amis à fonder une association, Solidarité-Chine, pour apporter une aide aux dissidents chinois qui avaient trouvé refuge en France. Élisabeth Badinter, à qui je rends hommage ici, fut parmi celles et ceux qui vinrent spontanément nous apporter leur aide. Elle mit sa notoriété, son énergie, son temps et sa bienveillance à notre service, ne manquant aucune de nos réunions. Danielle Mitterrand ne fut pas moins généreuse, nous ouvrant toutes grandes les portes de sa fondation France-Libertés. Solidarité-Chine existe toujours à l'heure qu'il est, présidée par l'éminente sinologue Marie Holzman.

effrayants puisque les documents officiels chinois exhumés par Adrian Zenz* évaluent à au moins un demi-million les Ouïghours enrôlés de force pour récolter le coton à la main dans les seules plantations de trois régions de la province autonome du Xinjiang (Aksu, Hotan et Kashgar). Une évaluation « qui pourrait être beaucoup plus importante » à l'échelle de toute la province, selon cette étude. Interrogé sur la question du travail forcé des Ouïghours lors d'un point de presse à Pékin le 15 décembre 2020, Wang Wenbin, un porte-parole du ministère des Affaires étrangères, a assuré que ces travailleurs étaient libres de signer leurs contrats de travail « selon leur volonté ». Il a par ailleurs nommément accusé Adrian Zenz de « fabriquer des mensonges » et d'être « l'épine dorsale d'instituts de recherche anti-Chine, créés et pilotés par le renseignement américain ». En septembre 2020, l'anthropologue avait publié d'autres recherches – corroborées par l'agence de presse britannique Reuters – sur le travail forcé imposé également au Tibet depuis des années.

* Le travail d'Adrian Zenz, basé notamment sur l'étude de documents officiels chinois, ne saurait être mis en cause. La tibétologue Katia Buffetrille considère que « son travail de fourmi donnait des résultats remarquables ». Chercheur en sinologie à l'IFRI (Institut français des relations internationales), Marc Julienne juge crédibles, bien que spéculatives, les informations publiées par Adrian Zenz sur les camps d'internement du Xinjiang. S'appuyant sur l'imagerie satellitaire, des témoignages, des données et des documents officiels, Adrian Zenz propose, dès 2020, le nombre de 1,2 million d'internés en 2018 et de 1,8 million l'année suivante. Se pose néanmoins la question de l'homme. Pour le discréditer, les autorités chinoises le décrivent comme un « catholique fondamentaliste d'extrême droite » qui se croit « guidé par Dieu ». Ce dernier point est confirmé par lui-même dans un article du *Wall Street Journal* qui le décrit comme un chrétien *born again*. Mais après tout, chacun mène sa barque comme il l'entend.

Interrogé par *Mediapart*, Adrian Zenz explique la terrible logique en marche au Xinjiang :

> Les Ouïghours sont culturellement et spirituellement plus proches d'Istanbul que de Pékin. Des décennies de répression et les brutalités de la Révolution culturelle ont conduit à un mélange toxique de relations ethniques. Plus récemment, les Ouïghours ont pu chercher leurs racines en écoutant de la musique turque ou des sermons islamiques *via* Internet et leurs smartphones. [...] Pékin met l'accent sur la résistance violente des Ouïghours, mais la résistance passive et non violente à l'assimilation et à l'intégration était probablement le plus gros problème. Cette incapacité de contrôler pleinement leur société est devenue un problème croissant pour Pékin. En 2013, le Xinjiang a été déclaré la région du cœur de l'initiative Belt and Road. La région est riche en ressources naturelles et d'une grande importance géopolitique. [...] En fin de compte, Pékin a estimé qu'il fallait quelque chose comme une « solution finale » à cette situation. Les leçons qu'il apprend actuellement au Xinjiang peuvent être appliquées à d'autres régions et à d'autres groupes religieux. Maintenant, Hong Kong est en train de devenir un autre Xinjiang. La répression est devenue le principal outil de gouvernance de Pékin[12].

Un dernier rapport du chercheur allemand, publié le 2 mars 2021, contient des révélations inédites sur le travail forcé des jeunes ruraux ouïgours.

> En décembre 2020, le chercheur publiait un premier article consacré au transfert forcé de travailleurs ouïgours, dans lequel il établissait l'existence de deux types de travail forcé au Xinjiang.

– Le premier concerne les détenus des camps de rééducation. Une fois « diplômés », c'est-à-dire jugés « déradicalisés » et aptes à retourner à une vie « normale », ces détenus ne sont pas libérés; ils ne reviennent pas dans leur famille, mais sont contraints de travailler dans les usines voisines, parfois contiguës des camps. Ou bien ils sont envoyés, par centaines de milliers, cueillir le coton dans les fermes d'État. C'est ce travail forcé-là qui a suscité une vague de dénonciations dans le monde.
– Le second, beaucoup moins connu, concerne potentiellement un segment beaucoup plus important de la population ouïgoure. Il s'agit de ce que les chercheurs chinois appellent « la main-d'œuvre surnuméraire du Sud du Xinjiang ». Dans cette région pauvre où les Ouïgours représentent plus de 90 % de la population, vivent en effet un grand nombre de jeunes ruraux sans emploi fixe, qui subsistent de petits boulots saisonniers et de la culture des terres de leur famille. Ce sont eux que le gouvernement chinois « recrute » pour les « former » avant de leur trouver un « emploi » dans les industries chinoises, et d'organiser leur « transfert » vers les usines.
En étudiant ces programmes. Adrian Zenz a découvert que bien qu'il ne s'agisse pas de détenus, ces « recrutements », ces « formations », ces « placements », ces « transferts », ne sont ni libres ni volontaires. Qu'ils constituent un autre type de travail forcé, destiné à enrégimenter toute la jeunesse du Sud du Xinjiang. C'est à cette population particulière qu'il consacre son dernier article, publié le 2 mars [2021] par le *think tank* américain Jamestown Foundation. Adrian Zenz a donné à *L'Obs*, à la BBC, [au] *Süddeutsche Zeitung* et au journal canadien *The Globe and Mail* l'exclusivité de son rapport. Le chercheur allemand se fonde sur des documents publics émanant d'organismes chinois officiels. La pièce maîtresse, le « rapport Nankai », date

de 2018 et porte le nom de la prestigieuse université de Tianjin à laquelle appartiennent ses auteurs.
Dans son étude, intitulée « Travail forcé et déplacements forcés dans le cadre du programme de transfert de main-d'œuvre interrégional du Xinjiang », Adrian Zenz montre que ces transferts de plus en plus massifs de travailleurs ouïgours ruraux ne répondent pas en priorité à des objectifs économiques. Bien que présentés constamment comme des mesures de « réduction de l'extrême pauvreté », leur but premier est en réalité de réduire la densité de la population ouïgoure dans son berceau historique et de casser les structures familiales et villageoises sur lesquelles se fonde sa cohésion.
Les publications de chercheurs chinois révèlent, selon lui, l'existence d'un plan à long terme visant à « prolétariser » cette jeunesse rurale en l'envoyant travailler de gré ou de force dans les zones industrielles, dans le but de modifier radicalement la structure de la société ouïgoure.
Un autre but de ces mesures est de « modifier la façon de penser » de ces jeunes ruraux, de les sortir de leur « arriération », leur « étroitesse d'esprit », leur respect de la religion. De les rendre plus « modernes », plus « mobiles », plus « productifs », plus attirés par l'argent et les « valeurs matérielles »[13].

À ceux qui douteraient encore de ces témoignages, s'ajoute celui, bouleversant, de Gulbahar Haitiwaji, victime d'un piège machiavélique tissé par l'appareil sécuritaire chinois. Cette Ouïghoure résidant en France a été contrainte, en 2017, de retourner dans sa région natale, le Xinjiang, où elle a connu l'enfer des camps d'internement. Un an et demi après sa libération, elle raconte son histoire dans *Rescapée du Goulag chinois*, coécrit avec la journaliste Rozenn Morgat[14]. Dans une interview diffusée par le portail web spécialisé sur l'Asie *Asialyst*, elle a raconté les tourments qu'elle a subis après un retour au Xinjiang où elle avait été sommée de revenir par les autorités pour régulariser ses droits à la retraite :

> À l'époque j'étais peu méfiante. Je n'avais même jamais entendu parler des camps d'internement au Xinjiang. Lors de mes précédentes visites, j'avais noté un renforcement des *checkpoints* et des contrôles d'identité, mais rien d'anormal. Alors lorsque mon ancien employeur m'appelle et me demande de venir rapidement, je lui demande simplement si je peux faire une procuration. Elle m'est refusée. Dix jours plus tard, je suis donc au Xinjiang avec l'idée d'y rester deux semaines. Cela durera en fait deux ans et neuf mois. […] On me harcèle de questions sur ma vie en France et celle de ma famille. Puis on me présente une photo de ma fille, prise lors d'une manifestation de Ouïghours à Paris. Sur le cliché, elle brandit un drapeau du Turkestan oriental [ancienne République autoproclamée située sur le territoire de l'actuel Xinjiang]. Sur le coup, j'en veux un peu à ma fille car de mon côté, je ne militais pas. La police me remet en liberté mais confisque mon passeport. À la mi-janvier, on me dit de revenir le chercher. Trois membres de la Sécurité d'État m'attendent. Je suis emmenée à la maison d'arrêt de Karamay[15].
>
> Pourquoi ce régime sévère ?
>
> Il faut savoir qu'à l'époque, mon mari était le vice-président de l'Association des Ouïghours de France. Les dernières fois que nous étions revenus au Xinjiang, en 2012 et 2014, il avait été convoqué par la Sécurité d'État qui lui avait demandé d'espionner notre communauté en France. Il avait refusé et je pense que les autorités ont voulu prendre des mesures de rétorsion. Et comme j'étais

la seule de la famille à ne pas avoir la nationalité française, il était plus facile d'agir contre moi. [...] Nous sommes au début une petite dizaine dans ma cellule, puis une trentaine. Les détenues ouïghoures ont les pieds enchaînés toute la journée. Nous sommes vêtues d'un uniforme jaune, beaucoup trop fin pour supporter l'hiver et ses -30 degrés, et de petits chaussons noirs. On dort sur une banquette dans une couette puante, éclairés par des néons allumés nuit et jour. Au sol, il y a deux carrés dessinés en rouge. Toutes les heures, deux détenues doivent s'y tenir debout sans bouger, pour « monter la garde ». Les rares fois où l'on peut sortir, c'est sur une sorte de terrasse grillagée attenante à la cellule. Le froid y était insupportable et quand on revenait à l'intérieur, ils mettaient la climatisation le plus froid possible. C'était terrible.

En avril 2017, le traitement carcéral se durcit :

Oui, pendant vingt jours, je suis attachée au barreau de mon lit. Trois autres prisonnières subissent le même sort. Nous devons faire nos besoins dans un seau, aidées par nos codétenues. Nous n'avons jamais su pourquoi on avait subi cela durant cette période[16].

« Ils veulent nous faire disparaître, c'est un génocide culturel, une assimilation totale, mais il y a chez les gens une résistance, on ne supprime pas ainsi toute une culture », dit-elle dans un entretien au *Monde*[17].

Cette femme attribue aujourd'hui sa libération à des interventions du gouvernement français auprès de la Chine. Un autre témoignage encore, celui de Tursunay Ziawudun, une femme qui a passé neuf mois dans un camp de travail dans le district de Xiyuan (Kunes, en langue ouïghoure) dans le Xinjiang. Elle a expliqué à la BBC que certains soirs, après minuit, des hommes masqués ouvraient sa cellule pour y sélectionner une femme et la conduire dans une « salle noire » dépourvue de caméras de surveillance. Là, ces hommes se livraient alors à une séance de viol collectif. Plusieurs nuits, cette Ouïghoure a été torturée puis soumise à ce forfait. « C'est là ma blessure la plus terrible que je n'oublierai jamais », dit-elle. « Je n'arrive même pas à laisser ces mots sortir de ma bouche », avoue cette femme qui, après sa libération, a trouvé un refuge précaire au Kazakhstan avant de rejoindre les États-Unis où elle vit depuis. La BBC a interviewé une autre ancienne détenue, une femme d'ethnie kazakhe, Gulzira Auelkha, qui a passé dix-huit mois dans le système carcéral chinois du Xinjiang ; celle-ci a raconté à la radio britannique comment elle était chargée de déshabiller des femmes Ouïghoures et de leur passer les menottes avant de les laisser seules avec leurs tortionnaires, des Chinois d'ethnie Han*.

> Mon travail était d'enlever leurs habits jusqu'au-dessus de la taille et de les menotter de façon à ce qu'elles ne puissent plus bouger. [...] Puis je laissais ces femmes dans la pièce et un homme y pénétrait, un Chinois membre de la police. J'attendais en silence à côté de la pièce et quand l'homme la quittait, j'accompagnais la femme jusqu'à la douche. Les Chinois « payaient de l'argent pour sélectionner les plus jolies jeunes filles »[18].

S'il faut encore un autre témoignage, le voici. Poignant, lui aussi. Celui de Gulbahar Jalilova, citoyenne kazakhe, emprisonnée dans un camp de détention à Ürümqi de mai 2017 à septembre 2018, libérée grâce à une intervention de l'ONU et présente sur le sol français depuis janvier 2021. Enfermée dans

---

* Les Han constituent l'ethnie dominante de souche chinoise qui représente 97 % de la population de la République populaire.

une salle de 25 mètres carrés avec une quarantaine d'autres détenues âgées de 14 à 80 ans, elle dit avoir été torturée, violée, soumise à une contraception forcée. Elle témoigne à visage découvert sur le fait que les femmes au Xinjiang sont parmi les premières victimes de cette implacable répression.

> Nous étions debout dans cette pièce, enchaînées au pied par des chaînes de cinq kilos. Nous pouvions nous allonger, mais à même le sol, pas plus de deux heures pour permettre à d'autres détenues de s'allonger à leur tour. Il y avait des caméras installées aux quatre coins de la pièce. Les policiers, à l'extérieur de la pièce, nous dictaient leurs ordres par haut-parleur. Nous devions chanter des chants à la gloire de Xi Jinping. Plusieurs fois par semaine, on nous administrait des drogues qui ont eu pour conséquences que je n'avais plus mes règles. J'ai vu de mes yeux les tortures infligées à d'autres détenues. Un jour, un jeune homme de 23 ans qui me soumettait à un interrogatoire a baissé son pantalon et a mis son sexe dans ma bouche. Je lui ai dit : « Comment peux-tu faire cela, tu pourrais être mon fils ? » J'ai tenu à cet enfer car nous, les détenues, nous nous encouragions les unes les autres. Lorsque finalement j'ai été libérée, ils m'ont mis en garde : « La Chine est le pays le plus puissant du monde. Nous avons le bras très, très long. Si tu parles, on va te retrouver et te tuer. » Mais mes codétenues m'ont suppliée de porter leurs voix devant le monde[19].

Selon Dilnur Reyhan, présidente de l'Institut ouïghour d'Europe, une Ouïghoure réfugiée en France depuis seize ans et enseignante à l'Institut national des langues et civilisations orientales (Inalco), devenue lanceuse d'alerte et principale porte-parole des Ouïghours en France, « le fond de la question est colonial », du fait surtout des ressources naturelles que renforme le sous-sol du Xinjiang et de sa position géostratégique. De nombreux attentats, parfois meurtriers, attribués aux Ouïghours se sont produits en Chine, mais, précise-t-elle, il n'existe aucune preuve que leurs auteurs appartiennent à la minorité ouïghoure*. « Dans une situation coloniale, entre colonisateurs et colonisés, il est normal qu'il y ait des tensions », dit-elle[20].

> « La surveillance numérique est partout. La Chine envoie aussi des fonctionnaires chinois, souvent masculins, vivre dans les familles de ceux qui sont emprisonnés dans des camps pour surveiller la famille dans son intimité : voir si la famille continue de vivre dans la tradition ouïghoure, continue de parler la langue ouïghoure, continue de pratiquer la religion à la maison. […] La Chine remplit tous les critères de définition du génocide selon l'ONU. […] Si le monde permet à Pékin d'organiser les JO d'hiver de 2022, ça rappellera les JO de Berlin en 1936. Le monde aura répété la même erreur et Pékin pourra continuer l'éradication des Ouïghours », déplore-t-elle[21].

---

* Entre 1987 et 1990, le Xinjiang a connu plus de 200 attentats à la bombe, certains meurtriers, mais surtout dirigés contre des bâtiments officiels et des bureaux du contrôle des naissances. En 1993, il y eut plus de 17 explosions dans la seule ville de Kashgar et, en 1994, trois grosses explosions à Aksu. En 1996, le gouvernement chinois a lancé une grande opération de lutte contre la criminalité qui se traduisit par une campagne de perquisitions et d'arrestations. Le 18 septembre 2015, un groupe d'Ouïghours, armés de couperets et d'armes blanches, tuent des douzaines de mineurs chinois Han travaillant dans une mine de charbon de la région d'Aksu. La chasse à l'homme engagée par la police s'était soldée par la mort de 28 des assaillants. Ces attentats ont été et sont toujours la principale justification apportée par le gouvernement chinois à sa politique de répression dans cette région dite « autonome ».

Celles parmi ces femmes Ouïghoures qui ont osé parler ne sont pas à l'abri des griffes de la police chinoise, même à des milliers de kilomètres du Xinjiang. Qelbinur Sedik préparait son petit déjeuner dans sa nouvelle demeure aux Pays-Bas quand a retenti sur son smartphone un appel vidéo qui faisait apparaître le nom de sa sœur restée au Xinjiang. Cela l'avait rendue soudain très nerveuse. Les deux sœurs ne s'étaient pas parlé depuis plusieurs mois, depuis en fait qu'elle et trois autres femmes Ouïghoures avaient témoigné auprès de la BBC qui préparait une émission sur les viols et les cas de torture dans les camps de détention au Xinjiang où Sedik travaillait comme enseignante. Lorsqu'elle a répondu à l'appel, ce n'est pas le visage de sa sœur qui est apparu mais celui d'un policier. « Que prépares-tu, Qelbinur ? » a dit le policier avec un sourire. Ce n'était en fait pas la première fois que ce policier l'appelait ainsi. La jeune femme a alors pris une capture d'écran et, entendant le bruit, l'officier de police a brusquement enlevé sa veste qui comportait son numéro d'identification. Quand Qelbinur Sedik a raconté cette expérience à la BBC, elle s'est mise à pleurer. L'officier de police avait encore ajouté : « Tu dois te rappeler que toute ta famille et tes proches sont avec nous ici. Tu dois très sérieusement penser à ça. » Pour terminer la conversation, il a encore dit : « Tu vis à l'étranger depuis un certain temps maintenant. Tu dois avoir des amis. Peux-tu nous donner leurs noms ? » L'officier de police a alors cédé la parole à sa sœur qui s'est mise à crier : « Ferme-la. Tu devrais la fermer dorénavant », paroles suivies d'insultes. La BBC a mis en ligne la photo de cet officier de police[22].

Une autre illustration encore de la volonté du régime de Pékin d'éradiquer l'identité culturelle des Ouïghours, la voici. Je ne résiste pas à l'envie impérieuse de retranscrire ici la quasi-intégralité d'une dépêche de l'Agence France-Presse en octobre 2019, diffusée après un reportage tant bien que mal réalisé au Xinjiang par mes anciens collègues de l'AFP de Pékin qui, malgré la surveillance constante dont ils ont fait l'objet, sont parvenus à y recueillir des informations de première main sur le fait que les démolisseurs chinois en sont arrivés à effacer définitivement des cimetières ouïghours pour y construire à la place des parkings.

> Des ossements à même le sol, entre des traces de chenilles métalliques. Dans ce cimetière musulman du nord-ouest de la Chine, les bulldozers n'ont pas fait dans le détail, effaçant un lien entre les Ouïghours et leur mémoire d'outre-tombe. Au pied des collines du comté de Shayar, des tombeaux, réduits à des tas de briques, parsèment le paysage. Le spectacle se répète dans plus d'une dizaine de cimetières visités le mois dernier par l'AFP au Xinjiang, une région à majorité musulmane qui fait l'objet d'une stricte reprise en main par Pékin. Les journalistes ont constaté la présence d'ossements à l'air libre dans trois anciens cimetières [ont-ils témoigné dans leur reportage agrémenté de photos]. [...] Selon des images satellite analysées par l'AFP avec l'association Earthrise Alliance, basée à Washington, au moins une quarantaine de cimetières ouïghours ont été rasés à compter de l'an dernier [2018] dans cette région vaste comme trois fois la France. À Aksu, dans l'ouest de la région, un vaste cimetière a été transformé en un « Parc du bonheur » qui comprend un lac artificiel, des jeux pour enfants et des pandas en carton-pâte. Le site était révéré par les Ouïghours car il abritait la tombe d'un de leurs poètes du XXe siècle, Lutpulla Mutellip. L'endroit était comme « un sanctuaire pour le nationalisme ouïghour », explique à l'AFP Ilshat Kokbore, qui s'est rendu sur place dans les années 1990 et vit désormais en exil aux États-Unis. Le sort des restes de Mutellip n'est pas connu. Un responsable du nouveau cimetière où les corps ont été

déplacés, dans une zone industrielle au milieu du désert, dit tout ignorer de ce qui est advenu des cendres du poète. Quant aux autorités d'Aksu, elles n'étaient pas joignables pour répondre aux questions de l'AFP. « Le gouvernement chinois s'efforce de détruire chez les Ouïghours tout sentiment d'appartenance à cette terre », accuse Aziz Isa Elkun, un militant exilé au Royaume-Uni. La tombe de son père fait partie de celles qui ont été détruites dans les nombreux cimetières de Shayar. Les cimetières sont « un lien entre l'ancienne et la nouvelle génération. C'est cela qu'ils détruisent », dénonce-t-il. Lors de leur reportage en septembre, trois journalistes de l'AFP ont visité une dizaine de cimetières détruits dans quatre communes, ainsi que trois nouveaux sites où des dépouilles ont été réinhumées. L'équipe a été presque constamment suivie par les autorités. Dans un ancien cimetière de Shayar, les journalistes étaient surveillés par un groupe de 11 personnes, dont certaines expliquaient que les ruines des tombes étaient en fait celles de vieilles maisons, de fours à pain, ou encore de simples tas de sable. Même face aux ossements trouvés au sol, les fonctionnaires refusaient de se rendre à l'évidence[23].

Aujourd'hui, un tel reportage ne serait plus possible, car la surveillance et le contrôle des activités de la presse étrangère au Xinjiang se sont considérablement renforcés. « Se rendre au Xinjiang ou au Tibet est extrêmement difficile et le harcèlement des autorités est tel qu'y travailler est quasiment impossible », souligne le correspondant du *Monde* à Pékin, Frédéric Lemaître[24]. Il n'est pas sans intérêt de noter au passage que le plus haut responsable du régime communiste au Xinjiang est le Han (de souche chinoise, donc) Chen Quanguo, 64 ans, membre du Bureau politique du PCC, un ancien militaire qui s'était déjà fait connaître pour ses méthodes de surveillance au Tibet. Au Xinjiang, Chen Quanguo a mis en place la même politique que celle qu'il avait appliquée à partir d'août 2011 sur le Toit du monde, où les villes sont désormais quadrillées par des postes de police tous les 500 mètres.

Le 19 janvier 2021, le secrétaire d'État américain Mike Pompeo a accusé la Chine de mener un « génocide » contre les Ouïghours. « Je pense que ce génocide est encore en cours et que nous assistons à une tentative systématique de détruire les Ouïghours de la part du Parti-État chinois », a ajouté Mike Pompeo dans un communiqué. Il a aussi évoqué des « crimes contre l'humanité » menés « depuis au moins mars 2017 » par les autorités chinoises contre les Ouïghours et « d'autres membres de minorités ethniques et religieuses au Xinjiang ». Son successeur, Antony Blinken, a le même jour repris cette accusation à son compte. Alors, assistons-nous dans le Xinjiang à une entreprise de prédation à grande échelle ? L'anthropologue américain de l'Université du Colorado Darren Byler estime que :

> Au bout du compte, ce que nous voyons là est un projet colonial de colons Hans qui s'installent dans la région ouïghoure dans le but de s'emparer des ressources pour ensuite lancer un processus visant à éliminer et à prendre la place de l'identité ouïghoure afin de les assimiler dans la matrice politique de la Chine. Cette entreprise colonialiste est, dans le cas présent, moins violente que le colonialisme américain de l'époque qui avait engendré un génocide, comme vous le savez. Nous n'avons pas encore vu de génocide (au Xinjiang) en matière d'extermination d'Ouïghours jusqu'à présent, mais il s'agit là d'une dynamique similaire qui se passe sous nos yeux[25].

La France a joint sa voix aux condamnations internationales le 24 février par l'intermédiaire de son ministre des Affaires étrangères Jean-Yves Le Drian. Devant le Conseil des droits de l'homme de l'ONU, le chef de la diplomatie française a dénoncé un « système de répression institutionnalisé » à l'encontre des Ouïghours. « De la région chinoise du Xinjiang, nous parviennent des témoignages et des documents concordants, qui font état de pratiques injustifiables à l'encontre des Ouïghours, et d'un système de surveillance et de répression institutionnalisé à grande échelle », a-t-il déclaré lors d'une intervention par visioconférence. Le 10 mars 2021, lors des questions d'actualité au gouvernement au Sénat, Jean-Yves Le Drian a réaffirmé ses paroles tenues devant les Nations unies en dénonçant un « système de répression institutionnalisé » des Ouïghours par la Chine. Interrogé par la sénatrice écologiste Esther Benbassa sur les exactions commises sur les musulmans ouïghours par le pouvoir chinois, le ministre de l'Europe et des Affaires étrangères a tenu à réaffirmer ses propos tenus devant le Conseil des droits de l'homme de l'ONU :

> [...] les stérilisations forcées, les abus sexuels dans les camps, les disparitions, les détentions massives, le travail forcé, la destruction du patrimoine culturel, à commencer par les lieux de culte, la mise sous surveillance de la population, tout cela est attesté. Et c'est la raison pour laquelle, au nom de la France [...] j'ai évoqué [...] le fait qu'il s'agissait d'un système de surveillance et de répression institutionnalisé à grande échelle. [...] je le redis ici devant le Sénat[26].

Le ministre a également réitéré son appel :

> pour qu'une mission impartiale, indépendante et transparente d'experts internationaux puisse se rendre dans le Xinjiang le plus vite possible, sous la responsabilité de la Haute-Commissaire aux droits de l'Homme, Mme Bachelet.

C'est de la conclusion de cette mission, qu'une position commune des États membres de l'UE pourra être définie, a-t-il ajouté.

Jean-Yves Le Drian a également mis en garde les entreprises françaises « pour qu'elles exercent la plus grande vigilance [...] sur les risques liés à la chaîne de valeur et la nécessité de prévenir des atteintes graves aux droits fondamentaux, auprès des Ouïghours ». Enfin, en ce qui concerne l'accord de principe sur le traité global d'investissements (AGI) entre l'Union européenne et la Chine conclu le 30 décembre 2020, le ministre indique que la France a œuvré pour que l'obligation de souscrire à la Convention internationale sur le travail forcé « soit mise sur la table ». « Et on entend bien la faire respecter[27] ». On notera que le chef de la diplomatie française a donc parlé de faits « attestés ». Paroles courageuses venant d'un haut fonctionnaire de l'État français. En réaction, l'ambassade de Chine en France a qualifié ces paroles de « propos déplacés ». Le 26 mars 2021, Jean-Yves Le Drian est allé encore un peu plus loin. « Le terme "génocide" mérite d'être posé et nous sommes prêts à envisager une réflexion », a-t-il dit sur France Info. « Je souhaite qu'il y ait une clarification visible. ».

Le 22 février 2021, le Parlement canadien a adopté à l'unanimité des présents une motion non contraignante qualifiant la répression chinoise au Xinjiang de « génocide ». Le Parlement néerlandais a réagi exactement de même le 25 février, devenant le premier pays de l'Union européenne à le faire. « Un génocide contre la minorité ouïghoure est en cours en Chine », souligne la motion, sans toutefois accuser le gouvernement chinois d'en être responsable[28]. Au Royaume-Uni, plusieurs survivants de la Shoah ont déclaré publiquement en février 2021 que la politique chinoise au Xinjiang constituait « un génocide ». Pour Wang Yi, le ministre chinois des Affaires étrangères, au contraire, le traitement des minorités ethniques au Xinjiang et au Tibet constitue « un succès éclatant » qui illustre les progrès réalisés en Chine dans la sauvegarde des droits de l'Homme[29]. La Chine, grâce à un entrisme très efficace dans les universités françaises, y compte aussi ses soutiens pour nier toute idée de répression au Xinjiang. C'est ainsi qu'en septembre 2019, à Ürümqi, capitale de la région « autonome », Christian Mestre, doyen honoraire de la faculté de droit de Strasbourg, participe à un « séminaire international sur la lutte contre le terrorisme, la déradicalisation et la protection des droits de l'homme », organisé par la République populaire de Chine. Ses déclarations sont retranscrites par les médias d'État, l'agence officielle Xinhua et le quotidien nationaliste *Global Times*. Pour Pékin, elles valent de l'or.

> « J'espère que la France et d'autres pays européens pourront adopter les réponses données par le Xinjiang », plaide le doyen Mestre, à en croire les journalistes chinois. Il a lui-même visité à Kashgar un des « centres d'éducation professionnelle » [...]. Il garantit que les autorités chinoises disent vrai : non, elles n'ont pas interné de force des centaines de milliers de Ouïghours. « Ces gens ne sont pas en prison, mais envoyés en formation obligatoire », atteste le professeur. [...] Interrogés aujourd'hui, les sinologues de l'université de Strasbourg n'en reviennent pas. « Ce n'est bien entendu pas la position du département de chinois de l'université de Strasbourg », , réagit Thomas Boutonnet, directeur du département d'études chinoises. « Ce n'est pas notre rôle d'universitaires de porter un tel discours politique. Car ce n'est même plus de la naïveté que de dire cela, c'est du négationnisme. » Marie Bizais-Lillig, maître de conférences, se dit « extrêmement choquée ». « C'est digne des voyages d'Aragon en URSS, ou des collaborationnistes dans l'Allemagne nazie. »[30]

Le 26 février, le vice-président de l'Eurométropole et premier adjoint strasbourgeois, Syamak Agha Babaei, a demandé à Christian Mestre de s'expliquer :

> Il s'agit d'une prise de position politique sur la manière dont le gouvernement chinois traite une minorité politique et religieuse. Mon groupe va lui demander de s'expliquer. Si les propos qu'on lui prête sont assumés, c'est problématique. Je ne pense pas qu'on puisse dire que le traitement des Ouïgours fasse débat. Si les propos tenus sont assumés, c'est incompatible avec la fonction de déontologue de l'Eurométropole[31].

Face à cette levée de boucliers, l'universitaire a fini par démissionner le même jour.

Le 25 février, le président français Emmanuel Macron s'est entretenu au téléphone avec son homologue chinois, mais, selon un premier compte rendu de l'Élysée, sans aborder avec lui la situation des Ouïghours.

> Les camps de concentration et les Ouïghours n'ont donc aucune importance aux yeux de notre Président, au moins c'est clair désormais. L'Histoire le jugera et nous le jugerons avant elle. Je suis très en colère ce matin. Je n'en peux plus de la lâcheté et de la faiblesse de nos dirigeants. Ils ont érigé le cynisme et l'impuissance en religion. Ils foulent aux pieds nos principes et nos intérêts stratégiques. Ils méprisent notre Histoire passée et nos mobilisations présentes. La France mérite tellement mieux que cela,

a réagi l'eurodéputé Raphaël Glucksmann, l'un des lanceurs d'alerte en France sur la tragédie du Xinjiang[32]. Le président américain Joe Biden, lui, l'avait fait lorsqu'il avait finalement téléphoné à son homologue chinois le 10 février, après l'avoir fait lanterner plus de trois semaines après son investiture. Joe Biden a exprimé à Xi Jinping « ses préoccupations fondamentales au sujet des pratiques économiques coercitives et injustes, de la répression à Hongkong, des atteintes aux droits de l'homme au Xinjiang et des actions de plus en plus autoritaires [menées] dans la région, y compris à l'égard de Taïwan[33] », selon un compte rendu de la Maison Blanche. Joe Biden a plus tard précisé que lors de cet entretien téléphonique, il avait dit au président chinois : « Tant que vous et votre pays continuerez de violer de manière si flagrante les droits humains, nous allons continuer sans relâche de le faire savoir au monde, de faire comprendre clairement ce qui se passe. Et il a compris cela[34]. » Devant les très nombreuses critiques qui ont fusé dans les milieux politiques en France après l'entretien Macron-Xi, l'Élysée a corrigé le tir et finalement affirmé que la question des Ouïghours avait bien été évoquée par le président français. Dans quels termes ? On n'en saura pas plus.

Le même Raphaël Glucksmann s'est exprimé début 2021 sur une dotation publique française de 800 000 euros accordée au géant des télécommunications chinois Huawei, qui a choisi l'Alsace pour une première implantation industrielle en Europe*.

* Huawei a choisi le Business Parc de la ville de Brumath, à 17 kilomètres au nord de Strasbourg, dans la région du Grand Est, pour implanter sa première usine de fabrication en Europe. L'usine, qui bénéficiera d'un investissement de 200 millions d'euros, créera dans un premier temps 300 emplois et 500 emplois sur le long terme. Elle vise à produire chaque année un milliard d'euros de solutions technologiques de réseau mobile pour les clients européens de Huawei. Rappelons que son fondateur, Ren Zhengfei, est un ancien cadre de l'Armée populaire de libération et qu'il est toujours membre du Parti communiste chinois.

> L'intérêt de Huawei, c'est de prendre pied sur le sol européen pour pénétrer le marché européen. Huawei est une méga-entreprise en extension permanente au service des intérêts du parti communiste chinois (PCC). S'implanter au cœur de l'Europe, rayonner à partir de Strasbourg sur le marché européen, c'est une stratégie très cohérente avec l'idéal expansionniste du PCC. Et puis cette implantation permettra aussi d'accéder au marché africain de manière plus directe. Depuis la répression des manifestations pacifiques au Tibet en 2008, la Chine mène une stratégie de pénétration en Europe qui entretient la dépendance des gouvernements européens. Le PCC rend ainsi impossible d'établir un rapport de force avec la Chine. On voit aujourd'hui la Grèce ou le Portugal, qui ont dû vendre des infrastructures comme des ports ou des entreprises énergétiques à la Chine. Aujourd'hui, ces États ne peuvent plus s'opposer au gouvernement chinois. [...] Les services de sécurité en Europe sont en alerte sur l'espionnage chinois. Mais il y a une naïveté criante sur l'installation en Alsace, quand près de Brumath [nord de l'Alsace, périphérie de Strasbourg] vous avez plusieurs zones militaires classées secret-défense, cette implantation devient une question de sécurité nationale. Il y a un vrai risque à ce niveau. C'est pourquoi cette mobilisation n'est pas seulement une question de principe, celle du respect des droits de l'Homme, mais aussi une question de défense nationale[35].

Et puis il y a les initiatives privées de personnalités en vue, telle celle de l'attaquant français Antoine Griezmann qui a annoncé le 10 décembre 2020 rompre son contrat avec Huawei, en raison des soupçons pesant sur la participation du géant chinois dans la surveillance des Ouïghours. « Suite aux forts soupçons selon lesquels l'entreprise Huawei aurait contribué au développement d'une “alerte Ouïgour” grâce à un logiciel de reconnaissance faciale, j'annonce que je mets un terme immédiat à mon partenariat me liant à cette société », a-t-il annoncé[36]. Il y a aussi celle du célèbre mannequin franco-suisse Nabilla qui, le 8 mars 2021, à l'occasion de la fête internationale des droits des femmes, a demandé au monde d'élever la voix pour dénoncer le sort des femmes ouïghoures. « Viols, torture. En ce 8 mars joignons nos voix en solidarité des femmes ouïghoures torturées en Chine », dit-elle en partageant la photo d'une femme ouïghoure. Elle écrit : « Cette femme s'appelle Reshide DAWUT. C'est une célèbre chanteuse ouïghoure âgée de 58 ans. Depuis octobre 2018, elle est en prison et subit des actes de torture en Chine. [...] Dans ces camps, les femmes enchaînées en permanence vivent d'abominables tortures sexuelles : viols collectifs, viols anaux avec un bâton électrique, choc[s] électriques vaginaux, stérilisations et avortements forcé*s*[37]. » Le 12 mars 2021, le président de la 46e cérémonie des César 2021, l'acteur, réalisateur et scénariste franco-marocain Roschdy Zem, a rappelé dans son discours d'ouverture que l'enfermement causé par la pandémie « doit surtout nous réveiller sur celui autrement plus tragique [...] des camps de concentration pour la communauté ouïghoure en Chine ». Le 9 mars 2021, le Conseil de Paris a annoncé avoir mis un local à la disposition de l'Institut ouïghour européen. « En tant que capitale des droits humains et ville refuge, le Conseil de Paris a adopté un vœu relatif à l'attribution d'un local associatif à l'Institut ouïghour valorisant les travaux scientifiques, la culture ouïghoure et la défense des droits des femmes », souligne l'institution dans un communiqué. Plusieurs villes de France, dont Clermont-Ferrand, Marseille, Reims et Alfortville, ont par ailleurs signé une charte de solidarité avec les Ouïghours.

Le 10 octobre 2018, un collectif de vingt-cinq chercheurs français de renom, spécialistes de la Chine, a signé une tribune dans le quotidien *Le Monde*, appelant la Chine à fermer ses camps de détention au Xinjiang.

> Des centaines de milliers, voire jusqu'à un million de Ouïghours – mais aussi un nombre indéterminé de Kazakhs – y seraient internés. La détention ne fait pas suite à une décision de justice. Les personnes internées dans ces camps peuvent y être détenues des semaines, des mois ou indéfiniment. Certains y sont morts. Leurs crimes ? Avoir séjourné ou avoir contacté des proches à l'étranger, notamment dans des pays musulmans ou des pays où il existe une importante communauté ouïgoure active ; avoir une pratique visible de leur religion ; avoir exprimé des doutes face à la gestion du PCC ; ou tout simplement être « suspect » aux yeux de l'État… La « rééducation » consiste à éradiquer tout sentiment nationaliste et religieux et à s'assurer de leur loyauté au Parti et à la Chine,

soulignent ces chercheurs, parmi lesquels Jean-Philippe Béja, universitaire directeur de recherche au CNRS (Centre de recherches internationales), sinologue, politologue et spécialiste de la Chine, et Marie Holzman, sinologue, spécialiste de la Chine contemporaine et de la dissidence chinoise, enseignante de chinois à l'université, écrivaine, journaliste et traductrice française[38]. Depuis la publication de cette tribune, beaucoup d'informations crédibles sont venues s'ajouter à ce dossier. Le 26 février 2021, la Haute-Commissaire des Nations unies aux droits de l'homme Michelle Bachelet est sortie de son silence. « Les militants, les avocats et les défenseurs des droits de l'homme – ainsi que certains ressortissants étrangers – sont confrontés à des accusations pénales arbitraires, à des détentions ou à des procès inéquitables » en Chine, a-t-elle déclaré au Conseil des droits de l'homme, à Genève, dont la Chine est membre de plein droit. Les rapports sur les violations, notamment la détention arbitraire, les mauvais traitements, la violence sexuelle et le travail forcé dans la région du Xinjiang doivent être évalués indépendamment, a-t-elle indiqué[39]. Des propos prudents, mais qui demeurent courageux quand on sait l'influence qu'exerce la Chine au sein de l'ONU où elle est l'un des cinq membres permanents du Conseil de sécurité*. Le 3 octobre 2020, Clémentine Autain, députée de Sevran, Tremblay et Villepinte, et membre d'Ensemble !, organisation fondée en 2013 et une des composantes du Front de gauche, a participé à la création d'un collectif parlementaire de soutien au peuple ouïghour. Ces députés proclament dans leur tribune :

> Nous, député.e.s de plusieurs groupes politiques, lançons l'alerte en créant un collectif de soutien au peuple ouïghour qui subit le massacre et l'horreur dans une grande indifférence planétaire. Ensemble, nous affirmons qu'il faut faire triompher le droit sur la force, la liberté sur la tyrannie, la raison humaine sur la barbarie[40].

Lundi 22 mars 2021, l'Union européenne, le Royaume-Uni, le Canada et les États-Unis ont simultanément adopté des sanctions contre des responsables chinois au Xinjiang pour dénoncer la politique de Pékin contre les Ouïghours, une initiative coordonnée – la première du genre depuis l'investiture de Joe Biden le 20 janvier – qui laisse le régime de Pékin plus isolé que jamais. Première à ouvrir le bal, l'Union européenne a

---

* Les autorités chinoises ont invité Michelle Bachelet à se rendre au Xinjiang mais, sentant le piège, celle-ci a demandé un temps de réflexion. Car il est évident qu'elle n'aura pas le loisir d'avoir accès à ce qu'elle souhaite dans un voyage qui sera assurément soigneusement préparé par le régime chinois. On ne manquera pas, en revanche, de lui montrer avec empressement toutes les réalisations grandioses de la Chine socialiste au Xinjiang, témoignages vibrants de l'amitié entre les peuples.

adopté les premières sanctions contre des responsables chinois depuis le massacre de la place Tiananmen, prenant pour cible quatre officiels chinois et une entité chinoise tenus pour responsables d'avoir participé activement à la répression contre les Ouïghours. Les quatre responsables sont Zhu Hailun, un ancien secrétaire de la Commission des affaires politiques et légales du Xinjiang, Wang Junzheng, secrétaire du Parti communiste du Corps de production et de la construction du Xinjiang et secrétaire adjoint de la Commission du Parti du Xinjiang ; Wang Mingshan, un membre de la Commission permanente du Parti du Xinjiang ; et Chen Mingguo, directeur du Bureau de la sécurité publique du Xinjiang. L'entité visée est le Bureau de la Sécurité publique du Corps de production et de construction du Xinjiang. L'Union européenne a déterminé que ces individus et cette entité « sont responsables de graves violations des droits de l'homme en Chine, en particulier des détentions arbitraires à grande échelle et des traitements dégradants infligés à des Ouïghours et d'autres minorités musulmanes » dans la région. Ces sanctions, qui prévoient un gel des avoirs et l'interdiction de voyage sur le sol de l'Union européenne, ont été adoptées par les ministres des Affaires étrangères des vingt-sept pays membres de l'Union lors d'un Conseil des affaires étrangères à Bruxelles et immédiatement consignées dans une loi européenne. Le gouvernement chinois a aussitôt répliqué avec l'annonce par le ministère des Affaires étrangères de sanctions contre dix personnalités européennes, y compris cinq membres du Parlement européen, dont l'eurodéputé Raphaël Glucksmann. Également visé par ces sanctions, l'anthropologue allemand Adrian Zenz. Ces personnalités et leur famille sont désormais interdites sur le territoire chinois, y compris Hong Kong et Macao. Visées aussi, quatre entités européennes, dont la fondation Alliance des démocraties au Danemark, un forum présidé par l'ancien chef de l'OTAN Anders Fogh Rasmussen. Pékin a dénoncé des actes « portant gravement atteinte à la souveraineté et aux intérêts de la Chine et des mensonges ainsi que de la désinformation ». Dans un éditorial au vitriol, le *Global Times*, le quotidien porte-voix du régime communiste, promet que la Chine répondra coup pour coup, tout en fustigeant les donneurs de leçons et « l'attitude condescendante de l'Europe, qui se considère comme un professeur des droits de l'homme ». « Le terme de "génocide" est une étiquette qui ne peut jamais être apposée à la Chine. En revanche, l'Allemagne, qui a initié les sanctions contre la Chine, a commis tant de méfaits qui constituent un génocide ! » souligne le quotidien anglophone chinois[41]. L'Union européenne a ainsi emboîté le pas aux États-Unis qui, le 9 juillet 2020, avaient déjà infligé des sanctions à l'encontre de plusieurs dirigeants chinois, accusés d'être « en lien avec de graves atteintes aux droits humains », à l'encontre notamment de la minorité ouïghoure. Rappelons que l'ancien secrétaire d'État américain Mike Pompeo avait par le passé comparé la situation au Xinjiang à l'Holocauste et parlé de « tache du siècle ». Le 22 mars 2021, les États-Unis en ont remis une couche en étendant ces sanctions à deux nouveaux responsables qui font partie de la liste annoncée par l'Union européenne.

Cette initiative coordonnée semble avoir été le fruit de contacts de diplomates américains avec leurs alliés. Des responsables de haut rang de l'administration américaine, cités par l'agence Reuters, ont expliqué qu'ils étaient en contact quotidien avec les gouvernements en Europe sur les sujets liés à la Chine. « En dépit d'une condamnation internationale croissante, [la Chine] continue de commettre un génocide et des crimes contre l'humanité au Xinjiang », a déclaré le secrétaire d'État américain Antony Blinken à la veille d'entretiens prévus cette semaine-là avec des responsables de l'Union européenne et de l'OTAN à Bruxelles. Les ministres des Affaires étrangères du Royaume-Uni et du Canada ont diffusé une déclaration conjointe avec Antony Blinken, dans laquelle ils demandent tous les trois que Pékin mette un terme « à ses pratiques répressives » au Xinjiang. Séparément, les ministres des Affaires étrangères de l'Australie et de la Nouvelle-Zélande ont exprimé leurs « graves inquiétudes suscitées par des informations crédibles concernant des violations graves des droits de l'homme contre l'ethnie ouïghoure et d'autres minorités au Xinjiang » et se sont félicitées des mesures annoncées par l'Union européenne, le Canada, le Royaume-Uni et les États-Unis. Alors qu'un député néerlandais a été sanctionné par Pékin, La Haye a convoqué l'ambassadeur de Chine aux Pays-Bas pour protester.

> « C'est terrible. Ça fait froid dans le dos de constater qu'un régime dictatorial peut s'en prendre ainsi à un parlementaire et à sa famille », a déclaré à l'AFP l'une des personnalités sanctionnées, le député belge Samuel Cogolati. « Ces intimidations, ces menaces, ne nous arrêteront pas, bien au contraire ! Elles renforcent notre détermination à lutter pour la démocratie à Hong Kong, au Tibet ou au Xinjiang où on voit que les camps de concentration se développent pour enfermer les Ouïghours », a-t-il affirmé. « Il est temps de briser un silence européen qui a trop duré, un silence qui est devenu complice avec le temps[42]. »

Raphaël Glucksmann s'est pour sa part dit flatté par la décision des autorités chinoises. « J'apprends que je suis visé par les sanctions chinoises, banni du territoire chinois (ainsi que toute ma famille !) et interdit de tout contact avec les institutions officielles et entreprises chinoises pour ma défense du peuple Ouïghour : c'est ma légion d'honneur », a-t-il affirmé sur son compte Twitter[43]. Le 26 mars 2021, le gouvernement chinois a étendu ses sanctions à neuf personnalités et quatre entités britanniques, dont l'ancien chef du Parti conservateur Duncan Smith. « Il est de notre devoir de dénoncer les abus du gouvernement chinois à Hong Kong de même que le génocide dont sont victimes les Ouïghours », a réagi Duncan Smith. « Si cela suscite la colère de la Chine contre moi, je porterai cette médaille d'honneur », a-t-il ajouté[44]. L'une des conséquences probables de cette escalade et qui serait un autre coup dur pour Pékin serait la mort du Traité sur les investissements conclu le 30 décembre dernier après sept ans de difficiles négociations entre Pékin et Bruxelles, et que le régime chinois voyait comme un possible instrument pour paralyser le lien entre l'Union européenne et les États-Unis. Pour entrer en vigueur, ce traité doit encore être voté au Parlement européen et ratifié par les vingt-sept pays membres de l'Union européenne, une perspective de plus en plus improbable. Le 29 mars 2021, plus de 400 chercheurs et universitaires du monde entier ont publié une tribune dans laquelle ils proclament leur solidarité avec Joanne Smith Finley, de l'Université de Newcastle, qui avait osé parler des violations des droits de l'homme du régime communiste chinois, cible parmi d'autres des sanctions décidées par Pékin contre des personnalités britanniques et désormais interdite d'entrée sur le sol chinois[45].

Je croyais avoir déjà tout vu de la part de la propagande chinoise, mais j'étais encore loin du compte. Ce qui suit dépasse l'imagination dans le registre du sordide, de l'ignoble et de l'abject. L'antisémitisme. Le 24 mars 2021, Zheng Ruolin, ancien correspondant à Paris du quotidien chinois édité à Shanghai *Wen Huibao*[*], a publiquement accusé Raphaël Glucksmann ainsi que son père de susciter la haine du monde musulman contre la Chine et d'avoir indirectement orchestré

* Journaliste, écrivain et traducteur, Zheng Ruolin est également correspondant du *Wen Wei Po*, quotidien publié à Hong Kong, et tient un blog très lu dans son pays natal.

l'assassinat de Samuel Paty* ! Le commentateur chinois a poursuivi sa démonstration en affirmant que Raphaël Glucksmann a « fait entrer des Tchétchènes "pacifiques" en France pour s'opposer à la politique de (Vladimir) Poutine », faisant cela sciemment « pour semer le terrorisme en France ». Le fils, Raphaël, a poursuivi la politique de son père, André, pour s'attirer le soutien des terroristes musulmans en défendant les pauvres Ouïghours, détaille encore Zheng Ruolin.

> « Énième preuve que notre mobilisation fait peur : la machine de la propagande chinoise est lancée à plein régime depuis hier. Son objectif ? Fabriquer du doute et tenter de discréditer notre combat pour le peuple ouïgour en tentant pathétiquement de discréditer les personnes qui le portent publiquement (chercheurs, politiques, intellectuels, activistes ouïgours, etc.). C'est une méthode classique des régimes autoritaires et fascistes. Depuis quelques jours, des dizaines de milliers de messages agitent donc les réseaux chinois et cela viendra ici très vite. Je suis et vais être présenté comme l'architecte d'un complot juif mondial contre la Chine, l'ami des terroristes islamistes, un agent de la CIA et du Mossad, le concepteur de la guerre en Irak, de la Révolution en Syrie, l'artisan du Grand Remplacement des "Français de souche"… Ce sera relayé chez nous par les idiots utiles des tyrans. Je ne vais pas perdre de temps à démentir ces folies une à une, ni même

* Samuel Paty, professeur d'histoire-géographie, a été assassiné le 16 octobre 2020 par arme blanche, décapité peu après être sorti de son collège à Conflans-Sainte-Honorine, dans les Yvelines, en banlieue parisienne. L'assassin, Abdoullakh Anzorov, un citoyen russe d'origine tchétchène âgé de 18 ans, bénéficiait du statut de réfugié accordé à ses parents alors qu'il était mineur. Il a été abattu par la police quelques minutes après l'attentat, à Éragny, une ville du Val-d'Oise voisine du lieu de l'assassinat.

> les relever, mais soyez certains que notre mobilisation les dérange et que nous ne gagnerons pas sans combattre, sans être attaqués. La politique comme je la conçois, c'est savoir prendre des risques pour ce que l'on pense juste. Nos dirigeants l'ont oublié trop longtemps. Nous allons leur rappeler ensemble » a répondu Raphaël Glucksmann[46].

Le 26 mars 2021, Raphaël Glucksmann a été reçu par Jean-Yves Le Drian qui lui a dit sa solidarité après les insultes antisémites.

> « Je sors à l'instant d'un rendez-vous avec le Ministre des affaires étrangères Jean-Yves Le Drian. Je lui ai présenté des mesures concrètes pour bannir les produits de l'esclavage de nos marchés, obliger nos marques à respecter les droits humains et les protéger contre les attaques du régime chinois. La stratégie existe : on l'a [fait] voter au Parlement européen, il ne reste plus qu'à l'appliquer », a posté l'eurodéputé[47].

La propagande chinoise a plus d'un tour dans son sac. En décembre 2020 a été publié un livre intitulé *Ouïghours, pour en finir avec les fake news*, paru aux éditions La Route de la soie, écrit par un certain Maxime Vivas*. Cette maison d'édition,

* Ce personnage négationniste, que je ne connais pas et que je ne souhaite pas connaître, sauf peut-être dans la salle d'audience d'un tribunal, fait à l'évidence partie de ceux à qui mes amis chinois ont donné le sobriquet de « Français Panda », ceux qui sont devenus de leur plein gré les laquais serviles du régime de Pékin. Ils ne parlent pas un traître mot de chinois, ne connaissent rien à la civilisation chinoise et avalent sans barguigner les tombereaux de mensonges et de contrevérités que déverse quotidiennement la propagande officielle chinoise dont ils sont devenus les relais complaisants dans leur pays. Maxime Vivas, 78 ans, est ergonome de profession et auteur d'une vingtaine de livres. Mais depuis une dizaine d'années, il est surtout connu pour être un fervent défenseur

fondée en 2017 par la très discrète Sonia Bressler, se présente comme indépendante, mais une partie de son catalogue est consacrée à vanter la coopération entre la France et la Chine, et elle coédite un mensuel avec un éditeur du Parti communiste chinois, *Dialogue Chine-France*. Le numéro de janvier 2021, intitulé « Un plan chinois sur cinq ans », donne longuement la parole à l'ambassadeur de Chine en France, Lu Shaye, ainsi qu'à plusieurs autres responsables officiels chinois.

> « Vous avez aimé les *fake news* sur la trahison du capitaine Dreyfus, les charniers de Timișoara en Roumanie, le contenu de la fiole de Colin Powell à l'ONU, les couveuses débranchées au Koweït, le réseau de pédophiles d'Outreau, le nuage de Tchernobyl à nos frontières, l'arrestation de Dupont de Ligonnès en Écosse, l'invasion de l'hôpital de la Salpêtrière par les Gilets jaunes ? Vous allez détester ce livre », prévient l'éditeur en quatrième de couverture.

L'auteur, qui s'est rendu deux fois au Xinjiang sous bonne escorte et dans le cadre de voyages soigneusement préparés et encadrés par les autorités chinoises, dénonce toute idée de « génocide » dans cette région.

---

de la politique chinoise. Depuis un voyage familial dans le pays en 2009, il combat « les idées reçues » dans les colonnes du site qu'il a fondé en 2002, *Legrandsoir.info*, présenté comme un « site militant d'information alternatif », mélange d'écrits d'auteurs d'extrême droite et d'extrême gauche. Invité par la Chine à découvrir le Tibet en 2010, il publie deux livres, en 2011 et en 2015, dans lesquels il dénonce la couverture médiatique occidentale et chante les louanges de la politique chinoise dans cette province. En 2016 et en 2018, Vivas est cette fois-ci invité à se rendre au Xinjiang. Son livre *Ouïghours, en finir avec les fake news* (Paris, La Route de la soie, 2020) reprend *in extenso* la communication d'État chinoise à propos du Xinjiang, jusqu'à la désignation du coupable de ce complot international contre la Chine : la CIA. Il fallait y penser !

> « En vérité, cette région autonome, grande comme trois fois la France, s'arrache à son retard et à la pauvreté avec le concours de la Chine tout entière : aides financières, discriminations positives pour les étudiants passant des examens, formations professionnelles, apprentissage de la langue nationale (le mandarin) dans des centres de formations professionnelles et éducatifs, sans qu'aucune des cinquante-six ethnies du Xinjiang ne soit contrainte à renoncer à sa langue, sa culture, ses croyances ou ses incroyances. En même temps, Beijing mène une lutte sans merci contre les "trois fléaux" (fondamentalisme, séparatisme, terrorisme) attisés par des fanatiques islamistes dont des milliers se sont formés en Syrie avec Al-Qaïda et dont l'objectif est d'instaurer sur un sixième du territoire chinois un califat indépendant où la loi de la République ferait place à la Charia », écrit l'auteur.

Je laisserai le lecteur juge de ces propos. Son livre, s'il a trouvé un écho très modeste sinon inexistant en France, a en revanche été abondamment cité et utilisé par les médias officiels chinois tels que l'Agence Chine nouvelle et *Le Quotidien du peuple* comme preuve irréfutable qu'il n'existe aucun génocide au Xinjiang. Il en est de même du ministre chinois des Affaires étrangères Wang Yi qui s'en est servi lors d'une conférence de presse le 7 mars 2021, en marge de la session annuelle de l'Assemblée nationale populaire.

Le même Vilas aurait pu trouver un soutien de poids avec la publication le 28 mars, sur le site de la télévision d'État chinoise en français, CGTN, d'une tribune attribuée à une « journaliste indépendante basée en France », Laurène Beaumond, dont le texte, rangé dans les pages opinions du média d'État de Pékin, démonte, à la façon d'un témoignage vécu et personnel, les accusations de génocide et de persécution subis par la minorité musulmane des Ouïgours dans la province du Xinjiang. En effet, « je suis Française et j'ai vécu presque sept ans en Chine », indique là cette journaliste. Mieux : « Les hasards de la vie ont fait que j'ai de la famille vivant à Ürümqi, la capitale du Xinjiang. J'ai eu l'occasion de visiter la région à maintes reprises entre 2014 et 2019, et je ne reconnais pas le Xinjiang que l'on me décrit dans celui que je connais. » Si ce n'est que Laurène Beaumond n'existe peut-être pas. Inconnue, officiellement, au bataillon. Le quotidien *Le Monde* a pu vérifier qu'aucune personne de ce nom ne figure dans le fichier de la Commission de la carte d'identité des journalistes professionnels français. Elle devrait, car, assure CGTN, cette femme, « doublement diplômée d'histoire de l'art et d'archéologie de l'université Sorbonne-Paris IV et titulaire d'un master de journalisme, a travaillé dans différentes rédactions parisiennes avant de poser ses valises à Beijing ». Sans surprise, le point de vue sur les Ouïgours reprend tous les éléments du langage officiel du régime de Pékin sur le sujet, en s'interrogeant sur les « nouveaux pasionarias [*sic*] de la cause ouïgoure, cette ethnie dont le sort ne préoccupait personne jusqu'ici », et en notant que « les grandes marques étrangères qui ont annoncé arrêter d'utiliser le coton récolté dans le Xinjiang pour fabriquer leurs vêtements sont la goutte qui a fait déborder le vase ». Le 31 mars, une déclinaison du média d'État chinois, Radio Chine international (CRI), fait signer à Laurène Beaumond une deuxième tribune sur la visite programmée de parlementaires français à Taïwan, autre sujet de grande crispation entre Paris et Pékin. Présentée, cette fois, comme « une spécialiste de la Chine passionnée de littérature et de pop culture asiatique », la « journaliste » s'emporte contre « les critiques grotesques visant la Chine » et encourage les sénateurs du groupe d'échanges France-Taïwan à renoncer à leur projet[48]. Le lendemain de l'article du *Monde*, le quotidien *Le Figaro* a publié une enquête qui établit le fait que Laurène Baumond existe et est bien vivante. Mais, employée à Paris de la chaîne de télévision d'État chinoise CGTN, elle a accepté de « témoigner » dans l'anonymat, un statut bien commode grâce auquel tout peut être dit et qui jette une ombre sérieuse sur la crédibilité de ses propos.

Mis à part la Turquie, qui a discrètement demandé des explications à la Chine sur la situation au Xinjiang, aucun pays musulman ne s'est manifesté à ce jour pour dénoncer les pratiques chinoises à l'encontre des Ouïghours. Pourquoi ? Slimane Zeghidour, écrivain, chercheur et journaliste franco-algérien, spécialiste du monde arabe, apporte quelques explications :

> La première chose à bien comprendre est que dans les pays musulmans, l'opinion est bridée par les régimes en place. Il n'y a pas autant de liberté d'expression – comme en Occident – pour aller manifester dehors. Pour les Ouïghours, ou pour d'autres. Il n'y a aucune habitude ou culture de ce type de manifestations, de protestations et de solidarités publiques, dans ces pays. Ce qui ne veut pas dire que les gens ne ressentent rien dans leur for intérieur. Mais il y a un mythe – qui existe seulement chez les islamistes et les islamophobes – qui est celui qui consiste à croire qu'il y a un monde musulman qui respire avec les mêmes poumons, qui a la même vision du monde et qui vibre à l'unisson. Cela n'a jamais existé, depuis l'époque du Prophète jusqu'à aujourd'hui. [...] Les États, contrairement à ce que pense le mythe islamophobe ou islamiste, ne réagissent jamais au nom de l'islam. Par exemple l'Arabie saoudite qui a de très bons rapports avec la Chine, ou l'Iran, se garde de mettre Pékin dans l'embarras. Les opinions publiques de ces pays doivent être révoltées par ce qui est fait aux Ouïghours, mais leurs gouvernements font de la politique. Jamais aucun gouvernement n'a été mobilisé par la solidarité islamique, à part celui d'Erdoğan, le Premier ministre turc. Parce que les Ouïghours ont une énorme diaspora en Turquie, et donc le lobby ouïghour en Turquie a poussé Erdoğan à exprimer

son mécontentement pour qu'il demande des explications à la Chine. [...] [Les musulmans vont-ils se réveiller un jour ?] Non, je ne pense pas. Mais il faut avoir en tête que la présence de l'islam en Chine remonte à la période du Prophète, il y a quinze siècles. C'est une dimension de la culture chinoise qui est très ancienne. Des personnalités musulmanes ont joué un très grand rôle dans l'histoire des empires chinois. L'influence des musulmans chinois a été énorme dans l'histoire de ce pays. Le plus grand amiral de toute l'histoire de la marine chinoise, par exemple, était un musulman qui a vécu au XVIe siècle. Il faut bien réaliser que la situation des musulmans en Chine est pire qu'elle ne l'a jamais été avec aucun des empires féodaux précédents. Il y a sûrement des Chinois qui pourraient soutenir les Ouïghours aujourd'hui, mais la politique du gouvernement est la même qu'avec les Tibétains. Ce régime chinois, avec son hyper nationalisme, considère le christianisme et l'islam comme des pollutions étrangères. Les Ouïghours étaient majoritaires dans le Xinjiang, et une politique de colonisation – avec l'arrivée massive de Chinois non Ouïghours – les a transformés en minorité. C'est une politique d'étouffement culturel. Mais il n'y aura pas de réveil des musulmans à l'étranger pour soutenir les Ouïghours ni pour soutenir qui que ce soit ou dénoncer quoi que ce soit : ces pays musulmans sont des dictatures pour la plupart. Cela dit, il est possible que des pays comme l'Arabie saoudite aient demandé discrètement des explications à la Chine sur ce problème. Mais pas publiquement[49].

La situation au Xinjiang revient-elle à un génocide ? Elle en présente beaucoup de caractéristiques. Que signifie la situation des Ouïghours au Xinjiang pour une spécialiste de la Chine comme la sinologue Marie Holzman ? Je l'ai interrogée. Voici retranscrit ici ce qu'elle m'a répondu.

« Je suis partagée entre une douleur humaine compatissante pour ces gens qui vivent des moments terribles inimaginables. Nous avons du mal à imaginer ce qu'ils doivent endurer. C'est une chose. L'autre chose, c'est la stupéfaction. Nous avons tous des amis chinois qui aiment la vie et ont de l'humour, qui ont une très grande intelligence des rapports sociaux et humains. Or, là aussi, nous avons beaucoup de mal à imaginer que ce sont des Chinois d'une même nation qui commettent des crimes contre l'humanité comme si cela pouvait faire partie d'un programme tout à fait acceptable. Ça, c'est quelque chose qui dépasse mon imagination et mon entendement. Cela va au-delà de l'indignation. L'indignation, c'est banal. On n'arrive pas à penser l'impensable.

Quel peut être le but ultime recherché par le pouvoir chinois au Xinjiang ?

Une comparaison me vient immédiatement à l'esprit, même si elle n'est pas correcte. C'est ce qui est arrivé aux Mandchous. Ils ont envahi la Chine, comme chacun sait, ils ont dominé toute la période de la dynastie des Qing (1644-1911) et ils se sont complètement assimilés culturellement, linguistiquement, aux Chinois Han. Et donc, cette culture mandchoue a disparu. Je ne connais personne qui aujourd'hui puisse parler ou lire le mandchou. On dit qu'il y a encore deux ou trois locuteurs, mais c'est évidemment non pas une espèce en voie de disparition, mais une espèce disparue. Sans dire que la sinisation totale du peuple mandchou à l'intérieur du peuple Han soit un modèle pour les Ouïghours, je dirais que dans le subconscient chinois, il y a la conscience de cette capacité : l'estomac chinois est assez costaud pour avaler et digérer la culture d'une ethnie et la transformer en une forme de

Chinois parfait. Je pense que dans le subconscient chinois, il y a cette idée que les Ouïghours trouveraient avantage à intégrer la culture chinoise qui est tellement supérieure à la culture ouïghoure. Je pense que c'est dans le conscient des dirigeants et dans l'inconscient de la plupart des citoyens chinois. En revanche, ceux qui sont conscients du fait que ces Ouïghours sont différents de la culture Han me semblent être une infime minorité en Chine.

Cette tragédie est-elle un cas de conscience pour toi qui aimes la Chine ?

Tu peux enlever la deuxième partie de ta phrase. Je dirais que j'aime les Chinois que je respecte, et il y en a beaucoup bien sûr. Mais dire que j'aime la Chine, non. Je n'aime pas la Chine, et surtout pas la Chine d'aujourd'hui, surtout pas la Chine de Xi Jinping. Voilà la première partie de ma réponse. Je n'aime pas faire cette comparaison, je ne fais pas souvent la comparaison entre le régime nazi et le gouvernement chinois. En revanche, je peux imaginer dans quel état d'esprit pouvait être un Allemand conscient, moral, responsable et un véritable être humain à l'époque du régime nazi. Je peux imaginer la souffrance que cela a été pour lui d'être un ressortissant allemand et je pense qu'aujourd'hui, un très grand nombre de Chinois sont éveillés, conscients de ce qui est en train de se passer, au courant de la situation, et je peux imaginer dans quelle détresse intérieure, humaine, morale, ils se trouvent en ce moment[50]. »

Dernière pièce à verser à ce dossier déchirant et d'une tristesse infinie, un document signé par plus de cinquante experts en droit pénal international, d'anciens membres de la Cour pénale internationale, des ambassadeurs des Nations unies, des juristes, des chercheurs indépendants et des experts des droits humains et des crimes de guerre, qui ont conclu, dans un rapport diffusé le 9 mars 2021 par le *think tank* américain Newsline Institute for Strategy and Policy, que le gouvernement chinois « porte la responsabilité d'un génocide en cours contre les Ouïghours dans ce qui constitue un viol de la Convention sur le génocide (des Nations unies)[51] ». Il s'agit de la première analyse indépendante menée par une ONG sur les accusations de génocide au Xinjiang. Le texte de la Convention de l'ONU sur le génocide le définit comme la volonté de « détruire tout ou partie d'un groupe national, ethnique, racial ou religieux ». Il identifie en outre les actes qui y contribuent : tuer les membres d'un groupe ; causer des lésions corporelles ou des traumatismes mentaux aux membres d'un groupe ; infliger délibérément des conditions de vie entraînant la destruction totale ou partielle d'un groupe ; empêcher les naissances au sein d'un groupe ; ou forcer le transfert d'enfants d'un groupe vers un autre. Se rendre coupable du moindre de ces actes suffit à dénoncer une violation de la Convention sur le génocide. Or la Chine les a tous réalisés au Xinjiang et viole donc la Convention dans son intégralité, souligne l'expertise. « Les politiques et les pratiques de la Chine visant les Ouïghours dans la région doivent être considérées dans leur totalité, ce qui équivaut à une intention de détruire les Ouïghours en tant que groupe, en tout ou en partie », conclut le rapport.

Le 7 mars 2021, le ministre des Affaires étrangères et conseiller d'État chinois Wang Yi a profité de sa conférence de presse traditionnelle en marge de la session annuelle de l'Assemblée nationale populaire (ANP, Parlement chinois) pour dénoncer les accusations de génocide au Xinjiang :

> Le prétendu génocide au Xinjiang est ridicule et absurde. Il s'agit d'une rumeur aux noirs desseins et un mensonge absolu. [...] Quand on parle de « génocide », la plupart des gens pensent aux natifs en Amérique du Nord au

> XVIe siècle, aux esclaves africains au XIXe siècle, aux Juifs au XXe siècle et aux Aborigènes d'Australie qui luttent toujours aujourd'hui[52].

L'Histoire jugera ces propos. Il reste que le régime chinois aura commis une erreur d'appréciation majeure en pensant qu'il pourrait mener de tels actes au Xinjiang sans que le monde finisse par apprendre l'existence et l'ampleur de ce désastre intégral. Les conséquences pour son image et sa crédibilité seront catastrophiques et durables. Et le premier responsable en sera Xi Jinping, lui qui, en 2014, après l'attaque d'une gare par des militants ouïghours qui avait fait trente et un morts, avait donné pour instruction aux autorités locales au Xinjiang d'être « absolument sans pitié » avec les Ouïghours. Dans un article publié le 16 novembre 2019, le *New York Times* a démontré, sur la foi de plus de 400 pages de documents officiels et classifiés chinois qui ont fuité en Occident, comment c'est bien le dictateur chinois, et nul autre dans l'appareil chinois, qui a été l'architecte en chef de la campagne de répression et de la mise sur pied de ces centaines de camps de détention au Xinjiang[53]. Un jour, les leçons seront tirées de cette catastrophe. Mais en attendant que ce soit fait, le régime chinois, et par ricochet, et c'est là le plus triste, le peuple chinois, otage de décisions sur lesquelles il n'a pas prise, vont en porter les stigmates pendant très longtemps.

Le 14 mars 2021, en réponse à mes questions, l'eurodéputée et ancienne ministre des Affaires européennes Nathalie Loiseau, une personnalité proche d'Emmanuel Macron, m'a envoyé le texte qui suit :

> Depuis trop longtemps, notre pays et plus largement le monde libre, mais aussi le monde en développement, ont fait preuve de naïveté par rapport à la réalité de la Chine, de son système politique et de ses ambitions internationales.

Après la chute de l'URSS, nous nous sommes persuadés que le communisme en Chine prendrait le même chemin. Erreur grossière : 1989 est à la fois l'année de la chute du mur de Berlin et celle de la répression de Tiananmen. Nous avons aussi prêté une attention insuffisante à la montée au pouvoir de Xi Jinping et à ses conséquences : l'écrasement de la liberté à Hong Kong, les provocations vis-à-vis de Taïwan, l'impérialisme en mer de Chine. Il y a aujourd'hui un réveil général, mais aussi un effet de sidération. La persécution des Ouïghours du Xinjiang en est un exemple. Elle ne peut plus rester cachée : les témoignages, les images satellite, les fuites de documents officiels, tout converge pour décrire les camps de rééducation, les stérilisations, le travail forcé… Dès lors, dialoguer avec la Chine reste nécessaire, mais ce dialogue se déroule dans un contexte qui ne peut plus être ignoré. Nous avons besoin d'engager la Chine sur les grands défis mondiaux, le climat, la santé. Mais nous savons que ce partenaire ne cherche pas à se rapprocher de nos valeurs. Nous devons donc veiller à renforcer nos moyens de défendre à la fois ces valeurs et nos intérêts. Nous ne sommes pas impuissants : n'oublions jamais que la Chine appuie sa puissance sur sa croissance et que sa croissance repose sur deux piliers : ses exportations et ses innovations. Nous devons donc davantage asseoir notre souveraineté industrielle et mieux veiller à protéger nos technologies. En cela, il revient aux pouvoirs publics de veiller, mais pas seulement à eux : entreprises, consommateurs, chercheurs, universitaires, prenons conscience que la Chine s'est réveillée. Le but n'est pas d'entrer dans une nouvelle guerre froide, l'objectif est d'éviter un basculement du monde vers un régime autoritaire.

Pour terminer sur ce thème, il me revient en mémoire un épisode qui m'avait marqué à l'époque. En mai 1989, l'Ouïghour Wu'er Kaixi, l'un des meilleurs orateurs des leaders étudiants pendant le Printemps de Pékin, interpelle le Premier ministre Li Peng, que l'on a plus tard surnommé « le boucher de la place Tiananmen » pour son rôle dans le massacre. Devant les caméras de la télévision nationale, il l'interrompt par ces mots : « Je comprends que c'est assez difficile de vous interrompre, Monsieur le Premier Ministre, mais il y a des personnes assises ici sur la place, et qui ont faim, pendant que nous échangeons ici des civilités. Nous sommes juste là pour discuter de problèmes concrets, Monsieur. » Après que Li Peng a repris la parole pour lui reprocher son impolitesse, Wu'er Kaixi l'interrompt à nouveau : « Monsieur, vous prétendez être arrivé ici en retard [à cause des bouchons]. Nous demandons à vous rencontrer depuis le 22 avril. Vous n'êtes pas juste en retard, vous êtes arrivé trop tard. Mais c'est bien. C'est bien que vous ayez pu venir ici tout de même. » Bref instant de démocratie quelques jours avant la boucherie. Aujourd'hui, Wu'er Kaixi, qui parle, lit et écrit parfaitement le chinois, a trouvé refuge à Taïwan et pas aux États-Unis, une démonstration éclatante qu'une communion est possible entre le monde chinois et le monde ouïghour.

Ce drame des Ouïghours me rappelle évidemment cette tragédie non moins épouvantable des Tibétains dont on parle moins aujourd'hui. J'ai eu l'occasion de m'y intéresser dans un livre publié en 1990 et rediffusé en 2019 dans une version mise à jour[54]. Élisabeth Badinter m'avait fait l'honneur de préfacer ce livre. Je retranscris ici cette préface. C'était il y a trente ans. Depuis, rien n'a changé, sinon en pire.

> Comme beaucoup de Français, j'ignore presque tout du Tibet. Même si les rapports annuels d'Amnesty International m'ont avertie qu'il s'y passe de terribles exactions, il m'aura fallu, je le confesse, la lecture de ce livre pour que les chiffres prennent corps. Je veux dire qu'ils

touchent le cœur et plus seulement l'esprit. Grâce au remarquable travail de Pierre-Antoine Donnet qui prend ses sources des deux côtés de la barricade – au Tibet et en Chine –, on sait sur le vif la lente agonie d'un peuple millénaire qui ne compte plus que quelques millions d'habitants. Le drame a commencé en 1950, lorsque la puissante armée chinoise a envahi le Tibet. Depuis lors, l'un des plus beaux et des plus rares pays du monde, aux traditions pacifiques et religieuses, résiste avec l'énergie du désespoir à l'anéantissement qui le menace. L'agonie du Tibet, ce n'est pas seulement des hommes assassinés, des nonnes et des prêtres torturés, des milliers de gens déportés dans des camps de rééducation, c'est aussi un véritable génocide culturel, linguistique et religieux poursuivi par les autorités chinoises pour rayer ce pays et cette civilisation de la carte du monde. La sinisation systématique du Tibet est à moyen terme sa mort assurée. Et cela dans l'indifférence générale, si forte est la peur des uns de rater un marché de plus d'un milliard de consommateurs futurs, et celle des autres d'irriter un voisin redoutable. Blessé au plus profond de lui-même, le cœur du Tibet bat encore, mais doucement, si doucement qu'on a du mal à l'entendre. Certains, trop pressés, sont déjà prêts à signer l'acte de décès. Mais ils ont tort. Une petite lumière vacillante brille encore en la personne du Dieu vivant des Tibétains. Le dalaï-lama, homme pacifique, tolérant et courageux, incarne à merveille son peuple en sursis. En courant le monde avec son bâton de la paix, il témoigne que son pays vit encore et que nous pouvons l'aider à le sauver. Utopie, irréalisme, dira-t-on. Mais non. Il est parfois arrivé que l'opinion publique mondiale fasse des miracles et force un puissant Goliath à mettre genou à terre devant un frêle David. Pour ce faire, la première étape passe toujours par la fin de l'indifférence qui se nourrit de l'ignorance. Il est donc urgent de lever le voile sur la douloureuse réalité du Tibet. Ainsi peut-être ne le sauverons-nous pas de la mort prochaine, mais à tout le moins, nous aurons refusé d'être les complices nonchalants de ses assassins.

Le parallèle est frappant. Tout y est: camps de travail, tortures, viols, stérilisations forcées, déplacements de populations. Aujourd'hui, la sinisation au Tibet se poursuit à marche forcée, que ce soit dans les domaines culturel, linguistique, architectural ou économique. Un pas supplémentaire a été franchi en 2020 avec la mise en œuvre depuis le début de l'année d'un nouveau programme de travail forcé, imposé en particulier aux populations tibétaines nomades que le régime chinois entend sédentariser de gré ou de force, une atteinte de taille aux traditions séculaires des hauts plateaux tibétains. La Jamestown Foundation, située à Washington, a ainsi identifié cette politique centralisée calquée sur un modèle militaire (*junlüshi*, 军旅式). Elle vise à réformer les « modes de pensée arriérés » et impose un mode de travail basé sur la « discipline », la loi et l'emploi de la langue chinoise. Celle-ci est tout particulièrement appliquée dans le Chamdo, dans la « Région autonome du Tibet ». Cette politique est placée sous la supervision de fonctionnaires comme de cadres de l'Armée populaire de libération (APL). Des photos, publiées par les médias officiels chinois, montrent des Tibétains vêtus d'uniformes militaires astreints au travail forcé. Les cadres de l'APL participant à ce programme sont soumis à des quotas de recrues qui, s'ils ne sont pas respectés, prévoient des punitions (*yange jiangcheng cuoshi*, 严格奖惩措施). L'objectif de ce programme est l'élimination totale de l'extrême pauvreté dans les zones rurales, mais elle s'applique aussi aux nomades, qui doivent changer leur mode de vie, explique la Jamestown Foundation. Le nomadisme est une tradition séculaire au Tibet. Des centaines de milliers de nomades sont menacés par cette nouvelle politique chinoise. « Il s'agit de l'attaque la plus violente ciblée contre le mode de vie des Tibétains depuis la Révolution culturelle dans les années 1970 », souligne Adrian Zenz, auteur de cette étude publiée fin septembre par la même Jamestown Foundation et citée par le journal *La Croix**. Selon un site officiel du gouvernement chinois, cité par Adrian Zenz, « un demi-million de personnes ont été formées durant les sept premiers mois de l'année 2020. Près de 50 000 personnes ont été envoyées dans des usines au Tibet et plus de 3 000 transférées dans des zones industrielles d'autres provinces[55]. »

Le pouvoir central chinois exerce un contrôle absolu sur toutes les marches de la Chine et le Tibet ne fait pas exception depuis l'invasion du Royaume des Neiges par l'Armée populaire de libération en octobre 1950. Ce contrôle s'est considérablement accentué à partir de mars 1959, date d'un soulèvement contre la présence chinoise réprimé dans le sang à Lhassa et date aussi de la fuite en exil en Inde du dalaï-lama. Aux atrocités épouvantables et aux destructions massives commises au Tibet pendant la Révolution culturelle s'ajoute, depuis, une politique de sinisation à outrance qui ne connaît guère de répit. Alors que le monde a pris conscience de la tragédie qui se noue au Xinjiang, la situation au Tibet n'est guère meilleure. Cette sinisation entraîne la disparition progressive de la langue tibétaine (totalement différente de la langue chinoise), de multiples obstacles à la liberté religieuse, une surveillance étroite des activités des monastères tibétains et

* Certains chercheurs, dont Gabriel Lafitte, un expert du Tibet basé à Melbourne, contestent cette analyse, estimant que le Tibet n'est pas le Xinjiang, quand bien même des atrocités y sont commises aussi. « Le Tibet n'est pas le Xinjiang. Au Xinjiang, la Chine a été en mesure de mobiliser des millions de colons Han qui ont fait du Xinjiang leur maison depuis deux générations. Il y a peu de non-Tibétains ayant des racines au Tibet », dit-il sur son site *rukor.org*.

l'imposition d'un mode de vie mercantile à des années-lumière des traditions ancestrales du Tibet. La réalité d'aujourd'hui est que le Tibet se meurt peu à peu, victime de l'implacable rouleau compresseur de la culture dominante chinoise. Autre tour de vis : depuis fin 2019, des restrictions ont été apportées à la liberté du culte ; le gouvernement chinois interdit désormais aux anciens employés du gouvernement tibétain local d'exercer toute forme de culte tibétain traditionnel, tandis que les moins de 18 ans et les membres du Parti communiste chinois ne sont plus autorisés à entrer dans les monastères les jours de fête. Pour compléter ce sombre tableau, ajoutons que la « Région autonome du Tibet » a publié début 2021 de nouveaux règlements visant à encourager les Tibétains à s'espionner entre eux et à espionner les étrangers au nom de la sécurité nationale de la Chine. Le « Règlement sur la sécurité en matière de contre-espionnage de la région autonome du Tibet », qui est entré en vigueur le 1er janvier 2021, est le règlement de niveau régional conforme à la loi nationale sur le contre-espionnage de la République populaire de Chine (2014), qui s'inscrit dans le cadre des « Perspectives générales en matière de sécurité nationale » du secrétaire général chinois Xi Jinping.

Tandis que la sinisation continue, la communauté tibétaine en France a fêté, le 10 décembre 2020, le 31e anniversaire de la remise du prix Nobel de la paix à son chef spirituel, le dalaï-lama. Elle a organisé avec l'association Lhakar France une visioconférence à laquelle ont notamment participé Lobsang Sangay, président du « gouvernement tibétain en exil » – le Kashag, à Dharamsala dans le nord de l'Inde –, de même que le moine bouddhiste Matthieu Ricard, le vénérable Dagpo Rimpoché et Céline Menguy, présidente de Lhakar France. Lobsang Sangay a rappelé que l'armée chinoise avait tué 87 000 Tibétains le 10 mars 1959, lors d'un soulèvement tibétain réprimé dans le sang à Lhassa. La fuite en exil en Inde du dalaï-lama à la même date résultait d'un « profond désespoir » du peuple tibétain devant l'occupation chinoise du Tibet. « Le Tibet est sinisé, la menace étant celle de la disparition de son identité », a-t-il expliqué. « Le pouvoir de la compassion est immense et ce message du dalaï-lama si puissant », a de son côté déclaré Matthieu Ricard. « L'altruisme n'est pas un luxe, mais une nécessité pour le XXIe siècle », a-t-il dit, soulignant « les souffrances que ce pays, le Tibet, a subies ». Le dalaï-lama, « cette grande figure morale, est dans le cœur de tous les Tibétains », a ajouté le moine français. Rappelons que les photos du dalaï-lama sont strictement interdites au Tibet. Le dirigeant spirituel tibétain est devenu la bête noire de Pékin, qui voit en lui un « dangereux séparatiste ». Matthieu Ricard, l'interprète officiel du dalaï-lama, a rappelé le souvenir de la rencontre du dirigeant tibétain en septembre 2016 avec Emmanuel Macron, avant l'élection de celui-ci à la tête de l'État français. Au sortir de cette rencontre, le futur président français s'était exclamé : « J'ai vu le visage de la bienveillance. »

Et pourtant, malgré cette mort lente mais inexorable du Royaume des Neiges, le dalaï-lama* demeure obstinément opposé à l'usage de la violence contre les agresseurs.

> « Je sais que certains Tibétains ont des idées de violence. Mais je leur dis qu'ils sont dans l'erreur. La violence est immorale. Pour nous Tibétains, elle serait en plus un suicide. Si les Tibétains s'engagent sur le chemin de la violence, les

* Notons que si le dalaï-lama est aujourd'hui la bête noire de Xi Jinping, il n'en allait pas de même pour Xi Zhongxun, son père, vétéran de la Longue Marche aux côtés de Mao Zedong, qui avait pris le tout jeune moine tibétain en affection dans les années cinquante. Le dalaï-lama avait offert une montre Omega à Xi Zhongxun, que ce dernier avait portée à son poignet pendant très longtemps. De Xi Zhongxun, on retient l'image d'un homme bienveillant envers les minorités, en particulier les Tibétains.

Chinois prendront des mesures encore plus expéditives. Sur le fond, je pense que la violence est un acte inhumain. Elle est indigne de la personne humaine. L'être humain doit, au contraire, cultiver le sentiment de compassion qui se trouve à l'intérieur de chacun d'entre nous. Comment les hommes peuvent-ils être attirés par le sang ? J'ai toujours pensé que la violence était contre-nature. En outre, j'estime qu'en usant de la violence, il est certes parfois possible d'accomplir quelque chose. Mais très certainement ce gain ne sera pas durable. Très souvent, plutôt que de faire disparaître un problème, la violence en ajoute un. Pour nous, regardez donc : nous sommes six millions contre plus de mille millions ! Il est stupide d'envisager l'usage de la violence. Il arrive que, quand j'explique cela aux jeunes Tibétains, ils se mettent à pleurer. Ils ne parviennent pas à dominer leurs réactions émotionnelles. Mais il leur faut pourtant accepter. Car, que cela leur plaise ou non, c'est la réalité. [...]
Je pense que la Chine deviendra un jour une société ouverte, une authentique démocratie qui respecte la liberté de parole et la liberté de religion. Cela viendra. La vérité se sait à l'extérieur, mais aussi en Chine et au Tibet. Et puis, le communisme échoue. Les systèmes dictatoriaux échouent. Tout naturellement, la voix des droits de l'homme se fait entendre. La voix de la liberté aussi. Nous sommes des êtres humains. Nous ne faisons que demander plus de liberté, plus de démocratie », ajoute le chef spirituel des Tibétains et prix Nobel de la paix[56].

Il propose en vain depuis des années des négociations avec la Chine pour se mettre d'accord sur le principe d'une large autonomie du Tibet, ayant renoncé depuis 1988 à toute idée d'indépendance formelle.

Katia Buffetrille*, probablement la spécialiste du Tibet la plus avertie de la question en France avec son collègue Matthew Kapstein, fait part de son sentiment face à la situation sur le Toit du monde :

> « Tout est fait pour que le processus de sinisation avance rapidement et tous les domaines de la vie tibétaine sont concernés : la religion, la langue, la manière de vivre et même l'environnement. Ce processus a commencé il y a longtemps, mais il a repris, sous le règne de Xi Jinping, avec une ampleur que l'on n'avait pas connue depuis longtemps. On ne peut que reconnaître la résilience des Tibétains, qui vivent sous occupation coloniale depuis soixante-dix ans. Alors que – peut-être faudrait-il dire parce que – la religion bouddhique est l'un des fondements de l'identité tibétaine, les attaques menées contre elle sont multiples et constantes. Xi Jinping a clairement affiché la nécessité de "fusionner les doctrines religieuses avec la culture chinoise" et de "guider l'adaptation des religions à la société socialiste". Il s'ensuit qu'il a été ordonné de siniser les sutras, de mettre le drapeau chinois sur tous les bâtiments religieux. Il est fortement conseillé aux religieux importants de devenir des propagandistes du Parti communiste chinois. Les moines formés en Inde n'ont plus le droit d'enseigner et, depuis 2011, les "comités de gestion démocratique" en charge d'appliquer les directives officielles dans les

---

* Katia Buffetrille est anthropologue et tibétologue, spécialiste de la culture tibétaine. Elle est docteur en ethnologie, ingénieure de recherche de l'École pratique des hautes études (EPHE) et directrice de la publication de la revue *Études mongoles et sibériennes, centrasiatiques et tibétaines*. Auteure, entre autres publications, de *Le Tibet est-il chinois ?* (avec Anne-Marie Blondeau), Paris, Albin Michel, 2002, et de *L'âge d'or du Tibet (XIIe-XVIIIe siècles)*, Paris, Les Belles Lettres, 2019. Elle passe habituellement six mois par an dans les régions tibétaines.

monastères sont formés de membres du Parti. Il est dorénavant interdit aux jeunes de la RAT (Région autonome du Tibet) de participer aux festivals religieux, qui sont, par ailleurs, de plus en plus contrôlés et parfois même interdits sous prétexte de Covid-19, comme cela s'est passé lors des fêtes du nouvel an 2021. Autre manifestation de cette sinisation : l'enseignement de la langue tibétaine est en constante diminution. Ainsi a-t-on appris en 2020 que le tibétain était interdit en RAT, même au jardin d'enfants. Les jeunes étudient de plus en plus dans des internats où seul le mandarin est autorisé. L'écrivain kényan Ngũgĩ Wa Thiong'o* a très bien décrit les conséquences du remplacement de la langue du colonisé par celle du colonisateur : "Chaque langue en tant que culture est la mémoire collective d'un peuple à travers l'histoire. Pas de culture sans langue pour permettre son apparition, sa croissance, sa sédimentation, son explicitation et sa transmission de génération en génération." De surcroît, l'urbanisation forcée des Tibétains est l'un des phénomènes qui détruit le mode de vie traditionnel. Le paysage, habité par le monde divin et donc sacré, est profané puis progressivement détruit par l'ingérence chinoise.

On parle beaucoup aujourd'hui de la tragédie des Ouïghours. Qu'en est-il de celle des Tibétains ?

Les informations que l'on a à ce jour laissent penser que les Tibétains ne connaissent pas encore la tragédie qui frappe les Ouighours. Cependant, Adrian Zenz a montré, il y a peu, qu'un processus similaire de travail forcé semble se mettre

* Ngũgĩ wa Thiong'o, né le 5 janvier 1938 à Kamiriithu, est un écrivain kényan de langue kikuyu et anglaise. Il est actuellement professeur et directeur de l'International Center for Writing & Translation à l'Université de Californie, à Irvine.

en place dans la RAT. Bien sûr, il convient d'être prudent et d'attendre des confirmations, tout en sachant qu'il est difficile de contrôler les informations du fait de l'interdiction faite aux journalistes et aux experts de travailler dans la RAT. Cependant, depuis 2020, quelque 500 000 Tibétains agriculteurs et nomades – environ 15 % de la population – ont été envoyés en formation dans des camps militarisés sous le prétexte d'éradiquer la pauvreté. Cette formation a pour but de leur donner un « vrai métier » en usine. Elle vise à leur apprendre la discipline, le mandarin, et favorise le déplacement des populations, les coupant donc de leur environnement traditionnel. Il faut garder à l'esprit que pour la plupart des Han, les soi-disant « minorités » telles que les Ouighours ou les Tibétains sont perçues comme des populations arriérées, paresseuses et ingrates, qu'il faut donc réformer. Un seul modèle de culture et de civilisation leur est offert et imposé, celui des Han, puisqu'il est, selon ces derniers, le seul et unique modèle valable.

Reste-t-il malgré tout un espoir de survie pour l'identité culturelle du Tibet ?

C'est une question très difficile. On ne peut qu'être frappé et admiratif de la résilience des Tibétains. Le pays a été envahi à partir des années 1950. Les Tibétains ont subi tous les grands mouvements catastrophiques chinois, que ce soit le Grand Bond en avant, la Révolution culturelle, etc., et, à ce jour encore, ils continuent à se battre pour exister en tant que Tibétains. Différents phénomènes de résistance ont eu lieu, le plus tragique étant celui des immolations. Il a commencé en 2009, mais surtout à partir de 2011, et s'est arrêté progressivement (la dernière immolation a eu lieu en novembre 2019), non pas en raison d'une amélioration de la situation, mais à cause de la politique de punitions infligées à tous les proches de l'immolé qui se retrouvaient en prison. Il faut préciser qu'on ne connaît toujours pas le nombre exact d'immolés. Le nombre de 156 a été corrigé récemment lorsque l'on a appris, en janvier 2021, qu'un Tibétain s'était immolé en 2015 dans la région de Nagchukha, dans la RAT. La lutte est inégale, et le contrôle de plus en plus renforcé, grâce à des techniques de surveillance de plus en plus poussées et qui font appel à l'intelligence artificielle. WeChat ayant été interdit en Inde, les contacts entre Tibétains en Chine et Tibétains de l'exil deviennent encore plus difficiles qu'ils ne l'étaient auparavant. La menace sur la survie de l'identité culturelle du Tibet est très grande. C'est pourquoi il nous appartient de faire connaître au monde l'importance et la grandeur de la civilisation tibétaine, dont la disparition serait une perte immense pour le monde[57]. »

Il me vient à l'esprit les paroles lumineuses de Robert Badinter, ancien garde des Sceaux, prononcées le 14 mars 2015, à l'occasion d'un rassemblement européen pour le Tibet au Champ-de-Mars à Paris pour marquer le souvenir du soulèvement de Lhassa contre l'occupant chinois le 10 mars 1959.

Parce qu'à l'orée de sa vie, le dalaï-lama a vu son pays, le Tibet, envahi et écrasé par une puissance étrangère, il est devenu, au-delà de la cause des Tibétains qui nous est si chère, un messager de la paix universelle, cette condition première qui fait le bonheur des peuples. L'humanité pour le dalaï-lama, elle s'exprime dans le respect constant de la dignité et des droits de l'autre, de nos frères humains. Pour Tenzin Gyatso, les Droits de l'Homme sont la charte politique de l'humanité tout entière. Ils sont les droits de tous les êtres humains partout dans le monde; ces droits précieux et fragiles, comme nous le rappelle l'Histoire, ils ne se

> conçoivent, dans son message, qu'universels et indivisibles. Car, que seraient les Droits de l'Homme s'ils n'appartenaient qu'aux sociétés riches et développées alors que des milliards d'êtres humains vivent dans la misère, la maladie, l'ignorance ? […] Le dalaï-lama croit à la force du Droit ; et parce que la cause des Tibétains, nous le savons comme lui, est juste, elle finira par triompher de ses oppresseurs. Ce qu'il demande pour le peuple tibétain – il ne demande même pas l'indépendance, parfois je le regrette –, il ne demande pour le Tibet que :
> – la sauvegarde de son identité culturelle, si importante dans le concert des civilisations et le respect des droits fondamentaux de tous, et donc des Tibétains ;
> – mettre un terme à un régime d'oppression et à un génocide culturel ;
> – instaurer un régime d'autogouvernement et construire un État de droit au Tibet.
> Il n'y a rien là qui menace l'intégrité de la République chinoise ni sa souveraineté internationale !
> Aussi, mes amis, nous continuerons inlassablement à soutenir par les voies du Droit et la force spirituelle de la Justice, tous ensemble, sans violence ni provocation, mais avec résolution et constance, la juste cause des Tibétains[58].

J'ajoute aux lignes qui précèdent la déclaration de Nancy Pelosi, présidente de la Chambre des représentants des États-Unis, le 10 mars 2021, à l'occasion du 62e anniversaire du soulèvement de la population tibétaine à Lhassa contre l'occupant chinois :

> Il y a soixante-deux ans, des Tibétains courageux se sont levés contre l'invasion chinoise pour protéger leur mode de vie et leur culture. Aujourd'hui, nous continuons de nous tenir aux côtés du peuple tibétain et d'honorer ceux qui

> ont sacrifié leur vie pour leurs droits et leur liberté. Les hommes et les femmes du Tibet ne veulent que pratiquer leur foi, parler leur langue et célébrer leur culture, libres de la violence et de l'intimidation. Or, depuis des décennies, Pékin a mené une campagne pour détruire la culture et l'histoire du Tibet, qui demeurent un appel pour l'action de la part des peuples épris de paix à travers le monde[59].

Le rouleau compresseur de la colonisation culturelle et de l'assimilation contrainte est bel et bien en marche encore ailleurs en Chine. Il est une autre région de la Chine où le régime de Pékin entend poursuivre sa politique de sinisation forcée : la Mongolie-Intérieure. En septembre 2020, des milliers d'écoliers, d'élèves et d'étudiants mongols ont manifesté dans les rues pour la sauvegarde de leur langue. L'épicentre des troubles se situait dans la préfecture de Tongliao, dans l'est de la Mongolie-Intérieure, où la population d'ethnie mongole représente 45 % de la population, contre environ 16 % pour l'ensemble de la région autonome de Mongolie-Intérieure, à côté de la majorité dominante han (Chinois de souche). De nouvelles directives pédagogiques visaient, sous le couvert d'une politique dite de « bilinguisme », à substituer le mandarin au mongol dans l'enseignement de la quasi-totalité des matières autres que la langue et la littérature. Et à le faire plus tôt, dès le plus jeune âge, dans la scolarité. Alors que des informations et des documents officiels avaient fuité au cours de l'été sur le sujet, le 20 août, les enseignants avaient été convoqués pour des colloques à huis clos sur ces réformes « décrétées par le gouvernement central ». Ils ont dû signer un papier garantissant qu'ils n'en parleraient pas ni ne s'y opposeraient. Mais, très vite, des appels au boycott des classes ont fusé sur la messagerie chinoise en mongol, Bainu, qui a dû être suspendue, tandis que des parents refusaient d'envoyer leurs enfants à l'école. Les manifestations avaient ensuite essaimé dans l'ensemble de la région. « Il y a au moins des dizaines de milliers de gens qui protestent dans toute la Mongolie-Intérieure », déclarait un habitant du secteur de Hinggan qui a requis l'anonymat par peur de représailles[60].

> « Cette région est l'une des plus anciennement colonisée par les Hans sous les Mandchous. C'est un peu le paradoxe, les autochtones n'y parlent pas très bien la langue mongole, ils font beaucoup d'emprunts au mandarin. Mais ils sont beaucoup plus nombreux que les autres, et plus intégrés dans les administrations. Ce qui fait leur force. Ils semblent d'autant plus sensibles à ce qui leur reste qu'ils ont perdu beaucoup de leur mode de vie et de leur identité », souligne Marie-Dominique Even, spécialiste de l'histoire mongole au CNRS[61].

La politique de « bilinguisme » menée en Mongolie-Intérieure a déjà été largement imposée ces dix dernières années dans les régions du Tibet et du Xinjiang, où le mandarin a supplanté le tibétain et la langue ouïghoure dans le primaire et dans le secondaire, malgré les résistances locales, sous forme de pétitions et de manifestations. Début mars 2021, le président Xi Jinping a donné pour instruction aux autorités locales de la Mongolie-Intérieure de généraliser l'usage de la langue chinoise dans les écoles afin d'apaiser les tensions ethniques. « Il doit y avoir des efforts solides et méticuleux » pour consolider l'unité ethnique et l'usage de la langue chinoise tant parlée qu'écrite dans les manuels scolaires, a-t-il dit, cité par l'agence Xinhua. Toute la jeunesse en Mongolie-Intérieure doit parvenir à une compréhension générale de la politique du Parti communiste chinois et de son héritage révolutionnaire. « L'identité culturelle est la forme la plus profonde de l'identité. C'est là la racine et l'esprit de l'unité culturelle et de l'harmonie[62]. »

2
L'environnement : quand la Chine bouscule la planète Terre

De loin le plus grand pollueur de la planète, la Chine a promis de parvenir à la neutralité carbone d'ici 2060. Le respect de cet engagement est crucial du fait de l'impact extrême sur l'environnement de la croissance ultra-rapide d'un pays qui sera bientôt la première puissance économique du monde. Ses choix industriels et écologiques d'aujourd'hui pèseront lourdement sur les destinées du globe.

> « Les prédateurs ne meurent jamais, contrairement aux victimes, parce qu'ils sont interchangeables. Une monstruosité se substitue à une autre et on recommence. »
> ANDREA H. JAPP (pseudonyme de Lionelle Nugon-Baudon, scientifique et auteure française), *La Raison des femmes*.

La neutralité carbone d'ici 2060, rêve ou réalité ?

Le 22 septembre 2020, le président chinois Xi Jinping a annoncé avec fracas devant l'Assemblée générale des Nations unies, à New York, que son pays s'était désormais donné pour objectif d'atteindre la neutralité carbone « d'ici 2060 ». Le 12 décembre de la même année, il enfonçait le clou en déclarant devant un Sommet mondial virtuel sur le changement climatique que la Chine était « engagée à contribuer davantage » aux objectifs de l'Accord de Paris en réduisant ses émissions de gaz à effet de serre d'« au moins » 65 % de l'intensité carbone par unité de PIB d'ici 2030, comparé à leur niveau de 2005. La Chine, a-t-il ajouté, s'engage à augmenter l'étendue de ses forêts de six milliards de mètres cubes et à porter à 25 % la part des énergies non fossiles (solaire, éolien) dans son mix énergétique à au moins 1,2 milliard de kilowatts-heures au cours de la prochaine décennie. Dans la foulée de ces annonces fracassantes, l'agence de presse officielle Chine nouvelle diffusait un commentaire le même jour pour estimer que les nouveaux engagements chinois traduisaient « l'ambition et la détermination d'une grande puissance responsable », tandis que la porte-parole du ministère chinois des Affaires étrangères Hua Chunying déclarait que la Chine « honorerait ses engagements » et « contribuerait encore davantage à la lutte contre le changement climatique ». Belles promesses et beaux effets de manche de la part du président tout-puissant d'un pays qui compte à lui seul pour 30 % de la totalité des émissions mondiales de gaz à effet de serre, étant de ce fait, et de très loin, le plus grand pollueur de la planète. Faut-il prendre ces promesses au sérieux ? Consciente de la nécessité pour elle de remplir davantage ses responsabilités de grande puissance en la matière, la Chine a signé l'Accord de Paris le 12 décembre 2015*. Depuis cette date, les autorités chinoises ont fourni de

* Cet accord a pour objectif de limiter à +2 °C le réchauffement climatique d'ici la fin du XXIe siècle. Il a été signé par 195 pays. Les États-Unis, sous la houlette de l'ancien président Donald Trump, ont annoncé leur retrait de cet accord le 1er juin 2017, mais l'ont réintégré immédiatement après l'investiture de Joe Biden le 20 janvier 2021.

réels efforts – que nous détaillerons plus loin –, mais qui sont largement insuffisants pour honorer leurs engagements, surtout s'agissant des centrales à charbon. Au contraire, le gouvernement chinois a en réalité autorisé la construction de plus de centrales à charbon au cours du premier semestre de 2020 que pendant les années 2018 et 2019 cumulées[63]. Ces nouvelles centrales à charbon ont une capacité de presque 250 Gigawatts (GW), soit plus que la capacité totale des centrales à charbon de l'Inde et des États-Unis combinées.

La consommation de charbon en Chine représente à elle seule 50,6 % de la consommation mondiale. C'est 4 fois plus que la consommation des États-Unis, 18 fois plus que celle du Japon, 24 fois celle de l'Allemagne et 128 fois celle de la France[64]. La Chine possède actuellement quelque 1 400 centrales thermiques à charbon (647 aux États-Unis), qui rejettent 375 millions de tonnes de cendres de charbon dans l'air annuellement, soit l'équivalent d'une piscine olympique toutes les 2 minutes et demie ! Trente pays adhèrent désormais à une alliance promettant d'arrêter la construction de centrales à charbon à partir de 2020. Pas la Chine. Le nombre de telles centrales en construction recule partout dans le monde, sauf en Chine (et en Inde), où les capacités vont encore augmenter rapidement d'ici à 2030. Le Conseil de l'électricité chinois, l'organisme qui chapeaute le secteur de l'énergie, compte en effet accroître les capacités de ses centrales de 30 % au cours de la décennie à venir. Il a proposé de porter la capacité de production à 1 300 GW en 2030, « "ce qui représente une capacité supplémentaire de 290 GW de plus que les niveaux actuels et un ajout supérieur à la capacité totale des États-Unis", note Christine Shearer, chercheuse au Global Energy Monitor[65] ». Le pays détient à lui seul, avec près de 1 000 GW, près de la moitié des capacités des centrales à charbon mondiales, suivi par les États-Unis (259 GW) et l'Inde (221 GW). Selon les projections de l'Agence internationale de l'énergie et de l'Administration américaine de l'information sur l'énergie, l'économie chinoise devrait rester largement dépendante du charbon au-delà de 2030, avec près de 50 % de son mix énergétique reposant sur le charbon en 2040. D'autre part, plus grave, beaucoup de centrales à charbon sont encore bâties à l'étranger par des entreprises chinoises. En 2018, Pékin a investi 36 milliards de dollars dans des centrales à charbon construites par ses soins dans des pays en voie de développement.

Cette pollution de l'air, outre le fait qu'elle touche les zones urbaines de la Chine continentale, affecte également les pays riverains, dont les deux Corée, le Japon, Taïwan, et même l'Amérique du Nord, principalement au printemps lorsque les tempêtes de sable sont les plus intenses dans le nord-ouest de la Chine, en raison d'une érosion et d'une désertification des sols qui s'est nettement accélérée depuis le début des années 1980. La progression rapide de l'ozone troposphérique en Chine se retrouve sur la côte Ouest des États-Unis. L'ozone « asiatique » serait responsable à hauteur de 20 % du niveau d'ozone en Californie[66]. C'est ainsi que la Chine devrait être à l'origine de près des trois quarts de la hausse des GES (gaz à effet de serre) dans le monde d'ici 2030, selon les projections de l'Agence internationale de l'énergie[67]. À cette pollution de l'air s'ajoute un manque d'eau cruel. C'est ainsi que sur les 660 grandes villes de Chine, 440 souffrent d'une pénurie d'eau sévère, tandis que 50 % des villes chinoises ont accès à une eau qui ne respecte pas les normes de l'Organisation mondiale de la santé (OMS) pour la consommation humaine.

Le même jour où Xi Jinping s'adressait à l'Assemblée générale des Nations unies, son secrétaire général António Guterres invitait l'ensemble des pays du monde à déclarer « un état d'urgence climatique », tout en soulignant que la communauté internationale serait confrontée « à une hausse des températures catastrophique » si la tendance actuelle n'était pas inversée. Conséquence visible du réchauffement climatique, 2020 a été l'année la plus chaude jamais enregistrée en France. Pour la Chine, atteindre ses objectifs ambitieux exigera d'elle un effort considérable dont les experts s'accordent à dire qu'il ne pourra probablement pas être mené à bien. Dans une enquête intitulée *Climate Plan for China*, le Boston Consulting Group[68] évalue à plus de 100 000 milliards de yuans (15 000 milliards de dollars) le coût de l'opération pour les trois prochaines décennies et juge que la Chine devrait entreprendre « des actions immédiates » pour parvenir à réduire ses émissions de CO_2 de 75 à 85 % d'ici 2050[69], soit l'équivalent d'environ 2 % du PIB projeté pour cette période. « Nous ne pouvons pas perdre de temps », estime Thomas Palme, directeur général de cette société de conseil : « La Chine atteindrait son pic d'émission en 2030. Nous ne pouvons pas perdre ces dix années. Il nous faut commencer maintenant. » L'une de ces actions à entreprendre sans délai est de mettre fin définitivement à la construction de nouvelles centrales à charbon. Un objectif quasi impossible à tenir, sachant que le charbon comptait en 2019 pour environ 58 % de la consommation d'énergies primaires du pays, le gaz, le nucléaire et les énergies renouvelables constituant le reste, dont 4,9 % pour le nucléaire. Une part que la Chine compte porter à 10 % d'ici à 2035, au rythme de construction de 6 à 8 réacteurs par an, soit près d'une centaine en quinze ans ! Pour parvenir à cet objectif ambitieux, la Chine devrait augmenter la part des énergies renouvelables du solaire et des éoliennes d'environ 100 GW chaque année, de 2021 à 2025. C'est à ce prix que l'objectif de la neutralité carbone en 2060 pourrait théoriquement être atteint. Or la Chine est encore très loin de s'être débarrassée du charbon. Elle était en 2019 à la fois le 1er producteur de charbon du monde (46,6 % de la production mondiale), le 1er consommateur (51,7 % du total mondial) et le 1er importateur (22,1 % des importations mondiales), bien qu'elle produise 97,7 % de ses besoins. Un pari herculéen, donc, que la Chine aura du mal à tenir, ses priorités politiques restant le développement économique à tout prix. Cela bien qu'il y ait une véritable évolution de la stratégie chinoise vers un développement plus durable et un primat moins fort à la croissance. En fait, la priorité numéro un est maintenant la stabilité sociale, qui passe par une meilleure protection de l'environnement.

Il reste que la consommation énergétique par habitant de la Chine demeure en retrait comparée à celle d'autres pays développés. Elle était de 2 236 kg équivalent pétrole en 2020, à comparer à 3 470 kg au Japon et 636 kg en Inde, mais elle a littéralement explosé depuis le début des années 2000 et a enregistré une hausse de 381 % en quarante-trois ans ! Certes, le gouvernement chinois fournit quelques efforts qui méritent d'être soulignés dans la lutte contre le réchauffement climatique. C'est ainsi que la Chine est devenue le plus grand fabricant de panneaux solaires et de batteries au lithium-ion du monde. La Chine produit plus de la moitié des voitures électriques de la planète et la quasi-totalité des bus électriques[70]. Dans la plupart des grandes villes chinoises, les taxis, les autobus et les scooters fonctionnent tous à l'électricité. Autant de rejets toxiques dans l'atmosphère en moins alors que ces mêmes villes sont confrontées à une pollution de l'air dramatique causée par la circulation automobile et le tissu industriel environnant. Mais le revers de la médaille est que tous ces véhicules électriques consomment une énergie presque entièrement produite par des centrales à charbon ! En outre, une batterie standard pour voiture électrique contient en moyenne 16 kg de nickel, un métal rare dont la production génère des montagnes de résidus. S'y trouvent également 15 kg de lithium, qui participe à la pollution des sols lors de son extraction. Il y aussi 10 kg de cobalt, dont l'extraction en Afrique est associée au travail des enfants, généralement payés 2 dollars par jour[71]. Mais comme le souligne le plan du président Joe Biden pour le climat, pendant la première année de la présidence de Donald Trump, pour chaque dollar dépensé pour les énergies renouvelables aux États-Unis, la Chine en dépensait trois. La Chine est de très loin le pays qui investit le plus dans les énergies propres. À elle seule, elle accumule 29 % du total des investissements mondiaux en 2014 dans les énergies propres (solaire, éolien, biomasse et hydraulique), avec près de 90 milliards de dollars investis[72]. D'autre part, la lutte pour la protection de l'environnement et contre le réchauffement climatique est inscrite dans la loi chinoise depuis le 1er janvier 2015, avec la reconnaissance dans ses principes de la nécessité de concilier l'activité économique avec la protection environnementale. Cette loi permet aux autorités de fermer des entreprises contrevenant gravement aux normes de pollution. Le système antérieur ne prévoyait que des amendes, que les entreprises préféraient payer, continuant de polluer. La nouvelle loi protège les lanceurs d'alerte tandis que la liste des personnes habilitées à porter plainte devant la justice pour le non-respect des normes écologiques a été élargie aux victimes de la pollution et aux ONG. « La Chine possède donc ainsi un vaste cadre légal et réglementaire qui, en théorie, devrait permettre de préserver le pays contre les atteintes à l'environnement », souligne le sinologue spécialiste des questions environnementales Jean-François Huchet[73]. Mais, ajoute-t-il, « comme dans bon nombre de domaines en Chine (droits humains, droits économiques et sociaux), des différences abyssales existent entre les lois et leur application sur le terrain[74] ». De fait, trop souvent, les objectifs des autorités locales restent orientés vers le maintien de l'emploi, le développement de l'industrie locale et la croissance à tout prix. Les fermetures d'usines demeurent l'exception.

Quelle est la part de la Chine et de l'Asie dans les émissions mondiales de CO_2 en 2019 ? Les émissions chinoises sont plus de deux fois supérieures aux émissions américaines et près de trois fois plus élevées que celles de l'Union européenne. Globalement, l'Asie représente désormais plus de 50 % des émissions mondiales. 2019 n'a pas été une bonne année pour les émissions chinoises, qui ont encore progressé de 3,4 %, soit une différence supérieure à la totalité des émissions françaises la même année. Malgré le choc de la pandémie, la part de la Chine dans les émissions mondiales va continuer à croître en 2020, car ses émissions se sont beaucoup moins réduites que la moyenne mondiale. Elles ont baissé de 1,4 % contre un recul mondial de 6,3 %, selon Carbon Monitor*. Une différence qui reflète la meilleure résistance de l'économie chinoise face au choc sanitaire. Son fort rebond anticipé pour 2021 provoquera également un rebond des émissions de CO_2, et la Chine pourrait représenter un tiers des émissions mondiales à la fin de l'année. L'ambition de la Chine est néanmoins forte pour les énergies renouvelables. La capacité installée en la matière (solaire, éolien, hydraulique) a été multipliée par 2 entre 2014 et 2019, atteignant 820 GW en 2019. Pour autant, la part des énergies renouvelables dans la demande globale d'énergies primaires du pays reste légèrement inférieure à 13 % en 2019. L'objectif consistant à porter cette part à 25 % en 2030 est clairement plus volontariste que celui sur l'efficacité énergétique ou sur la préservation des forêts. La progression actuelle de la part des énergies renouvelables dans la demande globale est de 0,6 % par an. Il faudrait pratiquement doubler ce rythme pour atteindre la cible de 25 % en 2030[75].

* Carbone Monitor fournit des estimations scientifiques régulièrement mises à jour des émissions quotidiennes de CO_2 : <www.carbonmonitor.org>.

Une pollution de l'air dramatique

Les grandes villes chinoises sont désormais toutes confrontées à une pollution de l'air dramatique. À Pékin, le soleil n'apparaît plus guère dans un ciel désespérément gris, les habitants de la capitale chinoise vivant dans un smog quasi permanent.

> [...] respirer l'air de Pékin correspond à vivre constamment dans un espace pour fumeurs d'un aéroport américain[76], ou à fumer 23 cigarettes par jour[77]. [...] Dans le classement de l'Université américaine de Yale du Center for Environnemental Law and Policy, qui recoupe 20 critères pour juger du niveau de pollution des pays et de son évolution, la Chine arrive en 118e position sur 174 pays[78].

Des images satellite ont montré que l'épaisse couche de pollution qui recouvre Pékin avait presque totalement disparu du fait du confinement au printemps 2020. Ce nuage est depuis revenu, plus épais et plus dense que jamais, à la faveur de la reprise de l'activité économique et du trafic automobile dans la zone de la capitale chinoise. Cette pollution de l'air entraîne le décès prématuré de 1,6 million de personnes par an[79], pour un coût annuel estimé à 5,8 % du PIB. Déjà en 2001, un rapport de la Banque mondiale faisait état de la présence de 16 villes chinoises parmi les 20 villes les plus polluées de la planète*. Cette pollution serait directement responsable d'une progression rapide des cancers du poumon; selon certaines études: 465 % sur trente ans pour l'ensemble de la Chine et 60 % en dix ans à Pékin[80]. Ces émissions de GES ne s'arrêtent

---

* Un classement de CBS News datant de 2019 met toutefois 9 villes indiennes parmi les 10 villes les plus polluées du monde, et la 1re ville chinoise ne vient qu'au 19e rang. Jessica Learish, « The most polluted cities in the world, ranked », *CBS News*, 23 août 2019. <https://www.cbsnews.com/pictures/the-most-polluted-cities-in-the-world-ranked>.

pas aux frontières de la Chine, cette dernière étant désormais responsable d'émissions totalisant 9,7 Gt (gigatonnes), soit 28 % du total mondial (5,9 Gt pour les États-Unis et 2 Gt pour l'Inde). La pollution de l'air engendre d'autre part des pluies acides sur le continent chinois, mais aussi dans l'atmosphère des pays voisins. Près de 40 % du territoire chinois est touché par ces pluies, en particulier dans le sud-est du pays. L'impact des pluies acides est très lourd sur le plan économique. La flore est la première victime, avec en premier lieu les forêts, mais aussi les terres arables[81].

Les émissions de gaz à effet de serre ne sont pas le seul aspect des rejets de polluants par la Chine. Ce pays est devenu depuis des années le plus grand producteur de plastiques au monde. La Chine rejette plus de 200 millions de mètres cubes de déchets annuellement – en grande majorité des matières plastiques – directement dans la mer, selon le ministère de l'Écologie et de l'Environnement[82]. Premier producteur de déchets au monde, il génère un milliard de tonnes de déchets par an. Le gouvernement chinois a réagi en annonçant, le 20 janvier 2020, l'interdiction de l'usage de sacs en plastique à usage unique dans les grandes villes d'ici fin 2020 et dans tout le pays d'ici 2022. Les autorités ont d'autre part inauguré des usines de transformation des déchets plastiques. Selon une étude de l'organisation Greenpeace publiée le 17 décembre 2020, 36 entreprises inaugurées dans le pays en 2020 ont l'intention de construire des structures de traitements des déchets plastiques, pour une capacité totale annuelle de 4,4 millions de tonnes de tels déchets, soit une capacité multipliée par 7 en l'espace d'une année. Mais on est encore loin de répondre à la production nationale de déchets plastiques biodégradables estimée à 5 millions de tonnes par an en 2025 pour le seul secteur du e-commerce[83], et le transfert de la production chinoise de plastiques vers des plastiques biodégradables ne compense pas tout. « Basculer d'un type de plastiques à un autre ne peut pas résoudre la crise de la pollution par les plastiques à laquelle nous sommes confrontés », explique le Dr Jia Zhongnan, chercheur à Greenpeace East Asia.

Et demain ?

Écoutons Hubert Testard, spécialiste de l'Asie orientale et enseignant à Sciences Po Paris, lors d'un webinaire organisé par *Asialyst* et l'Inalco, le 27 janvier 2021 :

> On peut expliquer la situation par une analogie avec les montagnes russes. On commence par monter très fort, on est ensuite à un sommet et on dévale la pente. Et Xi Jinping voudrait dévaler la pente jusqu'à zéro en 2060. Le problème, c'est que pour l'instant on est en train de continuer à monter. En 1990, la Chine comptait pour un peu plus de 10 % de la production mondiale et 40 % des émissions asiatiques. En 2019, on est passé de 10 % à un peu plus de 30 %, et la part de la Chine en Asie est passée de 40 à 60 %. En gros, la Chine explose en matière d'émissions. Pour l'ensemble des émissions de gaz à effet de serre, c'est à peu près la même chose. En 2020, ses émissions ont été un peu réduites, mais pas beaucoup. En 2021, on va enregistrer une croissance économique très forte, et donc ces émissions vont de nouveau bondir. On va se retrouver, fin 2021, probablement à 33 % des émissions mondiales. La Chine compte à elle seule pour une progression colossale des émissions mondiales.
>
> En 2019, la progression des émissions de la Chine représentait plus que la totalité des émissions françaises. Il y a les engagements chinois pour redresser la barre. Or, s'agissant du mix énergétique, c'est toujours le charbon qui domine. On était à plus de 70 %, et on est tombé aujourd'hui à un peu moins de 60 %. Cela reste énorme. Le charbon fait

> encore les deux tiers de la production électrique chinoise. On est aujourd'hui revenu au niveau de 2013, c'est-à-dire qu'on est revenu au pic de la demande charbonnière chinoise parce que la Chine a lancé toute une série de nouvelles centrales à charbon. Donc, on n'est pas du tout sortis de l'addiction chinoise au charbon qui représente la moitié de la production mondiale de charbon.
> 2060 : est-ce que les engagements sont en ligne avec cet objectif? Pour l'instant ce n'est pas évident. On est plutôt dans une évolution, une progression des engagements, mais pas dans une révolution. À mon avis, on est très loin d'être à un niveau qui permette d'être sûrs que la Chine va aller vers cet objectif. Pour les énergies renouvelables, les Chinois sont plus ambitieux, mais malgré tous les efforts réalisés, on n'est encore qu'à 13 % de la demande d'énergie primaire en Chine faite avec le renouvelable. Donc, c'est assez limité. Il faudra investir énormément dans l'énergie renouvelable pour changer le tableau. En 2009, la Chine s'engageait à 15 % de part du renouvelable dans la demande d'énergie primaire; en 2015, elle s'engageait à 20 %, et là, elle vient de s'engager à 25 %. Cela ne paraît pas énorme de passer de 20 à 25 %, mais cela demande des investissements colossaux.

Jean-François Huchet, sinologue et président de l'Inalco, auteur de *La Crise environnementale en Chine*, précisait lors du même webinaire :

> La Chine n'a longtemps pas eu du tout de politique en matière d'environnement. Il a fallu attendre 2013. Pourquoi ? Parce que le charbon était au centre, et le reste encore, de sa politique de ressources énergétiques. On a à peu près le même mix énergétique entre 1978 et 2014, sauf que la consommation a littéralement explosé, puisque

la Chine brûle à peu près 4,2 milliards de tonnes de charbon, c'est-à-dire plus que le reste du monde. Elle dispose des troisièmes réserves de charbon les plus importantes au monde, et même au rythme actuel, on estime que la Chine pourrait encore avoir deux siècles de ressources de charbon disponibles pour maintenir ce niveau de consommation. Il faut prendre conscience de la masse des chiffres en Chine. On construisait à peu près une centrale thermique et demie de 1 000 MW toutes les semaines entre 2006 et 2009. Cela a ensuite un peu ralenti, puis c'est passé à 3 centrales entre 2009 et 2013. À partir de 2006, on a installé en Chine l'équivalent du parc industriel français d'électricité tous les ans. C'est colossal ! Les changements sont vraiment intervenus à partir de 2013-2014, pour des raisons qui tiennent à la détérioration de la qualité de l'air principalement. C'est donc cette incapacité pour la Chine de continuer sur le rythme de pollution qui touchait les grandes villes chinoises à partir de 2013.

On parle d'épisodes d'airpocalypse, notamment dans les villes du Nord, particulièrement à Pékin. Quels sont les résultats obtenus ? Là où les résultats sont les plus efficaces, c'est certainement dans la grande progression des énergies renouvelables. On a eu, à un moment, vers 2015-2016, l'impression qu'on était vraiment arrivés à un plateau en matière de consommation de charbon, et qu'on allait atteindre un pic bien avant 2030. On avait même constaté que le supplément d'électricité qu'il fallait produire pour répondre à la croissance économique pouvait être obtenu non plus en augmentant les énergies fossiles, mais en se basant sur l'augmentation de la production des énergies renouvelables. On prenait cela comme des signes très encourageants. Puis on s'est rendu progressivement compte qu'à chaque relance de l'économie, on avait affaire à une relance de type conventionnel qui portait sur les infrastructures, sur l'immobilier, donc avec beaucoup de production de ciment et d'acier, donc avec une grosse production énergétique et notamment d'électricité produite à partir du charbon. Pendant encore de longues années une « Chine verte » et une « Chine brune » vont coexister, dans une espèce de schizophrénie entre ces deux situations, la « Chine brune » continuant de polluer avec des conséquences en matière de santé publique qui sont désastreuses. On va quand même continuer à avoir des dégradations très importantes dans un grand nombre de domaines. Et puis, à côté de cela, on a une « Chine verte » qui va de l'avant, certes aussi par nécessité, parce que le modèle de production de la « Chine brune » a atteint des limites physiques en matière de développement industriel et d'empreinte environnementale. La « Chine verte » investit énormément dans les industries vertes et essaye de réduire l'impact des dégradations environnementales. Sur le plan international, il va de soi que sont mis en avant les efforts considérables que la « Chine verte » est en train de réaliser. Peut-être qu'un pic sera atteint en 2030. Mais dans tous les cas, s'agissant de la neutralité carbone en 2060, je pense que l'on est encore très, très loin pour la Chine, et qu'il s'agit plus d'une déclaration d'ordre politique pour apparaître comme le bon élève de la classe.

Les ravages de la déforestation, la pollution de l'eau et des sols

Un autre fléau qui touche de plein fouet l'environnement en Chine est la déforestation. Plus de la moitié des forêts mondiales (54 %) est située dans seulement cinq pays : la Russie, le Brésil, le Canada, les États-Unis et la Chine. Une évaluation menée en 2015 montrait qu'il y avait 3 400 milliards d'arbres sur notre planète, nombre en forte diminution du fait de la déforestation qui se poursuit. Les auteurs de l'étude rappellent qu'environ 15,3 milliards d'arbres sont coupés chaque année, particulièrement dans les zones tropicales[84]. Mais si la déforestation en Amazonie est une grande tragédie, elle n'est pas la seule. La Chine s'est livrée depuis une quarantaine d'années à une déforestation massive, résultat de l'industrialisation et de la progression inexorable des zones urbaines, mais aussi des coupes forestières illégales, en particulier au Tibet*. Bien que ce phénomène se soit ralenti ces dernières années du fait d'une indéniable prise de conscience des autorités sur la gravité d'un phénomène qui accélère la désertification, la déforestation continue de gagner du terrain. Selon l'ONG Global Forest Watch, entre 2002 et 2019, la Chine a perdu un total de 74 900 hectares de forêts humides, soit 0,77 % de la couverture forestière totale du pays. Pendant la même période, la surface de forêts primaires a été réduite de 4,3 %[85]. De 2001 à 2019, la Chine a perdu 9,92 millions d'hectares de couvert végétal, ce qui équivaut à une diminution de 6,1 % du couvert végétal depuis 2000 et à 3,18 Gt équivalent CO_2. La cartographie de la Chine fait apparaître une déforestation persistante et rapide dans les zones côtières, du fait de la progression des zones urbaines dans ces régions où le développement économique est le plus rapide. Il nous faut évidemment mentionner ici les efforts gigantesques déployés ces dernières années par la Chine pour le reboisement, avec la plantation de milliards d'arbres pour lutter contre les progrès de la désertification.

D'autre part, la Chine se révèle un redoutable prédateur s'agissant de la déforestation induite dans nombre de pays en

* Selon le Livre blanc sur l'écologie de l'Administration centrale tibétaine en exil publié en décembre 2018, les surfaces boisées du Tibet, qui était traditionnellement le grand réservoir de forêts primaires de l'Asie, ont chuté de 25,2 millions d'hectares en 1950, date de l'invasion du Tibet par l'armée chinoise, à 13,57 millions d'hectares en 1985, du fait de la déforestation massive menée par les autorités chinoises.

développement, en particulier en Afrique et en Asie du Sud-Est, où des millions d'arbres sont coupés pour satisfaire les voraces besoins chinois en bois, y compris des essences rares menacées de disparition complète. Au Laos, dans les années 1990, la forêt colonisait plus des deux tiers de la superficie du pays. Aujourd'hui, elle ne couvre plus que 40 % du territoire. En l'espace d'une trentaine d'années, le pays a perdu l'équivalent du quart de la forêt française, une déforestation le plus souvent illégale et pour 98 % à destination de la Chine et du Viêt-nam[86]. Au Cambodge, la situation est pire encore. Il s'agit en effet du pays qui a connu le plus haut taux de déforestation au monde (14,4 %) entre 2001 et 2014. Cette déforestation très avancée, dont profite surtout la Chine, a des effets dévastateurs tant sur l'environnement que sur les minorités ethniques avoisinantes. Ce fléau touche également l'Indonésie, où les forêts sont abattues pour laisser la place à la culture de l'huile de palme*. En Afrique, la Chine participe activement à une déforestation rampante dénoncée par la FAO (Organisation des Nations unies pour l'alimentation et l'agriculture) qui, dans un rapport publié en mai 2020, relevait que la perte en forêts s'est accélérée entre 2000 et 2010, passant de 3,4 à 3,9 millions d'hectares de forêts en moins chaque année, accentuant le triste rang octroyé au continent africain de leader de la déforestation[87].

La pollution en Chine, c'est aussi celle de ses sols et de ses cours d'eau. Ainsi, le célèbre Yangtsé (Chang Jiang), le plus long cours d'eau du pays, le troisième du monde par sa longueur après l'Amazone et le Nil – soit 6300 kilomètres depuis les plateaux tibétains pour se jeter dans la mer de Chine orientale –, est aussi l'un des plus menacés. Afin de

* On pourra certes argumenter sur le fait que ce n'est pas la Chine qui est responsable et que ce sont les groupes indonésiens, malaisiens et singapouriens.

préserver la biodiversité du Yangtsé, une interdiction de pêche décennale a été décrétée début 2020. En moins d'un an, plus de 230 000 pêcheurs ont été contraints de se reconvertir dans les 19 provinces et municipalités autonomes chinoises que la « mère des rivières » et ses affluents irriguent, selon les chiffres du ministère de l'Agriculture publiés début décembre 2020. Mais cela ne résout pas le problème des pollutions industrielles ; or le Yangtsé fournit un tiers des ressources en eau de la Chine, et il accueille aussi plus de 40 % des rejets d'eaux usées. Surexploité, envahi de barrages et fournissant les trois cinquièmes des réserves hydroélectriques du pays, le Yangtsé doit se reposer. Les extractions de sables seront « sévèrement limitées » dans le bassin du fleuve, la délocalisation des usines chimiques loin de ses berges devrait aussi s'accélérer, rapporte la presse d'État, afin d'assurer un « développement vert » du « fleuve Bleu »[88]. Petit à petit, le débit du Yangtsé décroît. Des mesures scientifiques ont montré que cette baisse a atteint en moyenne 2 centimètres tous les cinq ans depuis les années 1980, souligne le *South China Morning Post*. Cette baisse du niveau des eaux pourrait avoir un impact énorme sur l'environnement et l'économie dans le bassin du Yangtsé où vivent 460 millions d'habitants. Nie Ning et ses collègues du laboratoire d'informations géographiques du ministère chinois de l'Éducation attribuent ce phénomène aux activités humaines et aux nombreux barrages construits sur le fleuve, sans exclure l'effet du réchauffement climatique. Plus de mille lacs naturels le long du fleuve ont d'ores et déjà disparu[89].

Le fleuve Jaune, considéré comme le berceau de la civilisation chinoise et le sixième plus grand fleuve de la planète, s'est asséché à plusieurs reprises depuis 1972, pendant des périodes de plus en plus longues pouvant aller jusqu'à deux ou trois mois durant l'hiver. Cet assèchement a duré près de trois cent trente jours en 1997. Le fleuve Jaune, et d'autres grands fleuves qui traversent la Chine pour ensuite irriguer d'autres pays asiatiques comme le Mékong (Laos, Myanmar, Thaïlande, Cambodge, Viêt-nam) ou le Brahmapoutre (Inde, Bangladesh), sont eux aussi gravement menacés par le réchauffement climatique et la désertification[90]. Notons qu'en quarante ans, 13 % des lacs de Chine ont disparu de la carte. En fait, l'eau est sévèrement polluée sur l'ensemble du territoire chinois. Une étude de l'OCDE datant de 2007 indiquait que dans la moitié des grandes villes du pays, la qualité de l'eau du robinet n'était pas conforme aux normes nationales[91]. S'agissant du fleuve Jaune, près de 2500 kilomètres avant son embouchure, son eau est impropre à l'utilisation humaine. Environ 60 % des nappes phréatiques du nord de la Chine sont polluées à un niveau qui les rend impropres à la consommation[92]. De plus, le déversement de polluants et d'autres déchets industriels dans les cours d'eau provoque des séquelles qui perdureront pendant de longues années. Certains dommages sont quasiment irréversibles[93].

Autre source d'inquiétude: les barrages construits par la Chine sur ses fleuves, avec leurs graves conséquences en aval chez les pays voisins. Il en va ainsi du fleuve Rouge qui prend sa source dans la province chinoise du Yunnan, où la construction de barrages entraîne d'énormes répercussions sur l'environnement et la vie économique au Viêt-nam, en aval. « Les barrages chinois sur le fleuve Rouge provoquent une pénurie persistante d'alluvions, des inondations et des épisodes de sécheresse au Viêt-nam », souligne le journal vietnamien *VnExpress*. Le fleuve Rouge, qui s'étire sur 1149 kilomètres, traverse les villes de Lao Cai, Yen Bai, Phu Tho, Vinh Phuc et Hanoi, où vivent 26 millions d'habitants dans le nord du Viêt-nam. Les barrages construits par la Chine en amont retiennent des quantités considérables de sédiments qui ne peuvent plus poursuivre leur route naturelle vers le Viêt-nam. « En conséquence de quoi, les activités agricoles dans le delta du fleuve Rouge sont fortement affectées », explique Dao

Trong Tu, chef du conseil d'administration du Réseau des rivières du Viêt-nam, cité par le journal. Le manque d'alluvions a entraîné la baisse du niveau du lit du fleuve, empêchant le débit de l'eau de s'écouler et d'irriguer les champs dans le bassin du fleuve, dit-il. Les barrages chinois provoquent des inondations à répétition au Viêt-nam pendant la saison des pluies, lorsque les autorités chinoises sont obligées de relâcher de l'eau pour garantir la sécurité des réservoirs. « Cela crée une situation où le Viêt-nam est constamment victime d'inondations », ajoute-t-il encore[94].

En décembre 2020, la Chine a annoncé son intention de construire un gigantesque barrage sur le Yarlung Tsangpo au Tibet, le fleuve le plus élevé au monde, qui devient en aval le Brahmapoutre qui irrigue ensuite l'Inde et le Bangladesh. Ce barrage prévoit la construction d'une centrale hydroélectrique de 60 gigawatts (GW). Lors d'une conférence sur l'énergie, le président de l'entreprise publique chinoise Power Construction Corporation, Yan Zhiyong, a estimé que ce projet représentait une « opportunité historique ». Selon lui, ce projet aidera la Chine à résoudre ses besoins d'énergie propre et devrait permettre de renforcer la sécurité de son approvisionnement en eau. Ces propos ont été rapportés par *China Energy News*, une publication liée au *Quotidien du peuple*. À l'annonce de cette construction, des groupes environnementaux et des défenseurs des droits tibétains ont fait part de leur inquiétude vis-à-vis des ambitions hydroélectriques de la Chine dans la région. Ils assurent que le projet pourrait avoir un impact sur les ressources en eau qui se trouvent en aval. Selon des associations opposées à ces projets, les fleuves chinois ont déjà atteint un point critique avec la construction du barrage des Trois-Gorges ainsi que de nombreuses autres centrales hydroélectriques sur le fleuve Yangtsé et ses affluents. Face aux inquiétudes, « [l]a Chine observe toujours une attitude responsable concernant le développement et l'utilisation des cours d'eau transfrontaliers, appliquant une politique selon laquelle la protection est indissociable du développement », a déclaré l'ambassade de Chine en Inde. Le porte-parole de l'ambassade, le conseiller Ji Rong, a indiqué que chaque projet fera l'objet d'une planification et d'une démonstration scientifiques prenant pleinement en considération l'impact sur les régions en aval et les intérêts des pays en amont et en aval. « À l'heure actuelle, le développement en aval du fleuve Yarlung Zangbo en est toujours à la phase initiale de planification et de démonstration », a-t-il poursuivi, ajoutant qu'il « n'y a pas besoin de spéculer là-dessus[95]. » Le 8 mars 2021, Che Dalha, secrétaire adjoint du Parti communiste chinois pour la « Région autonome du Tibet », a annoncé que les autorités locales devaient « s'efforcer d'entamer la construction (du barrage) cette année ». « Les études sur l'impact environnemental de ce projet doivent être approuvées aussitôt que possible », a-t-il affirmé[96]. Rappelons que la Chine a déjà construit onze méga-barrages sur le Mékong, entraînant des modifications importantes des niveaux du fleuve qui traverse en aval le Myanmar, le Laos, la Thaïlande, le Cambodge et le Viêt-nam.

En mars 2021, le site *Eurasianet* a sonné le tocsin au sujet du lac Balkhach, dans l'est du Kazakhstan, qui pourrait connaître le même sort que la mer d'Aral, quasiment disparue. « L'exploitation intensive des sols et l'extension des rizières en Chine » constituent une « menace sérieuse pour ce lac » depuis des décennies, mais « Pékin n'en a cure », affirme le site.

> S'étendant sur 600 kilomètres et en forme de croissant, le lac Balkhach est l'une des principales sources d'eau douce du Kazakhstan (18 millions d'habitants). C'est par ailleurs un lac unique au monde : dans sa partie occidentale, l'eau est douce, tandis qu'elle est salée dans sa partie orientale. Le lac est alimenté à 80 % par la rivière Ili

(1 500 kilomètres), qui prend sa source dans les glaciers – en voie de fonte – des montagnes de la province du Xinjiang, en Chine. Dans une étude publiée en janvier par la revue *Water* sur le site de publications scientifiques gratuites du Multidisciplinary Digital Publishing Institute (situé en Suisse), des chercheurs de l'université d'Oxford analysent 738 scénarios de l'évolution de la situation, en croisant les données sur l'eau et les connaissances sur l'évolution du climat. La conclusion « est toujours la même » : « Pour sauver le lac, la Chine doit réduire drastiquement sa consommation d'eau. » Si les deux États limitrophes – le Kazakhstan et la Chine – puisent dans le Balkhach, l'intensification de l'utilisation des terres en Chine est « incomparablement plus importante qu'au Kazakhstan », écrit *Eurasianet*[97].

Entre 1995 et 2015, la superficie des terres arables du côté chinois de la frontière a augmenté de 30 %, affirmait une étude publiée en 2020 dans la revue *Environmental Research Communication*. La disparition du lac « à l'horizon de quarante ans » est évitable « si les deux pays coopèrent et coordonnent l'utilisation de l'eau ». Mais la Chine « refuse de fournir ses données », car il prend sa source dans la région sensible du Xinjiang, où vivent les Ouïgours. La solution serait de privilégier des cultures moins gourmandes en eau que le riz ou le coton, « dont les États-Unis ont récemment interdit l'importation depuis la Chine ». Mais Pékin envisage exactement l'inverse : une fois déjà le lac a été « au bord de la disparition », rappelle *Eurasianet*. Dans les années 1970, les ingénieurs soviétiques ont construit le réservoir d'eau du Kapchagay pour alimenter la capitale kazakhe, Almaty. Le niveau du Balkhach a alors baissé pendant dix-sept ans, avant que la tendance ne s'inverse vers 2005. Les scientifiques chinois n'ignorent tout de même pas complètement les problèmes du Balkhach. Dans un article financé par l'Académie des sciences de Chine et qui paraîtra en juin 2021 dans la revue *Chemosphere*, les chercheurs pointent le problème des pesticides dans la rivière Ili, des deux côtés de la frontière[98].

Autre réalité dramatique, la pollution des sols : 19,4 % des terres arables et 16,1 % des sols sont pollués, de même que 10 % des forêts et 10,4 % des prairies, une pollution principalement issue de l'activité industrielle et agricole. Ce phénomène risque aujourd'hui de contaminer la chaîne alimentaire avec toutes les répercussions imaginables sur la santé publique. À cela s'ajoutent l'élevage intensif, la coupe des forêts pour le bois de chauffe et la construction, qui accélèrent l'érosion des sols et favorisent la désertification, en particulier dans le nord-ouest du pays. Les études conduites par les autorités chinoises montrent que, en dépit d'un début d'amélioration au tournant des années 2000, près du quart du territoire chinois est désertifié ou dégradé en raison d'une combinaison de facteurs climatiques et humains tels que la surexploitation agricole, l'élevage en zones fragiles et la surexploitation des ressources en eau[99]. Près de 1,7 million de kilomètres carrés (trois fois la surface de la France), soit 17 % du territoire chinois, sont désormais couverts de déserts. Ces phénomènes, de même que la déforestation, ont été accélérés par la pression démographique, l'industrialisation et l'urbanisation qui ont explosé depuis le début des années 1980. Le taux d'urbanisation devrait atteindre 65 % de la population en 2030, avec près d'un milliard de personnes vivant dans les villes. Or, compte tenu du fait qu'il s'agit d'un phénomène durable et irréversible, l'urbanisation devrait continuer pendant plusieurs décennies à avoir des répercussions massives sur l'environnement dans le pays[100].

Face à cette situation catastrophique, une conscience collective émerge et prend de plus en plus d'importance au sein de la population chinoise au fil des années, cela sur un sujet qui peut potentiellement devenir une véritable bombe à retardement politique pour les autorités. « Dans les grandes villes, il y a de plus en plus de mouvements et de jeunes qui se disent sensibilisés. Il y a énormément de groupes WeChat [site de discussion chinois] qui sont suivis », explique Nathalie Bastianelli, spécialiste de la société civile en Chine et présidente de l'ONG We Belong* qui organise des événements sur les réseaux sociaux dans le pays :

> Je peux vous donner l'exemple du tourisme. Quand les compagnies aériennes se mettent à communiquer sur les actions qu'elles mettent en place, les Chinois répondent quatre fois plus que d'habitude. En disant qu'ils soutiennent à fond. Des études montrent que 80 % de citadins chinois se disent prêts à payer plus cher leurs voyages dès lors que cela protège la vie sauvage. Quand on regarde les sondages sur la consommation de viande, 82 % des personnes interrogées se disent prêtes à ne pas manger de viande une fois par semaine et 63 % sont prêts à ne pas manger de viande deux fois ou plus par semaine. Ça vous donne des indications. L'aspect santé compte, bien sûr, et puis il y a l'impact sur le climat. De nombreuses d'études montrent une augmentation de la sensibilisation dans la population. Bien sûr, les médias officiels en parlent peu. C'est plutôt sur les réseaux sociaux que les jeunes peuvent s'informer, et notamment auprès des blogueurs. Une célèbre blogueuse, Li Ziqi, même si on prétend qu'elle est manipulée par le gouvernement, rassemble autant de followers que Lady Gaga. Donc c'est phénoménal ! Li Ziqi montre comment fabriquer ses propres cosmétiques,

* Entreprise sociale et solidaire qui promeut les solutions et les innovations répondant aux défis sociaux et environnementaux du XXIe siècle, ainsi que les nouveaux modes de consommation responsables et durables aux solutions et innovations durables et aux technologies vertes.

> comment porter des vêtements teintés avec des teintures naturelles afin de réduire l'impact sur l'environnement. C'est une Youtubeuse qui est apparue en 2010 et dont l'impact est énorme. En nombre de vues, je crois que sur YouTube, c'était dix millions fin juin 2020. Il existe actuellement en Chine quelques stars qui sont souvent sollicitées par le gouvernement pour participer à des campagnes de sensibilisation sur le sujet. Songez aussi à l'explosion des plats végétariens ou vegan. On voit bien que tout le monde s'empare du sujet. De même que la tendance émerge en Europe, aux États-Unis, de même elle arrive en Chine. Ainsi le lundi sans viande est-il arrivé en Chine trois ou quatre ans plus tôt qu'en France. Ce sont là des choses qui prennent. Moi-même, quand j'étais à Shanghai, en 2016, lorsque je m'achetais un plat végétarien dans un restaurant où on pouvait prendre des plats à emporter (je suis végétarienne), le deuxième plat m'était offert parce que j'achetais végétarien le lundi. Il existe donc une incitation. C'est là une incitation privée, mais on voit bien qu'il y a là un mouvement d'ensemble de la société pour diminuer la consommation de la viande partout.

Mais il n'y a guère de possibilités pour la société civile chinoise de s'organiser et de s'exprimer dans le paysage politique actuel avec l'emprise politique énorme du président Xi Jinping dans tous les rouages de la société, souligne Nathalie Bastianelli. Et pourtant, parfois, cette société civile fait reculer les autorités.

> Quand il y a eu les grands pics de pollution, en janvier 2013, la population était dans la rue ! Il n'y avait jamais eu autant de manifestations et la population a fait reculer des projets d'implantation d'usines chimiques. Même s'il n'y avait pas eu d'autorisations de manifester, il s'était fait

> jour un bras de fer entre la population qui n'en pouvait plus et étouffait, et le pouvoir politique. Et ça, dans toutes les villes de Chine. À cette époque, vous ne pouviez pas voir à un mètre. À Harbin (nord-est du pays), les voitures qui grillaient des feux rouges n'étaient pas verbalisées parce qu'en fait elles n'arrivaient pas à voir la couleur des feux !

En 2018, Nathalie a organisé un événement réunissant quelques personnalités connues et une dizaine de blogueurs et a filmé l'ensemble des prises de parole avant de les poster sur les réseaux sociaux.

> C'était immédiatement devenu viral. Sans communication aucune, l'événement avait fait plus de 4,2 millions de vues. Cela vous donne une indication sur le fait qu'il y a une jeunesse, une population choisie qui est totalement ouverte et qui a envie de participer à beaucoup de choses. [...] Parce que, tout d'abord, ils sont inquiets pour leur santé, et ça, on n'en parle pas assez. Il y a la pollution de l'air, qui est visible, qui est maintenant mesurée et plus ou moins maîtrisée, mais ce phénomène reste très anxiogène. Mais vous avez la pollution invisible qui est dans l'eau et dans la terre. Les Chinois savent qu'au quotidien, non seulement il y a l'air, mais aussi ce qu'ils boivent et ce qu'ils mangent. Et ça, c'est hyper anxiogène. Tout ce qui touche à la santé, au corps, ça les inquiète. Voici pourquoi, lorsque vous leur offrez des possibilités de comprendre et de connaître les innovations qui avancent, la mobilisation est immédiate[101].

Pékin veut faire la pluie et le beau temps

En décembre 2020, le gouvernement chinois a annoncé le lancement d'un projet extraordinaire dont l'objectif est de maîtriser les éléments pour contrer le réchauffement climatique et la désertification* grâce au déploiement d'un programme de modification météorologique à grande échelle. Dans un communiqué, Pékin a fait savoir qu'il comptait déployer d'ici 2025 un vaste programme d'ensemencement des nuages, jusqu'alors utilisé de façon très ciblée pour contrôler la météo. Il s'agirait, autrement dit, de faire tomber de la pluie sur commande sur une zone de 5,5 millions de kilomètres carrés, soit plus de la moitié de la superficie du pays (et 1,5 fois celle de l'Inde). Cela sans trop se soucier des répercussions qu'un tel projet pourrait avoir sur les pays voisins. En effet, faire tomber la pluie de manière artificielle entraîne évidemment davantage de sécheresse ailleurs. Les premières expérimentations de « modification météorologique » ont été faites par le Parti communiste chinois dans les années 1960. Il s'agit d'injecter (grâce à des avions ou à des canons antiaériens) de petites quantités d'iodure d'argent dans les nuages qui comportent un taux d'humidité élevé, ce qui provoque la condensation des particules d'eau, et donc, à terme, leur précipitation. Ce n'est cependant qu'en 2008 que le monde a découvert les progrès de la Chine en la matière. L'été de cette année, elle a tiré des centaines d'obus chargés d'iodure d'argent pour faire tomber la pluie juste avant la cérémonie d'ouverture des jeux Olympiques afin de bénéficier d'un temps sec pendant la durée des Jeux. Depuis, de nombreux grands événements se font sous un soleil radieux préalablement commandé par le

---

* Il en va ainsi du désert de Gobi, au nord et au nord-ouest de la Chine, qui progresse sur des milliers de kilomètres carrés chaque année. Pour tenter de faire barrage à l'étendue de sable, les autorités de Pékin ont également décidé d'y planter la plus grande forêt artificielle du monde, la Grande Muraille verte. En effet, les étendues sablonneuses, qui représentent 27 % du pays, progressent rapidement – en 2006, elles gagnaient du terrain sur les terres arables au rythme de 260 000 hectares par an (soit la superficie du Luxembourg), au lieu de 155 000 hectares dans les années 1950.

gouvernement chinois. L'ensemencement de nuages est aussi régulièrement utilisé pour contrer les sécheresses ou chutes de grêle. La première mise en pratique de cette technique a d'ailleurs été réalisée en 1958 dans la province du Jilin, au nord du pays, qui venait de vivre sa pire période de sécheresse en soixante ans. Selon l'agence de presse officielle Chine nouvelle, le pays a investi entre 2012 et 2017 plus de 1,34 milliard de dollars pour divers programmes de modification du temps, qui ont permis la chute de 233,5 milliards de mètres cubes de pluie supplémentaires, soit trois fois la capacité du lac Qinghai, le plus grand lac intérieur d'eau salée de Chine. En 2017, le pays a réalisé un nouvel investissement de 168 millions de dollars destiné à financer un programme censé permettre le déploiement d'avions, de lance-roquettes et de dispositifs de commande numérique afin d'intervenir météorologiquement sur 10 % du territoire chinois[102]. Nous ajouterons ici qu'en Europe, l'utilisation de l'iodure d'argent par les agriculteurs remonte aux années 1960. Le problème reste donc l'ampleur de son utilisation plutôt que son principe.

La Chine, premier consommateur et importateur de matières premières du monde

La Chine, de très loin le premier consommateur et premier importateur de matières premières du monde, et énergivore assoiffé, est d'autre part devenue le premier pays importateur de pétrole de la planète, avec un total moyen de 423 millions de tonnes par an. Elle a dépassé les États-Unis à cette première place en 2017. En l'absence de données officielles sur les stocks chinois actuels de pétrole, les spécialistes de la question ont calculé que, d'après les chiffres de ses importations pétrolières fournies par les douanes, sa production intérieure et les volumes traités par ses raffineries, la Chine a doublé ses efforts de stockage pour atteindre près de 2 millions de barils par jour au cours du premier trimestre de 2020. À cela, il faut ajouter les importations de Russie et d'Asie centrale transportées par pipeline, qui se sont élevées à plus de 840 000 barils/jour en mars 2020. Avec un taux de dépendance à l'égard du pétrole étranger de 72 % en 2019, soit le niveau le plus élevé jamais enregistré, on comprend aisément l'intérêt pour Pékin d'accroître de façon significative ses réserves au moment où les prix sont au plus bas[103]. En raison en partie de la mutation importante de son économie, la Chine demeure encore très dépendante du charbon, mais la part du pétrole dans le mix énergétique chinois est de plus en plus importante. Même si, à terme, le pays se tournera de plus en plus vers les énergies renouvelables et le gaz naturel, la croissance de la consommation de pétrole sera encore importante au cours des prochaines années. Si l'offre peine à suivre cette hausse de la demande, la consommation de pétrole de la Chine pourrait donc entraîner une augmentation du cours du pétrole et des prix du fioul. De fait, la dépendance de l'économie chinoise vis-à-vis de l'étranger pour sa consommation de matières premières (fer, cuivre, zinc, aluminium, charbon, terres rares) ne cesse de croître. Dans cette quête insatiable pour assouvir son appétit vorace, la Chine courtise tous les fournisseurs. Les ennemis des États-Unis (Iran, Russie, Soudan) comme ses plus proches alliés (Arabie saoudite, Émirats arabes unis, Australie, Brésil), sans compter de nombreux pays africains, tous prêts à combler ses immenses besoins. En 2020, la Chine a ainsi importé pour 208 milliards de dollars de pétrole, 59,2 milliards de minerai de fer, 44,2 milliards de gaz naturel, 36,9 milliards d'or, 33,8 milliards de soja et 31,7 milliards de minerai de cuivre. Auxquels s'ajoutent les produits finis : 133 milliards de dollars en circuits électroniques intégrés, 45,2 milliards en voitures et autres véhicules, 31,7 milliards en pièces détachées pour voitures et 28,5 milliards en avions, hélicoptères et autres aéronefs. Avec un total annuel de

1 610 milliards de dollars, la Chine est le deuxième plus grand importateur au monde derrière les États-Unis[104].

La Chine est également grande consommatrice de gaz, qu'elle importe principalement de son voisin russe. Le 2 décembre 2019, Pékin et Moscou ont inauguré en grande pompe le gazoduc Power of Siberia. Il s'étirera à terme sur quelque 3 000 kilomètres, de l'est de la Sibérie aux provinces du nord-est de la Chine. Le nouveau pipeline permettra d'exporter jusqu'à 38 milliards de mètres cubes de gaz russe par an vers la Chine lorsqu'il arrivera à pleine capacité en 2025. Le contrat, signé pour trente ans, s'élève à 400 milliards de dollars. C'est le plus gros contrat jamais remporté par Gazprom, la compagnie proche du Kremlin qui détient le monopole des exportations de gaz par pipeline depuis la Russie. Pour la Chine, c'est une infrastructure cruciale qui répondra à la demande croissante en gaz, une source d'énergie poussée par Pékin pour le chauffage et l'industrie en remplacement du charbon, plus polluant. La demande a déjà triplé en moins de dix ans, mais le gaz ne représente encore que 8 % de la consommation d'énergie du pays, contre 23 % en moyenne dans le monde. Le potentiel est donc énorme. La Chine produit elle-même du gaz, mais pas assez : les importations représentent plus de 40 % des besoins, une proportion qui ne cesse d'augmenter[105]. La Chine est déjà reliée par gazoduc au Turkménistan, au Kazakhstan et au Myanmar (Birmanie). Elle importe aussi massivement du gaz sous forme liquéfiée (GNL) d'Australie, d'Indonésie et du Qatar. S'agissant du charbon, essentiel pour alimenter ses quelque 1 400 centrales thermiques en activité, la Chine en a produit 3,7 milliards de tonnes et importé 300 millions de tonnes en 2019, principalement d'Australie mais aussi de Colombie, d'Afrique du Sud et d'Indonésie[106].

Un autre aspect largement méconnu du caractère prédateur de l'hypercroissance économique chinoise est la consommation de sable. Le secteur de la construction est la principale cause de l'épuisement des ressources en sable. Chaque année, 40 milliards de tonnes de sable sont extraits des fonds marins, des mines, des rivières, des fleuves et des lacs afin de nourrir le secteur du bâtiment. Le béton est composé aux deux tiers de sable et, malheureusement, nos ressources en sable ne sont pas infinies. Les conséquences de l'extraction massive de sable des fonds marins sont nombreuses. Les plages disparaissent : lorsque l'on extrait du sable marin, le sable des plages vient combler le vide créé. Petit à petit, le sable des côtes, s'il n'est pas lui aussi dragué, va donc glisser vers les fonds marins, pour finalement disparaître. En Floride, 9 plages sur 10 ont déjà disparu. Le sable des côtes constitue également une barrière naturelle contre les éléments. L'extraction massive met, enfin, de nombreuses espèces sous-marines en danger. En bref, les conséquences environnementales de notre surconsommation de sable sont désastreuses[107]. Or la Chine participe à elle seule pour 57 % à la consommation mondiale de sable, élément indispensable à la fabrication du ciment, utilisé en très gros volumes pour satisfaire la frénésie extraordinaire de la construction de bâtiments depuis plus de deux décennies dans le pays. Si bien qu'en deux ans (2016-2017), la Chine a consommé autant de sable que les États-Unis en cent ans (1901-2000) ! Depuis trente ans, la demande mondiale en sable a augmenté de 360 % et devrait poursuivre sur sa lancée, principalement du fait de la Chine, conséquence de l'urbanisation accélérée qui devrait continuer pendant plusieurs décennies à avoir des répercussions massives sur l'environnement. Le taux d'urbanisation de la Chine devrait atteindre 65 % en 2030 avec près d'un milliard de personnes vivant dans les villes. La formidable expansion du secteur de la construction se traduit par un volume de constructions qui, de 125 millions de mètres carrés construits en 1980, est passé à 230 millions en 1990, puis 700 millions en 2000, puis à un pic vertigineux de 1,8 milliard de mètres carrés construits en 2012 ! Le développement accéléré de cités tentaculaires comme

Shanghai, Shenzhen ou Chongqing, les mégaprojets comme le barrage des Trois-Gorges et les centaines de milliers de kilomètres de routes et d'autoroutes construits en Chine ces vingt dernières années : tous se sont nourris de gigantesques quantités de sable, composante principale du ciment, du béton, de l'asphalte et du verre. Tout cela représente des centaines de millions de tonnes de béton et de ciment, et donc des centaines de millions de tonnes de sable.

Selon les chiffres du United States Geological Survey, la Chine a produit 2400 millions de tonnes de ciment en 2017, bien plus que la totalité du reste du monde[108]. La Chine importe ce sable principalement d'Asie du Sud-Est, où il est particulièrement extrait des fleuves et des rivières, avec des conséquences graves pour l'environnement. La majeure partie du sable utilisé en Chine est extrait sur place. Mais quelques pays asiatiques (Cambodge, Myanmar, Bangladesh, Sri Lanka, Philippines) en ont fait une industrie d'exportation. Un choix lourd de conséquences pour leurs habitants et leurs écosystèmes. Selon des chercheurs qui surveillent le Mékong, la crise qui se prépare sur le fleuve depuis des années s'est transformée en menace imminente. Celle-ci incrimine deux phénomènes liés à l'activité humaine : l'extraction de sable et la construction de nouveaux barrages en amont, au Laos et en Chine, qui modifient le débit du fleuve, sa teneur en sédiments et même sa couleur. « Les navires sabliers sont partout dans le delta. Le sable est très demandé pour fabriquer le béton utilisé dans la construction des gratte-ciel », explique le journaliste du *Financial Times* John Reed[109]. Cette extraction du sable à bas coût occulte le prix de plus en plus élevé du sable, qui fait l'objet d'un commerce extrêmement juteux mais très opaque et peu réglementé :

> Ce qui est menacé, ce n'est pas un paradis naturel non touché par la main de l'homme, mais une région vitale pour l'économie du pays et densément peuplée, dont les

Vietnamiens disent qu'elle est leur « bol de riz ». Avec une taille et une population équivalentes à celles des Pays-Bas, le delta du Mékong est le jardin de Hô Chi Minh-Ville et la plus grande zone de pêche en eaux intérieures du Viêtnam, une source importante de poissons, de coquillages et de crustacés.

« Dans les villes et les villages le long du Mékong et bien d'autres rivières, les rivages menacés par le dragage s'effondrent dans l'eau, entraînant avec eux des champs, des élevages de poisson, des boutiques et des habitations. Ces dernières années, des milliers d'hectares de rizières ont été perdus », souligne le journaliste américain indépendant Vince Beiser qui s'est fait pour spécialité d'enquêter sur ce sujet*. « Selon des sources gouvernementales, quelque 500 000 habitants dans le delta du Mékong ont dû être déplacés du fait de ce phénomène. Le dragage du sable dans les rivières n'est pas seulement un problème pour les habitants : il détruit le fond des rivières, tuant les poissons, les végétaux et d'autres organismes qui y vivaient[110]. »

Nous ne saurions passer sous silence un autre aspect, qui est la consommation gigantesque de céréales par la Chine. La Chine a mis le turbo sur ses importations de grains en 2020, animant les marchés agricoles mondiaux et faisant flamber les prix. De janvier à août 2020, les importations totales

* L'hebdomadaire *Le Point* a consacré à ce sujet, dans son numéro 2528 du 28 janvier 2021, une enquête intitulée « La Chine lance la guerre du sable », dans laquelle son envoyé spécial à Taïwan Jérémy André explique que certains jours, les bateaux dragueurs chinois sont plus d'une centaine à extraire le sable dans le détroit de Taïwan, à quelques encablures de l'île de Matsu, contrôlée par Taïwan. En fait, en 2017, seules deux incursions de dragues chinoises avaient été observées au large de Matsu, puis 71 en 2018, et 600 en 2019. L'an dernier, ce sont 3 987 passages de dragues qui ont été comptabilisés.

de la Chine ont augmenté sur un an de 137 % pour le blé (4,99 millions de tonnes), de 50 % pour le maïs (5,59 Mt) et de 15 % pour le soja (64,74 Mt), selon les douanes chinoises. La Chine devrait importer 100 millions de tonnes de soja en 2021. « Sur le maïs, on observe des prix au plus haut depuis 2014, c'est la demande de la Chine qui bouleverse la physionomie des échanges mondiaux », estime Marc Zribi, chef de l'unité grains et sucre de FranceAgriMer. « Le premier élément de hausse des importations de céréales, européennes notamment, par la Chine, c'est la politique commerciale de Trump, c'est ce qui a fait que la Chine a voulu diversifier ses origines », note un courtier requérant l'anonymat lors d'un entretien avec l'AFP. La reconstitution « beaucoup plus rapide que prévu » du cheptel porcin chinois décimé par l'épidémie de peste porcine africaine est une autre raison. Un autre facteur a dopé les importations chinoises : les incertitudes liées à la crise sanitaire. « Il est clair que pour le gouvernement chinois, il fallait minimiser les risques » de pénurie alimentaire, souligne Sébastien Abis, directeur du club de réflexion agricole Demeter et chercheur à l'Institut de relations internationales et stratégiques Iris à Paris. Une préoccupation d'autant plus forte que la « grande famine » de l'époque maoïste, entre 1959 et 1961, « a traumatisé la génération qui est au pouvoir actuellement en Chine ». Si la Chine est aujourd'hui quasiment numéro un dans toutes les productions agricoles, elle est aussi devenue le premier importateur sur ces mêmes marchés et « les 5 à 10 % de produits de base qui lui manquent représentent très rapidement des volumes importants sur la scène internationale », bousculant ainsi les marchés agricoles, explique Sébastien Abis. S'il est difficile de prévoir dans quelle mesure la fièvre acheteuse de la Chine va se poursuivre, il est acquis, selon lui, que Pékin « ne va jamais céder sur l'enjeu de sa sécurité nationale et devra mécaniquement compter sur le marché mondial pour compléter ses productions domestiques[111] ».

Pour résumer la situation environnementale, Jean-François Huchet explique :

> [...] la Chine traverse une crise environnementale sans précédent dans l'histoire du développement économique [mondial, mais] malgré une volonté politique forte affirmée depuis quelques années, la Chine est encore loin de mettre en place une croissance soutenable à long terme sur le plan environnemental. [Elle devrait par conséquent] continuer dans les années à venir à vivre dans une situation schizophrène et précaire : elle sera à la fois le plus grand laboratoire et investisseur mondial dans les énergies vertes, tout en restant le pays qui consomme plus de charbon que le reste de la planète et qui connaît de très fortes dégradations dans son écosystème[112].

Pour cet expert des questions environnementales chinoises, l'annonce du président Xi Jinping d'une Chine qui atteindrait une neutralité carbone d'ici 2060 relève plus d'un effet d'annonce pour présenter son pays sous son meilleur jour, comme le bon élève de la classe qui entend honorer ses responsabilités internationales :

> L'objectif d'une neutralité carbone [en 2060] est une échéance tellement lointaine que cela me semble un objectif trop facile à annoncer aujourd'hui. Pour autant, on a quand même affaire, en Chine, à une économie qui dépend encore beaucoup du charbon, même si la Chine, contrairement à l'Inde, fait des efforts notables. [...] D'ici 2040, la Chine va brûler environ 4 milliards de tonnes de charbon par an, et d'autre part, on le sait, la Chine compense en exportant ses technologies sur les centrales à charbon, qu'elle construit très rapidement maintenant. Elle a acquis un savoir-faire extrêmement développé, on

> le voit sur les projets de Nouvelles Routes de la soie. Il y a malheureusement beaucoup de centrales à charbon qui sont construites. [...] Mais même si cet objectif-là est réalisable, on est très, très, très loin de la neutralité carbone en 2060. Et trente ans, ce n'est pas grand-chose. Compte tenu de ce que l'on sait des technologies et compte tenu des trajectoires. À observer la trajectoire de la Chine de 2000 à 2030, on a bien évidemment des évolutions, mais ce ne sont que des inflexions plus que des ruptures brutales sur les modes d'utilisation de l'énergie. [...] Si l'objectif de Pékin de réduire les gaz à effet de serre de 65 % d'ici 2030 semble réalisable, en revanche, s'agissant de l'objectif de neutralité carbone, je suis beaucoup plus sceptique sur les capacités de la Chine à l'atteindre. [...] Cela n'engage à rien de faire ce genre de grande déclaration. De toute façon, dans cinquante ans, on sera tous morts et on ne sera pas là pour vérifier. Il y a aussi, effectivement, beaucoup d'arrière-pensées politiques derrière cette annonce[113].

La situation est toutefois nettement plus encourageante sur le chapitre de la pollution de l'air, un domaine où les autorités chinoises ont beaucoup avancé.

> Là, je pense qu'il y a vraiment un effort qui a été réalisé [face à une situation qui devenait catastrophique]. Il y a, sur ce sujet, une conscience écologique plus forte dans tous les secteurs de la société, y compris dans les sphères politiques. Je pense que c'est maintenant mieux accepté dans les mentalités. Cela montre que la Chine est aujourd'hui plus consciente de ces questions, et elle est allée vite, comme dans tout. Elle a amassé des résultats positifs dans une période beaucoup plus compacte et beaucoup plus courte que ce que nous avons vécu [dans les pays occidentaux, un peu comme le Japon dans les

années 1970 et 1980, lorsqu'il a connu, comme en Chine, une période d'hyperindustrialisation]. En l'espace de dix ans, il y a eu, je trouve, une révolution des mentalités[114].

La pêche chinoise, un pillage organisé

Il est un autre domaine où la Chine se comporte en prédateur : la pêche.

> Le pillage des mers par les bateaux de pêche chinois a pris des proportions gigantesques, selon une étude internationale coordonnée par le célèbre biologiste Daniel Pauly, de l'Université de Colombie-Britannique, qui chiffre pour la première fois la mainmise chinoise sur une ressource halieutique en rapide déclin. Cette recherche, publiée d'abord dans la revue spécialisée *Fish and Fisheries* puis reprise dans la revue scientifique *Nature* le 4 avril 2013, conclut que les navires de pêche chinois ont siphonné, loin de leurs côtes, entre 3,4 millions et 6,1 millions de tonnes de poissons par an entre 2000 et 2011. Dans le même temps, Pékin ne déclarait que 368 000 tonnes de poisson en moyenne auprès de l'Organisation des Nations unies pour l'alimentation et l'agriculture (FAO). Douze fois moins que la réalité estimée par les spécialistes des ressources halieutiques ! La valeur du poisson débarqué de l'étranger par la Chine s'élèverait à 8,9 milliards d'euros chaque année[115].

« Nul ne sait précisément combien de bâtiments compte la flotte de pêche chinoise. Il reste que cette armada, qui quadrille l'ensemble de la planète, surpasse toutes les autres, tant par son envergure que par son rayon d'action[116]. » On estime en fait à près de 17 000 les bateaux ayant la capacité de pêcher en dehors des eaux territoriales chinoises[117].

Ces marins venus de Chine populaire s'aventurent loin de leurs rivages, jusqu'au large des côtes de l'Argentine, du Chili, du Pérou, soit à 17 000 kilomètres des côtes chinoises, comme ceux de biens [*sic*] d'autres pays, mais à une échelle unique au monde. On en trouve également au beau milieu du Pacifique, à proximité de Papeete, en Polynésie. Parfois, leur boulimie et le surnombre peuvent poser problème : là-bas, des ONG ont même dû mettre en place un programme de surveillance fondé sur des images satellite pour suivre le rythme[118].

Il s'agit en grande partie de chalutiers (qui emploient une méthode de pêche parmi les plus destructrices), travaillant en majorité dans l'océan Pacifique Nord-Ouest, de même que dans l'océan Indien, au large des Seychelles. L'activité pratiquée de la manière la plus intensive est la pêche à la turlutte des calamars dans le sud-est du Pacifique et le sud-ouest de l'Atlantique. Et l'aspect le plus dérangeant de cette pêche hauturière est que ses intérêts sont contraires à ceux des habitants de pays en développement[119].

La consommation chinoise de produits marins représente un tiers de la pêche mondiale. Pragmatiques, les pêcheurs chinois s'aventurent […] toujours plus loin [mais aussi en mer de Chine du Sud, dont Pékin revendique 90 % de ses étendues marines] à la recherche de poisson, entre autres ressources halieutiques. Cela fait très longtemps que ces marins fréquentent par exemple l'archipel des Paracels. Problème : ils sont de plus en plus nombreux à chercher le gain dans les très disputées îles Spratleys, quitte à se faire attraper sans la moindre ambiguïté possible dans les Zones économiques exclusives (ZEE) d'autres pays[120].

L'aspect le plus dérangeant de cette pêche hauturière est que ses intérêts sont contraires à ceux des habitants de pays en développement. En juillet 2020, une flotte de plus de 280 navires de pêche et bateaux-usines avait été repérée longeant la frontière de la réserve maritime des îles Galápagos, en Équateur, classée au patrimoine mondial de l'Unesco pour son écosystème unique au monde où des dizaines d'espèces menacées trouvent refuge, notamment plusieurs espèces de requins. Les défenseurs de l'environnement redoutent que l'écosystème ne soit profondément bouleversé et les pêcheurs locaux remarquent déjà une diminution de leurs prises[121]. La flotte chinoise a une incidence également consternante sur l'Afrique. Les navires-usines chinois épuisent les eaux africaines[122]. Les chalutiers chinois s'aventurent en nombre au large des côtes du Ghana, mais aussi du Sénégal, de l'Angola, de la Somalie, du Maroc et d'autres pays africains, parfois dans le cadre d'accords bilatéraux avec les pays concernés, parfois en toute illégalité. Ils étaient à peine une dizaine de navires le long des côtes africaines en 1985. Aujourd'hui, ce sont plusieurs centaines de gros chalutiers chinois qui raclent les fonds marins ouest-africains. « La plupart des navires pratiquent le chalutage par le fond, une forme extrêmement destructrice de pêche qui rafle tout sur son passage et qui est en large partie responsable de la disparition des stocks de poissons dans les eaux chinoises », explique Greenpeace[123]. Avec plus de 400 navires qui réalisent des prises annuelles d'un montant de 400 millions d'euros, la flotte de pêche en haute mer chinoise est la plus importante aujourd'hui dans les eaux ouest-africaines.

> « La Chine a trouvé au large des côtes de l'Afrique de l'Ouest des eaux très poissonneuses et très peu surveillées. Cela a donc favorisé la prolifération des navires de pêche étrangers dans cette région, où ils opèrent parfois de manière totalement illégale. La surpêche est donc

> rapidement devenue une réalité », explique Frédéric Le Manach, directeur scientifique de l'ONG Bloom qui œuvre pour la conservation marine[124].

Il faut néanmoins noter pour être juste que la Chine est aussi le pays qui a le plus développé l'aquaculture, qui représente aujourd'hui une partie considérable de sa consommation. Mais on peut donc ajouter à la liste des territoires de pêche qu'elle sillonne les Galápagos, la Mauritanie et le Pacifique Sud.

3
Les technologies du futur : d'atelier du monde, la Chine est devenue son laboratoire

La Chine est devenue en quelques décennies l'un des grands centres de gravité mondiaux, avec les États-Unis, l'Europe et le couple Japon-Corée, de la recherche sur les nouvelles technologies qui façonneront notre mode de vie au cours de ce siècle. Passage en revue d'un nouveau laboratoire pour le monde demain. État des lieux du chantier de l'innovation et perspectives.

> « On peut apprendre à un ordinateur à dire : "Je t'aime", mais on ne peut pas lui apprendre à aimer. »
> ALBERT JACQUARD, généticien

« Made in China 2025 » : les ambitions chinoises pour les hautes technologies

Les enjeux planétaires de l'innovation technologique sont considérables. La Chine, qui y consacre d'énormes investissements, est en passe de faire main basse sur ce secteur et de ravir ainsi la première place mondiale aux États-Unis.

Ce sont les hautes technologies qui seront au cours de ce siècle le moteur du progrès humain. Celui qui en sera le maître dominera probablement la marche du monde demain. Raison pour laquelle la Chine fournit des efforts colossaux afin de prendre le contrôle de tous les domaines clés des hautes technologies, que ce soit l'aéronautique, la conquête de l'espace, les véhicules électriques et à hydrogène, les télécommunications, l'intelligence artificielle, les microprocesseurs, les supercalculateurs quantiques, les métaux rares, la robotique et les trains à grande vitesse. S'il est un emblème de la guerre industrielle sans merci qui se joue dans ce domaine, c'est certainement le géant chinois Huawei, premier équipementier des télécommunications et premier fabricant de smartphones du globe, contre lequel les États-Unis concentrent l'essentiel de leurs mesures de représailles, conscients qu'ils sont de ce qui se joue à l'échelle du globe pour la prise de contrôle d'un secteur vital de la vie économique et sociale. Le gouvernement chinois ne cache pas ses ambitions. Il a adopté en mai 2015 son plan « Made in China 2025 », qui a sélectionné dix secteurs jugés déterminants pour l'avenir du pays : technologies de l'information (IT), robotique, aérospatiale, industries navales et ferroviaires de pointe, véhicules durables, énergie, matériel agricole, nouveaux matériaux et biomédecine. Xi Jinping a lui-même fixé les objectifs à atteindre dans ces secteurs : devenir « l'un des pays les plus innovants » d'ici 2030 et « le pays le plus innovant » en 2049, date du centième anniversaire de l'arrivée au pouvoir du Parti communiste chinois. Pour ce faire, Pékin met les bouchées doubles. En dix ans (2008-2017), les dépenses chinoises de R&D (recherche et développement) ont augmenté de 900 %. Les dépenses totales de la Chine en R&D ont atteint 2 214 milliards de yuans (environ 321,3 milliards de dollars) en 2019, en hausse de 12,5 % par rapport à 2018, selon un rapport conjoint du Bureau d'État des statistiques (BES), du ministère des Sciences et Technologies et du ministère des Finances. Ce chiffre a connu une croissance à deux chiffres pour la quatrième année consécutive[125].

Le 1er juillet 2020, la FCC, la Commission fédérale américaine des communications, a officiellement déclaré que Huawei et ZTE, l'autre grand groupe chinois des télécommunications, représentaient une menace pour la sécurité nationale des États-Unis. Selon cet organisme, les deux fabricants chinois sont susceptibles de partager des informations sensibles avec le gouvernement et l'armée chinoise. C'était la première fois qu'une entité officielle américaine abondait dans le sens de l'administration Trump. De plus, la FCC a demandé aux opérateurs américains de démonter et de remplacer tous les équipements réseau fournis par Huawei ou ZTE qui étaient déjà installés aux États-Unis. « Nous ne pouvons pas et ne permettrons pas au Parti communiste chinois d'exploiter les vulnérabilités du réseau et de compromettre notre infrastructure », fait valoir Ajit Pai, président de la FCC. Depuis mai 2019, Huawei et ZTE sont exclus du marché américain. Malgré plusieurs sursis, les deux firmes ne peuvent pas commercer avec des entreprises situées sur le sol des États-Unis. Sur fond de guerre commerciale, Donald Trump accusait ouvertement les deux groupes de travailler pour le gouvernement chinois et de collecter des données sensibles pour les services secrets de Pékin. Accusation reprise peu ou prou par Joe Biden. Rappelons qu'une loi, promulguée en 2017, contraint légalement les entreprises basées en Chine à collaborer avec les services de renseignement du pays*. Jusqu'ici, Huawei et ZTE ont fermement démenti toutes les accusations d'espionnage. Ren Zhengfei, fondateur de Huawei et ancien officier de l'Armée populaire de libération chinoise (APL), assure que les autorités chinoises n'interfèrent pas avec les activités des entreprises sur son sol. « J'aime mon

* Les États-Unis ont une loi similaire, le Cloud Act, voté en 2018.

pays, je soutiens le Parti communiste chinois. Mais je ne ferai jamais rien pour nuire à un quelconque pays dans le monde », affirme le patron de Huawei. Selon le groupe chinois, le droit chinois n'oblige pas le constructeur à espionner les pays étrangers pour le compte du gouvernement. Mais rien n'y fait, et la liste des alliés des États-Unis et d'autres pays occidentaux qui ont à leur tour placé Huawei sur une liste noire s'allonge. Le Royaume-Uni, l'Australie, la Nouvelle-Zélande, le Canada, la France, Israël, la Pologne, la République tchèque, l'Inde, la Suède, le Japon, Taïwan et nombre d'autres encore lui ont emboîté le pas*. Le 12 mars 2021, le régulateur américain des télécoms (FCC) a classé Huawei parmi les entreprises chinoises d'équipements de télécommunications considérées comme une menace pour la sécurité nationale, douchant les espoirs d'un assouplissement des relations avec l'arrivée au pouvoir de Joe Biden. La FCC estime que Huawei pose « un risque inacceptable » pour la sécurité nationale, tout comme les autres groupes chinois ZTE, Hytera Communications, Hangzhou Hikvision Digital Technology et Dahua Technology.

Pourquoi de telles mesures d'exclusion ? Dans la réalité, les autorités américaines sont convaincues qu'en installant des réseaux de télécommunications, en particulier la nouvelle 5G, Huawei et ZTE auraient accès, grâce à des portes dérobées (*backdoors*), à quantité d'informations sensibles qui concernent

* À noter que les populations occidentales sont, elles aussi, sujettes aujourd'hui à une cybersurveillance de tous les instants. Les nouveaux instruments de surveillance électronique permettent de savoir presque tout des habitudes de vie des populations connectées, grâce au contrôle exercé sur leurs boîtes mails, les applications utilisées ou les activités sur l'internet par les ordinateurs personnels et les smartphones. En 2013, les révélations sur les capacités de surveillance de la NSA, l'agence de sécurité américaine, avaient fait sensation et mis à nu l'étendue de la surveillance de la vie privée des populations.

tous les rouages de la société, dont ceux de l'administration, de la défense et du gouvernement. D'autre part, plus grave encore, en étant devenue maître absolu du contrôle de ces réseaux ainsi que du Big Data, la Chine et ses services de renseignement seraient en mesure de bloquer tout le fonctionnement d'un pays en coupant l'accès aux réseaux des télécommunications en cas de crise grave ou de guerre ouverte avec Pékin. Seraient alors brutalement paralysés la quasi-totalité des réseaux numériques et, avec eux, les télécommunications bien sûr, mais aussi les transports aériens, routiers et ferroviaires, les hôpitaux, une bonne partie des services publics et bien d'autres pans entiers de la vie économique d'un pays dont l'effondrement constituerait une menace directe et immédiate sur sa stabilité économique et sociale. Rien de moins, rien de plus. Une menace sérieuse et précise, donc, que les gouvernements occidentaux ont mûrement prise en compte avant de suivre l'exemple américain et de prendre la décision d'interdire à leur tour le déploiement de réseaux Huawei et ZTE sur leur sol.

Dans son ouvrage intitulé *France-Chine, les liaisons dangereuses*[126], le journaliste Antoine Izambard s'est livré à une analyse approfondie des raisons de l'impressionnante montée en puissance de Huawei en Europe, et tout particulièrement en France. L'auteur explique à quel point le colosse chinois a su bâtir sa force grâce à des opérations de lobbying intensif et à l'entrisme systématique dans les milieux du pouvoir français, les réseaux des grandes universités et auprès de personnalités politiques favorables à la Chine telles que les anciens Premiers ministres Jean-Pierre Raffarin* et Laurent Fabius ou l'homme

* Pour aborder brièvement ce problème de Jean-Pierre Raffarin, je suis évidemment consterné, comme beaucoup d'autres, de voir un ancien Premier ministre de mon pays, qui a de ce fait des responsabilités politiques particulières, devenir de son plein gré l'instrument de la propagande chinoise pour en arriver à vanter les mérites d'un président

politique Jean-Louis Borloo. Il explique cette ascension de Huawei sur les marchés mondiaux grâce au soutien inconditionnel et massif des banques chinoises. Ainsi, entre 2005 et 2009, la China Development Bank (CBC) a-t-elle mis à la disposition de Huawei des lignes de crédit d'un montant de 30 milliards de dollars pour faciliter son expansion à travers le monde. L'auteur a en outre tracé les liens de certains employés du groupe avec les services de renseignement chinois. Éplucher les CV de 25 000 employés de Huawei démontre « que plusieurs salariés travaillent à la fois pour le géant des télécoms et pour l'armée ou les services de renseignement chinois », dit-il[127]. En juin 2019, *Bloomberg* avait également révélé que plusieurs employés de Huawei avaient collaboré avec l'armée chinoise sur des projets de recherche[128]. « Tout au long de la dernière décennie, des employés de Huawei se sont joints à des membres de différents organes de l'Armée populaire de libération pour au moins dix projets de recherche allant de l'intelligence artificielle aux communications radio », explique l'agence américaine[129]. Au lecteur qui souhaite se documenter davantage sur l'entrisme de Huawei dans tous les rouages du pouvoir en France, je recommande l'enquête extrêmement fouillée de Solenn de Royer et de Nathalie Guibert parue dans *Le Monde* du 3 mars 2021, où elles expliquent notamment comment les dirigeants français du géant chinois ont remué

à vie qui présente aujourd'hui bien des caractéristiques d'un nouveau tyran des temps modernes. Pour reprendre les mots d'un sénateur dont je tairai l'identité, Jean-Pierre Raffarin devrait être traduit devant la Haute Cour de Justice. Mais j'ai décidé de laisser cet épisode en note de bas de page, pensant que Jean-Pierre Raffarin n'est pas au centre du débat qui nous anime et que la petite personne en question se livrera peut-être un jour à un examen de conscience. En attendant, il est désormais totalement disqualifié pour parler de la Chine, et cela tant aux Chinois qu'aux Français.

ciel et terre pour arracher une entrevue entre le numéro un de Huawei, Ren Zhengfei, avec Emmanuel Macron, tentatives qui ont toutes été rejetées poliment mais fermement par l'Élysée[130]. Le ministre de l'Économie et des Finances Bruno Lemaire a fait de même. Pour l'anthropologue allemand Adrian Zenz, « Le Xinjiang est le laboratoire sans précédent de la répression chinoise. Cette expérimentation à grande échelle est, entre autres, rendue possible par Huawei » qui a installé dans cette région des systèmes de surveillance à grande échelle dirigés contre la minorité ouïghoure. « Mais Huawei ne se contente pas d'installer des solutions de sécurité et de surveillance dans le Xinjiang. Cette région est un laboratoire expérimental pour l'État policier du XXIe siècle auquel Huawei collabore étroitement », écrit-il dans une tribune dans les colonnes du quotidien *Le Monde*[131].

Aujourd'hui, le vent a tourné et les équipementiers européens tels que Nokia et Ericsson relèvent la tête et peuvent espérer pouvoir reprendre du poil de la bête à la faveur du déploiement de la 5G dont Huawei a été *de facto* exclu de l'Hexagone par le gouvernement français. Mais Huawei ne s'avoue pas vaincu. C'est ainsi qu'il a annoncé, le 17 décembre 2020, avoir choisi la France pour l'implantation de sa prochaine usine en Europe qui verra le jour en 2021 à Brumath, dans le nord de l'Alsace. Cette usine, dans laquelle Huawei a promis d'investir 200 millions d'euros et qui permettra à terme la création de 500 emplois, fabriquera des équipements, des solutions technologiques de réseaux mobiles 4G et 5G, destinés à l'ensemble du marché européen. Le groupe emploie déjà un millier de personnes en France, réparties sur plusieurs sites, à Nice Sophia-Antipolis, à Grenoble et à Paris.

La guerre des semi-conducteurs pour la suprématie mondiale

Smartphones, voitures autonomes, *cloud*, intelligence artificielle, objets connectés ou plus simplement l'internet, le numérique et les ordinateurs: autant d'objets et d'industries qui définissent la troisième révolution industrielle à laquelle on assiste depuis la fin du XXe siècle et qui continuera de façonner les prochaines décennies. Cette nouvelle révolution technologique trouve son origine d'abord dans l'invention du transistor bipolaire, le 23 décembre 1947, par les Américains nobélisés John Bardeen, William Shockley et Walter Brattain, puis par celle du transistor à effet de champ (MOSFET) par Mohamed M. Atalla and Dawon Kahng deux ans plus tard. Composant fondamental de l'électronique, le transistor est un interrupteur qui permet de contrôler le flux du courant électrique sans l'usage d'action mécanique. C'est lui qui permet la miniaturisation de l'électronique sous la forme de circuits intégrés plus connus sous le nom de puces électroniques. Quant à la formidable accélération du progrès technologique qui caractérise cette troisième révolution industrielle, on l'explique par la loi de Moore. Datant de 1975, cette loi qui porte le nom de son inventeur, le PDG et cofondateur d'Intel, prédit un doublement du nombre de transistors dans les puces électroniques tous les deux ans. Prédiction qui se réalise depuis. Aujourd'hui, les puces électroniques sont fabriquées à partir de matériaux semi-conducteurs tels que le silicium. Elles sont plus petites qu'un timbre postal, plus fines qu'un cheveu et intègrent des centaines de millions de transistors. Cette industrie dite du semi-conducteur est le moteur de l'essentiel de l'innovation technologique. Il n'est donc pas insensé de la qualifier comme la plus stratégique au monde. C'est naturellement devenu un terrain d'affrontement capital entre la Chine, les États-Unis et l'île de Taïwan coincée entre ces deux géants. L'enjeu est grand, les États-Unis y joueraient leur sécurité nationale, et la Chine, qui part de loin, sa souveraineté.

Lorsqu'en 1985, après une brillante carrière aux États-Unis, Morris Chang décide de tout quitter pour s'installer sur la petite île de Taïwan, on aurait raisonnablement pu le traiter de fou. Lui, immigré qui quitta la Chine en 1949 en quête d'un avenir meilleur aux États-Unis d'Amérique, a tout réussi : passé par Harvard et le MIT pour finalement obtenir son doctorat en génie électrique à Stanford, il devient vingt-cinq ans plus tard le vice-président de Texas Instruments, alors l'un des plus beaux fleurons du semi-conducteur. Mais le rêve américain « une maison, deux voitures, trois chiens » ne lui suffit pas. Il rêve de grandeur. À cette époque, l'industrie du semi-conducteur est dominée par quelques grands noms : Intel et Texas Instruments aux États-Unis, Samsung en Corée, Toshiba et NEC au Japon. Leur modèle est dit d'« intégration verticale » : ils contrôlent toutes les étapes qui vont de la conception à la fabrication des puces électroniques. Morris Chang y voit une opportunité. Il crée alors Taiwan Semiconductor Manufacturing Company (TSMC) avec l'idée de monter une usine de fabrication de puces électroniques (aussi appelée fonderie) qu'il mettra au service de clients qui prendront en charge la conception de leurs circuits intégrés. Il a l'intuition que la grande complexité de la fabrication des puces électroniques et le modèle d'intégration verticale empêchent de nouveaux acteurs d'émerger et brident l'innovation. Son intuition va se révéler fondée : dans les années et les décennies qui suivent, le modèle vertical se brise et de nouveaux acteurs émergent. Dits « *fabless* », ces derniers se concentrent sur la recherche et le développement de nouveaux designs de semi-conducteurs sans se soucier de leur fabrication qui, elle, est prise en charge par TSMC. C'est ainsi qu'Apple, Broadcom, AMD, Nvidia, Qualcomm (pour ne citer que les entreprises américaines) émergent et prospèrent. Ils conçoivent des puces aux fonctions variées, et TSMC les fabrique et innove en faisant. Ainsi, en 2004, TSMC développe une nouvelle technique de lithographie dite « par immersion ».

Elle est si révolutionnaire que les géants de la lithographie, les japonais Canon et Nikon, refusent de l'essayer. TSMC est raillée. Seule la petite entreprise hollandaise ASML accepte d'aider les Taïwanais. Leur technique se révélera être une percée technologique majeure qui propulsera ASML au premier rang des fabricants de machines de lithographie, renversant l'hégémonie japonaise et offrant à TSMC une avance technologique cruciale.

Aujourd'hui, TSMC contrôle près du tiers du marché mondial de la fabrication de semi-conducteurs. De plus, grâce à sa maîtrise de la lithographie 5 nanomètres et bientôt 3 nanomètres, l'entreprise a entre cinq et dix ans d'avance sur ses plus gros concurrents comme Intel ou Samsung encore coincés au « nœud » technologique des 7 nanomètres. Ces nœuds technologiques, caractérisés par leur échelle nanométrique, représentent la capacité de miniaturisation d'une fonderie. Rappelons qu'un nanomètre est égal à un milliardième de mètre et qu'un microprocesseur gravé à 7 nanomètres contient des milliards de transistors. Plus un microprocesseur est petit, moins il consomme d'énergie et moins il dégage de chaleur, deux qualités essentielles pour les circuits intégrés quels qu'ils soient. Cette position de chef de file de TSMC est un atout majeur pour l'île de Taïwan qui se livre à une véritable diplomatie du semi-conducteur afin de ne pas chavirer dans les eaux troubles de la nouvelle guerre économique sino-américaine.

En effet, lorsqu'en 2020 l'administration Trump ajoute coup sur coup Huawei puis SMIC sur l'Entity List, l'Amérique tire à boulets rouges sur le semi-conducteur chinois. Huawei, alors premier fabricant de smartphones au monde, est l'un des principaux consommateurs de puces Qualcomm fabriquées par TSMC. Quant à Semiconductor Manufacturing International Corporation, ou plus simplement SMIC, ce n'est autre que le fer de lance de la fabrication de puces électroniques en Chine continentale. Fondée en 2000, SMIC a pour ambition de se hisser au rang de TSMC et consœurs. Lorsqu'une entreprise est ajoutée sur l'Entity List, elle doit demander une licence auprès du département du commerce américain afin d'importer et utiliser des produits contenant 25 % ou plus de technologies américaines. Dans une économie mondialisée, aux chaînes d'approvisionnement multinationales, une restriction de ce type est fortement incapacitante pour SMIC qui se retrouve privée de composants, de produits chimiques et d'outillages indispensables à la conception et à la fabrication des puces électroniques. Dans un communiqué officiel, SMIC prévient : l'ajout sur l'Entity List « aura un impact négatif significatif sur la recherche et le développement des procédés de fabrication sous les 10 nm[132] ». De la même manière, les États-Unis ont fait fortement pression sur les Pays-Bas afin de faire bloquer la livraison de machines de lithographie EUV (Extreme ultraviolet), critiques pour le développement de solutions sous l'échelle de 10 nm et dont l'unique fournisseur est l'entreprise hollandaise ASML[133]. Ces manœuvres géoéconomiques entreprises par l'administration Trump et continuées par l'administration Biden s'inscrivent dans une stratégie plus globale, d'abord de rapatriement vers les USA des chaînes d'approvisionnement stratégiques dont font partie les semi-conducteurs, ensuite de ralentissement du développement technologique de la Chine. Ainsi, dès le second mois de sa présidence, Joe Biden a signé un ordre exécutif demandant au département du Commerce de rendre un rapport sur les vulnérabilités des chaînes d'approvisionnement, notamment de semi-conducteurs et de terres rares. Il prévient que « les vulnérabilités des chaînes d'approvisionnement ne doivent pas pouvoir être utilisées comme "moyen de pression" sur les États-Unis[134] ». Dans un rapport remis au congrès américain en mars 2021, la National Security Commission on Artificial Intelligence présidée par Eric Schmidt, l'ex-patron de Google, recommande à l'administration Biden diverses actions de régulation afin de maintenir le semiconducteur chinois deux générations derrière les États-Unis. Parmi les recommandations se trouvent également des mesures pour encourager la fabrication des puces sur le territoire américain après des décennies de sous-traitance en Corée ou à Taïwan.

Le corollaire de cette nouvelle stratégie américaine est la nécessité pour la Chine de parvenir à sa propre souveraineté technologique. Les efforts déployés par les Américains pour contenir l'innovation chinoise rendent Pékin plus déterminé que jamais à accélérer ses efforts pour parvenir à l'autosuffisance. Dans cette logique de découplage des deux économies, ou *decoupling* en anglais, le secteur du semi-conducteur signe l'acte de divorce entre Washington et Pékin.

La Chine accuserait un déséquilibre important entre sa demande locale en puces électroniques et sa capacité de fabrication. Ainsi, selon un rapport du cabinet spécialisé IC Insights, sur l'année 2020 seuls 5,9 % de la demande chinoise en puces électroniques sont fabriqués par des entreprises chinoises. Si l'on ajoute à cela la fabrication sur le territoire chinois par des entreprises étrangères, la proportion augmente à 15,9 %[135]. Ce déficit met en lumière la forte dépendance chinoise à l'importation de puces électroniques et nous aide à comprendre les efforts importants que Pékin déploie pour réduire l'écart. Dans le cadre d'un communiqué de la cinquième plénière du 19e comité central du Parti communiste chinois, Pékin annonce la couleur : d'ici 2035, l'économie chinoise aura fait des avancées majeures dans les secteurs technologiques stratégiques, dont le semi-conducteur. L'empire du Milieu se hissera parmi les pays les plus innovants au monde. Déjà, en 2015, dans le cadre de sa réforme sur dix ans « Made in China 2025 », Pékin annonçait sa volonté d'augmenter sa part de fabrication locale en semi-conducteurs à 40 % pour 2020 et à 70 % en 2025. Bien que loin du compte en matière de résultat, l'ambition pour une grande réforme nationale est là.

En 1958, Mao Zedong met en œuvre une campagne de restructuration de l'agriculture qu'il dénomme le « Grand Bond en avant ». Il mobilise l'appareil d'État, la propagande, et contraint le peuple à le suivre dans cette réforme. Irréaliste, la réforme est un tel fiasco qu'elle entraînera la « grande famine » qui décimera plusieurs dizaines de millions de Chinois. Trente ans plus tard, Deng Xiaoping entreprend l'ouverture économique de la Chine. Il libéralise le commerce extérieur, réforme les entreprises d'État et stimule l'agriculture. Par sa réforme, il hisse 200 millions de Chinois au-dessus du seuil de pauvreté. C'est un succès indéniable. Dans son implantation de grandes réformes nationales, le Parti communiste chinois est capable du meilleur comme du pire. Qu'en sera-t-il pour l'industrie du semi-conducteur ?

Afin d'aider la nation à atteindre ses objectifs, un fonds d'investissement dénommé China Integrated Circuit Industry Investment Fund a été créé avec pour mission de financer le secteur à hauteur de 150 milliards de dollars répartis sur dix ans. Selon les mots de Douglas Fuller, professeur en sciences politiques à la City University de Hong Kong et spécialiste des questions de politique de l'innovation en Chine, « aucun État n'a investi autant d'argent dans le secteur[136] ». Ce « méga projet », comme il le décrit, a déclenché une véritable ruée vers le silicium dans tout le pays. Mais le professeur reste prudent : « Il y a eu beaucoup de gaspillage dans l'industrie du semi-conducteur en Chine, en particulier du côté de la fabrication. Chaque gouvernement local espérait avoir une usine de fabrication dans son canton. » L'élan national n'est en effet pas sans ratés. On citera la mésaventure de HSMC qui, après avoir reçu près de 20 milliards de dollars d'investissements entre 2018 et 2019, a finalement dû être mise sous tutelle de l'État pour cause de défaut de paiement. À l'été 2020, son CEO Chiang Shang-yi, débauché de TSMC pour reprendre les rênes de l'entreprise en difficulté, jette l'éponge et décrit son passage chez HSMC comme un « cauchemar »[137]. Mansun Chan, directeur de recherche à la prestigieuse Hong Kong University of Science and Technology nous explique :

> « La Chine investit beaucoup d'argent, mais pour l'instant on ne voit pas de progrès majeurs. Le problème, ce sont les bureaucrates qui ne restent jamais à leurs postes de responsabilités très longtemps. Leur objectif n'est pas de bâtir une nouvelle industrie nationale, mais davantage de mettre en avant leur contribution personnelle. Ils trouvent un terrain, y construisent de beaux bâtiments, ajoutent une enseigne et prennent une photo. Tout cela pour se mettre en avant[138]. »

Finalement, près d'une dizaine de projets d'envergure, fortement sponsorisés par l'État chinois, se sont soldés par des échecs poussant la Commission nationale pour le développement et la réforme à renforcer le contrôle des nouveaux projets dans cette industrie qu'elle qualifie de « chaotique »[139]. Selon Mansun Chan, l'argent ne suffira pas :

> Dans ce secteur, il faut du temps, il faut accumuler l'expérience nécessaire. C'est un processus que les États-Unis, le Japon ou la Corée ont déjà fait et que la Chine va devoir rattraper. L'approche du gouvernement chinois est de donner un cap, une vision supposément prévoyante et tournée vers l'avenir. Mais ils ne définissent pas de feuille de route. Bien souvent les objectifs sont inatteignables[140].

Le chemin vers l'autosuffisance s'annonce long et semé d'embûches.

À la croisée des chemins, justement, se trouve SMIC. Pièce maîtresse des fonderies chinoises, l'entreprise doit décider de son avenir. À son sommet, plusieurs dirigeants jouent des coudes pour briguer sa direction et imposer leur vision. Ainsi, après sa mésaventure à HSMC, Chiang Shang-yi rejoint SMIC fin 2020 en qualité de vice-président. Cette nomination n'est pas du goût de Liang Mong-song, co-PDG de SMIC. Il démissionnera dans la foulée. Ce jeu des chaises musicales traduit une bataille des idées où se joue l'avenir de l'entreprise. Le perdant, Liang Mong-song, incarnait une direction technophile et souhaitait investir davantage en recherche et développement pour tenter d'industrialiser la gravure à 10 puis à 7 nm. Le gagnant, Chiang Shang-yi, souhaite se concentrer sur le développement de produits moins avancés technologiquement mais commercialement viables[141]. Mansun Chan n'est pas surpris par ce choix stratégique. Lui-même directeur du laboratoire de fabrication de nanotechnologie de son université, il nous rappelle l'importance du rendement d'une ligne de production. Même si SMIC a les capacités de fabriquer des puces à 14 nm, le rendement est faible, avec un taux de rebut important ne permettant pas de dégager de revenus intéressants : « Améliorer le rendement d'une ligne de production à 14 nm n'est pas chose facile ! Ce sont des années de retours d'expérience et d'apprentissage. » Le cas de SMIC est certainement un bon indicateur de ce qui attend la Chine dans ce secteur hautement compétitif de la fabrication de semi-conducteurs. Selon les dires de nos deux spécialistes Fuller et Chan, handicapée par les restrictions américaines sur l'acquisition de machines de lithographie EUV et autres outillages, la Chine va certainement manquer ses objectifs de production et se retrouve à des années, si ce n'est des décennies, de réellement maîtriser les nœuds technologiques sous les 14 nm. Le pays va sans doute se concentrer sur les technologies moins à la pointe et graduellement y augmenter ses parts de marché.

Plusieurs rapports du cabinet de conseil Boston Consulting Group (BCG) se sont récemment penchés sur l'épineuse question du coût d'un *decoupling* entre les États-Unis et la Chine. Leurs conclusions sont édifiantes. Ainsi, le cabinet estime que les entreprises américaines sont exposées à hauteur de 400 milliards de dollars sur le marché chinois. Bien que cela ne représente que 5 % de leurs revenus globaux, la perte de ces revenus se traduirait par une perte de près de 15 % de leur capitalisation boursière, soit 2,5 trillions de dollars ! La facture est salée. En comparaison, le coût serait 3 à 4 fois moindre pour les entreprises chinoises[142]. Sur l'étude de cas du rapatriement des fonderies de semi-conducteurs, le cabinet chiffre le coût d'opération d'une fonderie américaine comme étant d'environ 30 % plus important que celui d'une fonderie taïwanaise ou coréenne, et entre 37 et 50 % plus important que celui d'une fonderie chinoise. Un écart qui fait toute la différence lorsque l'on sait que l'investissement initial et le coût d'opération étalé sur dix ans d'une fonderie moderne peuvent grimper jusqu'à 40 milliards de dollars[143]. Si les semi-conducteurs signent l'acte de divorce entre la Chine et les États-Unis, ce sera le divorce le plus coûteux de l'histoire, en particulier pour nos amis américains !

Douglas Fuller nous décrit un scénario plus réaliste. Selon lui, la proportion de puces électroniques réellement stratégique pour la sécurité nationale américaine ne représente qu'une infime portion de la production mondiale. On pourra citer l'exemple des puces embarquées dans les missiles Tomahawk ou dans les avions de chasse F-35, ces dernières actuellement fabriquées par TSMC. Pour Douglas Fuller, et au vu des coûts prohibitifs mis en cause, les Américains ont plutôt intérêt à identifier les technologies réellement stratégiques et à ne rapatrier que celles-ci en laissant le reste du marché globalement inchangé. Ce scénario semble se vérifier dans une récente annonce de TSMC qui décide d'investir 12 milliards de dollars dans la construction d'une nouvelle fonderie de pointe nulle part ailleurs qu'au milieu des États-Unis, dans l'État d'Arizona[144]. À la question des raisons de cette décision, Mansun Chan est catégorique : « Bien évidemment pour des raisons militaires ! Les Américains ne peuvent pas continuer à fabriquer leur matériel militaire à l'étranger! Je pense que la Chine va faire de même avec SMIC. Il est certain que la Chine ne demandera pas à Taïwan de fabriquer ses puces militaires. » Un *decoupling* oui, mais ciblé sur les technologies les plus cruciales.

Coincée entre les blocs américain et asiatique et affamée par la pénurie en puces qui touche le secteur depuis le début de la pandémie de Covid-19, l'Union européenne prend conscience de l'enjeu. « Sans une capacité européenne autonome en microélectronique, il ne peut y avoir de souveraineté numérique européenne », a ainsi déclaré le commissaire européen à l'industrie Thierry Breton. Le Vieux Continent, qui détient tout de même 10 % du marché mondial du semi-conducteur, a pour ambition de doubler ses parts de marché d'ici 2030. Actuellement, l'Américain Globalfoundries qui opère une usine en Allemagne, est le principal fabricant de circuits intégrés sur le territoire européen et produit typiquement des puces à 28 nm. Selon les sources de *Bloomberg*, les Européens auraient cependant fait appel à TSMC et à Samsung pour les aider à développer des capacités de production inférieures à 10 nm[145]. Une gageure technologique qui sera très difficile à tenir avant des années. En tout état de cause, le ministre français des Finances Bruno Le Maire a été clair lors d'un point presse début février 2021: « L'un des points faibles est l'accès au capital-risque en Europe et la mise en œuvre d'un marché des capitaux. » Dix-neuf des vingt-sept pays membres de l'UE se seraient déjà déclarés intéressés par le projet et disposés à participer à son financement. La Commission européenne a quant à elle annoncé un investissement initial public-privé qui pourrait atteindre 30 milliards d'euros. Une somme supérieure au budget de TSMC, qui s'élève à 21 milliards pour l'année 2021.

Finalement, la course à la suprématie du silicium est avant tout une course au contrôle de la chaîne d'approvisionnement. La contrôler ne signifie pas nécessairement en rapatrier l'intégralité. S'assurer que celle-ci est dans la main d'alliés est un gage de sécurité suffisant dans la mesure où ils ont fait leurs preuves depuis des décennies. Or aujourd'hui la chaîne d'approvisionnement est partagée entre les États-Unis, l'Europe, le Japon, la Corée du Sud et Taïwan, un bloc allié. En face, la Chine semble bien isolée.

À la lumière de la course au semi-conducteur, comment ne pas se poser la question de la relation entre la Chine et Taïwan, et du risque d'un conflit militaire ? Le 2 janvier 2019, Xi Jinping le clame dans les microphones alignés devant lui : « Taïwan doit être et sera réunie avec la Chine. » Le président Xi propose à Taïwan un modèle « un pays, deux systèmes » calqué sur le modèle hongkongais, mais n'exclut pas l'usage de la force si telle en vient la nécessité. Depuis, de l'eau a coulé dans le détroit de Taïwan. La répression des gigantesques manifestations populaires de Hong Kong en 2019, l'instauration par la force de la loi de sécurité nationale en 2020 et, enfin, l'arrestation des démocrates hongkongais en 2021 ont définitivement enterré le modèle « un pays, deux systèmes ». Avec le seul modèle d'intégration pacifique « officiellement mort », aux dires de l'ex-président de Taïwan Ma Ying-jeou[146], et au vu de l'importance capitale que prend Taïwan dans le secteur stratégique du semi-conducteur, la tension est montée d'un cran pour la petite île Formose. Mais de l'autre côté du Pacifique, les États-Unis veillent au grain. Avec ce nouveau prisme de lecture que nous offre l'industrie du semi-conducteur, nous comprenons mieux certaines des raisons qui poussent les États-Unis à défendre la demeure de TSMC. Mansun Chan nous le confirme : « TSMC est certainement une des raisons pour lesquelles les USA défendent Taïwan. Imaginez la perte pour le monde occidental si l'entreprise tombait aux mains des Chinois ! » En invitant pour la première fois dans l'histoire l'ambassadrice taïwanaise à la cérémonie d'investiture, le président Biden réaffirme sa volonté de renforcer les liens avec

Taïwan. Dans ce contexte, il est peu probable que la Chine se risque à une attaque militaire contre l'île. Pour Douglas Fuller, une attaque est d'autant moins probable qu'il existe des solutions plus optimales pour arriver à ses fins. Il nous renvoie vers une étude de Linda Jakobson, écrivaine et fondatrice de Chinamatters, un *think tank* australien spécialisé dans l'étude de la Chine et le conseil aux législateurs. Selon Jakobson, le royaume du Milieu emploiera « toutes les méthodes qui ne sont pas la guerre (*all means short of war*) pour forcer Taïwan à négocier et à accepter à terme les conditions d'une réunification. Cela peut inclure les pressions économiques, l'embargo, l'intimidation, la subversion, les cyberattaques voire l'assassinat[147]. » L'offensive sur TSMC n'a pas attendu l'analyse de Jakobson pour commencer : entre 2019 et 2020, près d'une centaine d'ingénieurs de TSMC se sont fait débaucher pour rejoindre les rangs d'entreprises chinoises[148]. Le co-PDG de SMIC, Liang Mong-song, ainsi que son vice-président Chiang Shang-yi, sont également des Taïwanais anciennement cadres dirigeants chez TSMC. La bataille ne fait que commencer.

La colonisation de l'espace, la nouvelle frontière de la Chine

La conquête de l'espace est un autre domaine d'excellence où la Chine met les bouchées doubles dans le but avoué de rattraper les États-Unis et de démontrer au monde le savoir-faire de la fine fleur de ses ingénieurs et techniciens, l'Europe et la Russie étant d'ores et déjà dépassées. En novembre et en décembre 2020, l'industrie spatiale chinoise a réussi un exploit salué dans le monde entier avec le retour sur Terre d'une capsule contenant 1,7 kilo d'échantillons de sol lunaire après une épopée de trois semaines au cours de laquelle la mission Chang'E-5 (du nom de la déesse de la Lune dans la mythologie chinoise) s'est déroulée sans anicroche. Celle-ci comprenait l'alunissage d'un rover – à proximité du Mons

Rümker et de l'océan des Tempêtes, une zone choisie car c'est l'une des plus récentes de la Lune à l'échelle géologique, c'est-à-dire trois milliards d'années –, le forage du sol lunaire par un bras articulé et une foreuse capable de faire des prélèvements jusqu'à deux mètres de profondeur, le décollage à partir du sol de la Lune du module, puis le rendez-vous avec un orbiteur qui tournait autour de l'astre terrestre, cette dernière étape étant sur le plan technologique la plus risquée de toute l'opération. Après les États-Unis et la Russie, la Chine est ainsi devenue le troisième pays à réussir une telle prouesse. Cette expédition signe une des plus belles réussites du spatial chinois dans le domaine de l'exploration robotique. Au-delà de l'exploit technique et des premières réalisées à cette occasion (redécollage depuis la Lune, rendez-vous et transfert en orbite lunaire), l'intérêt scientifique est immense. L'étude de la composition chimique des échantillons prélevés renforcera la connaissance que nous avons de l'histoire de la Lune, voire elle l'améliorera, mais surtout elle renseignera sur les niveaux projetés de concentration des terres rares, le futur eldorado lunaire. La rapidité et l'apparente facilité avec lesquelles la Chine a récupéré ces échantillons lunaires et les a rapportés sur Terre sont très impressionnantes. Elles montrent le niveau de maturité atteint dans la maîtrise des techniques robotiques et des technologies spatiales par les Chinois. Plus surprenant encore, le fait que les responsables de l'opération en aient annoncé à l'avance les dates et les heures de chaque phase – du jamais vu lors des voyages précédents ! – et les retransmettent en direct montre un niveau de confiance rarement dévoilé au public. Après cette expédition lunaire historique, « aujourd'hui, le seul "concurrent" crédible à cet "activisme lunaire chinois", ce sont bien sûr les États-Unis, qui fédèrent déjà plusieurs nations occidentales dans le cadre du programme Artemis », souligne Philippe Coué, grand expert du programme spatial chinois, auteur de plusieurs ouvrages sur le sujet et membre de l'Académie internationale d'astronautique[149]. « Jamais une telle mission complexe n'avait été réalisée depuis Luna-24 (URSS) en 1976 », dit-il.

Chang-E-5 a en outre été lancée par une fusée Longue Marche 5, ou encore CZ-5, un lanceur lourd capable de placer une charge utile de 25 tonnes en orbite basse et de 13 tonnes en orbite de transfert géostationnaire. Pour les dix ans qui viennent, le CZ-5 sera le fer de lance du transport spatial chinois. Avec lui, la Chine va pouvoir mettre sur orbite basse des satellites lourds comme les modules de la future station orbitale CSS/Tiangong-3, dont l'assemblage commencera en 2021, et le télescope Xuntian, le « Hubble chinois ». « Ce sera aussi le lanceur par excellence de l'exploration planétaire qui s'annonce ambitieuse avec plusieurs destinations ciblées dans le système solaire », souligne Philippe Coué[150]. La prochaine mission Chang'E-6 visera un site d'atterrissage certainement difficile d'accès, situé soit sur la face cachée de la Lune, soit au pôle Sud et, si c'est le cas, ce sera dans l'optique d'une future mission habitée chinoise. Son lancement est prévu en 2024, voire en 2023[151]. La Chine a pour dessein d'installer bientôt une station lunaire habitée permanente. Cinq jours seulement après le retour sur Terre de la capsule lunaire dans les steppes de la Mongolie-Intérieure, la Chine lançait dans l'espace le premier modèle de sa nouvelle Longue Marche 8, une fusée ultra-moderne dont le premier étage et les boosters seront bientôt réutilisables pour en réduire les coûts. L'objectif est de procéder à une vingtaine de tirs de Longue Marche 8 par an sur un mode simplifié. Le commandant en chef du programme, Xiao Yun, a expliqué que l'objectif était de lancer cette fusée aussi simplement et aussi rapidement que possible.

> Notre but est de lancer cette fusée aussi vite que possible, à l'aide d'un clic. Nous avons l'intention de réunir l'assemblage et la production de la fusée [dans l'île méridionale de]

> Hainan afin de réduire les procédures et les transports [et de les simplifier à l'extrême,] de manière à être en mesure de procéder à un tir en mobilisant quelque 40 personnes en sept à dix jours[152].

La Longue Marche 8 entend faire concurrence sur le marché mondial des lancements de satellite à Ariane 6, la nouvelle fusée de l'Agence spatiale européenne, un lanceur de moyenne à forte capacité destiné à remplacer sa fusée lourde Ariane 5 à compter de 2022. L'autre concurrent de la Longue Marche 8 sera la fusée américaine Vega. En 2019, la Chine est devenue le premier pays au monde pour le nombre de lancements de satellite, avec 34 tirs (32 réussis), devant les États-Unis (27).

Le 3 janvier 2019, la Chine était déjà devenue le premier pays au monde à se poser sur la face cachée de la Lune, dix ans après la première sortie d'un taïkonaute dans l'espace. Autre opération d'envergure : le 23 juillet 2020, la Chine a lancé avec succès une sonde en direction de Mars. Tianwen-1 est arrivée dans l'orbite de Mars en février 2021. Avec l'atterrissage réussi de sa sonde et de son rover Perseverance sur le sol de Mars le 18 février, la NASA a fait la démonstration de sa maîtrise parfaite des hautes technologies utilisées dans la course aux étoiles.

Quelques semaines à peine après l'atterrissage du rover américain Perseverance sur Mars, la Chine a fait de même le 15 mai 2021 avec son propre rover, Zhu Rong. C'est le premier robot non américain à se poser sur la planète rouge, dans ce qui constitue un exploit technologique pour Pékin. Peu à peu, la Chine rattrape son retard sur les États-Unis.

L'exploit a dû attendre sept mois de voyage dans l'espace sur une distance de 319 millions de kilomètres et trois mois passés en orbite autour de Mars. L'orbiteur chinois

Tianwen-1*, qui transportait le rover, a traversé les « neuf minutes de terreur » pendant lesquelles, toute communication avec la Terre étant impossible, l'opération chinoise risquait de se solder par un échec.

Mais après ces neuf minutes, les scientifiques chinois ont pu hurler leur joie. Tianwen-1 avait atterri sans encombre à l'endroit choisi, la plaine d'Utopia, à 7h18 ce samedi 15 mai 2021, heure de Pékin, soit vendredi 23 h 18 GMT. Le rover Zhu Rong, qui porte le nom de la déesse mythique chinoise du Feu et de la Guerre, pouvait entamer sa mission qui doit durer trois mois.

Il lui a fallu ensuite dix-sept minutes pour déployer ses panneaux solaires et envoyer un premier signal vers la Terre. Les messages radio mettent presque dix-huit minutes pour atteindre la Terre. Avant d'entamer sa descente sur Mars, la sonde chinoise avait passé trois mois en orbite depuis février, prenant des photos haute résolution afin de déterminer avec précision l'endroit le moins risqué pour atterrir.

Sitôt reçu le premier message de Zhu Rong, le président chinois Xi Jinping a aussitôt adressé par écrit ses félicitations aux ingénieurs et aux scientifiques de l'Administration spatiale chinoise (CNSA). Ce défi représente « une réussite incroyable », a-t-il célébré. « Vous avez été assez braves pour relever le défi et poursuivre l'excellence, plaçant ainsi notre pays au premier rang de l'exploration des planètes. »

Pour le peuple chinois, cette épopée sur Mars sera, à n'en pas douter, un motif d'une immense fierté qui viendra aiguiser un peu plus le sentiment nationaliste déjà chauffé à blanc depuis deux ans par la rivalité sino-américaine. Et d'ailleurs, c'est bien de cela qu'il s'agit. Car cette rivalité, présente sur les théâtres économique, scientifique, technologique et militaire,

* Ce nom signifie « questions au ciel », en hommage à un poème de la Chine ancienne qui traite d'astronomie.

se téléporte désormais sur Mars. La course aux étoiles ne fait que commencer.

Si Zhu Rong parvient à recueillir comme prévu des échantillons du sol martien et à renvoyer vers la Terre les résultats des analyses qui seront effectuées dans les trois mois que doit durer l'exploration, la Chine deviendrait le deuxième pays à accomplir cette prouesse après les États-Unis.

L'Union soviétique avait bien réussi à poser son rover Mars 3 sur la planète rouge en 1971, mais ce dernier avait cessé d'envoyer des signaux vers la Terre peu après. Quant à l'Union européenne, elle est encore loin d'y parvenir. Mais en définitive, ce sont les Soviétiques qui ont payé le plus lourd tribut : 19 tentatives d'atteindre Mars, mais sans jamais avoir réussi une seule mission remplissant cent pour cent des objectifs initiaux. Depuis, la Russie de Vladimir Poutine ne s'y est plus jamais risquée.

Les États-Unis n'en sont pas à leur première expérience sur Mars : avant Perseverance, il y a eu Curiosity et, au total, pas moins de dix expéditions réussies sur la planète rouge.

La Chine n'a cependant pas cessé de progresser rapidement depuis des années dans sa conquête de l'espace. Son rover Jade Rabbit avait atterri sur la Lune en 2013. Mais les difficultés techniques étaient bien moindres que pour Zhu Rong, du fait d'une distance très inférieure (380 000 kilomètres) qui rendait les communications avec la Terre beaucoup plus faciles.

« Alunir repose essentiellement sur la décélération obtenue par les moteurs de la fusée car la Lune n'a pas d'atmosphère, tandis que la première étape de la descente sur Mars fait usage de l'atmosphère martienne comme d'un frein », explique un scientifique chinois cité ce samedi par le *South China Morning Post.* Dans le cas de Tianwen-1, ajoute-t-il, « il existe un défi majeur pour l'atterrisseur dont la structure subit les assauts de la chaleur extrême lorsqu'il entre dans l'atmosphère martienne à très haute vitesse, ce qui provoque des chocs violents[153]. »

Mais comparé à Perseverance, Zhu Rong doit faire preuve de modestie, car ses performances sont très éloignées de celles du rover américain. En effet, Zhu Rong, qui ne pèse que 240 kg (contre plus d'une tonne pour Perseverance) ne sera pas en mesure de produire quelques grammes d'oxygène. Aucun hélicoptère comme Ingenuity ne s'élèvera dans les airs. Et donc, bien entendu, le public curieux sur la Terre ne pourra jamais entendre les sons provoqués par les vents martiens.

De fait, devenus concurrents acharnés dans les domaines des hautes technologies, les États-Unis et la Chine se livrent aujourd'hui une lutte sans merci dans l'espace, même si les moyens mis en œuvre par Pékin ne sont pas les mêmes. L'OCDE estime le budget spatial chinois à plus de 8,4 milliards de dollars, contre 47,17 milliards de dollars pour le budget américain.

Les États-Unis ont engrangé des succès dans l'espace bien avant la Chine. Comment ainsi ne pas s'émerveiller devant l'épopée extraordinaire des deux sondes jumelles de la NASA, Voyager 1 et Voyager 2, lancées le 5 septembre 1977 ? Après avoir survolé Jupiter, Saturne, Uranus et Neptune et quitté le système solaire, elles ont maintenant rejoint l'espace interstellaire, continuant de transmettre jusqu'à ce jour des données scientifiques précieuses.

Depuis 2001 et l'arrivée au pouvoir de l'administration Bush, les États-Unis ont consenti de nouveaux efforts qui visent à faire de l'espace un lieu de domination américaine. L'espace est devenu un élément majeur de la sécurité nationale et de la suprématie des États-Unis, tant militaire que technologique.

Mais aujourd'hui,la Chine n'est pas en reste. Elle proclame son intention de devenir la première puissance spatiale au monde d'ici 2030. Avec Tianwen-1, « c'est manifestement un événement marquant pour la Chine. C'est la première fois qu'elle s'aventure au loin dans le système solaire », souligne Jonathan McDowell, astronome au Centre Harvard-Smithsonian pour l'astrophysique aux États-Unis. « Si elle réussit, ce serait la première fois qu'un atterrisseur et qu'un robot téléguidé non américains fonctionneraient sur Mars », soulignait Chen Lan, analyste pour le site *Go-Taikonauts.com*, spécialisé dans le programme spatial chinois. C'est donc chose faite maintenant. Ce succès de la Chine démontre ses progrès réalisés en quelques années à peine, là où il fallut des décennies d'efforts pour les États-Unis.

Tianwen-1 sera donc un motif de fierté nationale pour tous les Chinois. Mais la Chine nous a déjà étonnés. Souvenons-nous : le 3 janvier 2019, elle était devenue le premier pays au monde à se poser sur la face cachée de la Lune, dix ans après la première sortie d'un taïkonaute dans l'espace, une prouesse technologique saluée à travers le monde. Que de chemin parcouru depuis le lancement de son premier satellite en 1970, le Dongfanghong-1 (« L'Orient est Rouge-1 »), à bord d'une fusée Longue Marche. Ce satellite diffusait l'hymne national maoïste de l'époque, *L'Orient est rouge.*

Il reste de tout cela un sentiment mitigé. Si les États-Unis et la Chine faisaient cause commune dans l'exploration des planètes, la course aux étoiles en deviendrait beaucoup plus riche.

Les supercalculateurs, la Chine en première ligne

Autre avancée spectaculaire de la Chine dans la compétition engagée avec les États-Unis dans le domaine des technologies de pointe : le 3 décembre 2020, des chercheurs de l'Université technologique de Hefei (Est) ont annoncé avoir réalisé un calcul presque impossible à effectuer sur un supercalculateur conventionnel : l'opération a été bouclée en trois minutes par leur calculateur quantique Jiuzhang, tandis qu'elle aurait occupé un des supercalculateurs les plus puissants du monde pendant… 2,5 milliards d'années. Pour réaliser leur expérience, les scientifiques chinois ont mis au point un dispositif optique hautement complexe : une table de trois mètres carrés, équipée de 300 séparateurs de faisceaux et de 75 miroirs. Alimenté par des générateurs de photons (qui, eux, doivent être refroidis à environ -270 °C), le système observe la trajectoire et l'état quantique des particules pour prédire leur comportement. Il a été capable de mesurer ponctuellement l'état de 76 photons – 43 en moyenne – soit autant de qubits, des minuscules bits quantiques faits de matériaux supraconducteurs. Cet ordinateur quantique photonique – qui exploite des particules de lumière, ou photons – a effectué un calcul qu'aucun ordinateur conventionnel n'est en mesure de réaliser, selon des chercheurs chinois. Cette étape, connue sous le nom de suprématie quantique, n'a été franchie qu'une seule fois auparavant, en 2019, par l'ordinateur quantique de Google Sycamore qui était jusque-là le plus rapide au monde. L'ordinateur de Google, cependant, est basé sur des matériaux supraconducteurs et non sur des photons. Sycamore s'appuie sur de minuscules bits quantiques, qui conduisent l'énergie sans résistance. En revanche, Jiuzhang (du nom du *Jiuzhang suanshu* ou les « Neuf chapitres sur l'art du calcul », ouvrage chinois sur les mathématiques de 200 av. J.-C.) se compose d'un réseau complexe de dispositifs optiques qui transportent les photons autour. Ces dispositifs comprennent des sources lumineuses, des centaines de diviseurs de faisceaux, des dizaines de miroirs et cent détecteurs de photons. La plateforme présente cependant un défaut : conçue pour résoudre ce problème mathématique précis, elle ne peut être paramétrée numériquement pour effectuer différents calculs. Les chercheurs travaillent donc à une nouvelle version de leur machine, programmable, à l'image du calculateur à photons développé par la société canadienne Xanadu[154].

La fusion nucléaire, le graal de l'énergie de demain

La Chine a d'autre part enregistré une performance inégalée dans le cercle très fermé des pays engagés dans la recherche sur la fusion nucléaire. Une technologie du futur (à ne pas confondre avec la fission nucléaire, méthode classique de nos centrales nucléaires) considérée comme le graal des énergies renouvelables, l'énergie de demain puisqu'elle est infinie, tout comme celle du Soleil, et ne produit ni déchets ni gaz à effet de serre. Les chercheurs l'envisagent comme la solution ultime à nos problèmes énergétiques. Car produire de l'énergie en rapprochant des noyaux atomiques – comme le fait naturellement le Soleil – se fait sans émission de gaz à effet de serre, sans production de déchets radioactifs et avec moins de risques d'accident. La Chine l'avait annoncé en 2019 : son réacteur à fusion nucléaire expérimental Tokamak le plus performant serait opérationnel en 2020. Mission accomplie en décembre 2020 avec la mise en service du Tokamak HL-2M. Il est affectueusement surnommé « soleil artificiel ». À terme, sa chambre de confinement magnétique devrait en effet générer une chaleur phénoménale de plus de 200 millions de degrés Celsius. C'est plus de dix fois la température qui règne au cœur de notre étoile. Le « soleil artificiel » chinois devrait apporter des données utiles aux équipes qui développent le projet ITER* de réacteur à fusion nucléaire international basé en France. Lancé en 2006, ITER rassemble 35 pays et devrait être achevé fin 2025 – avec plus de cinq ans de retard, pour un coût total estimé à près de 20 milliards d'euros, soit plus de trois fois le budget initial. L'assemblage du million de pièces constituant

* ITER rassemble la Chine, l'Union européenne, l'Inde, le Japon, la Corée du Sud, la Russie et les États-Unis. À cette fin, la France construit actuellement à Saint-Paul-lès-Durance un réacteur qui devrait permettre d'atteindre les 150 millions de degrés.

ce gigantesque soleil artificiel a commencé en juillet 2019, à Saint-Paul-lès-Durance (Bouches-du-Rhône)[155]. La Chine avait déjà réussi une première mondiale dans ce domaine en novembre 2018, en maintenant pendant plus de cent secondes les conditions nécessaires à la fusion nucléaire, dans son réacteur expérimental installé à Hefei (Anhui, dans l'est du pays). En 2017, l'engin chinois avait déjà battu le record mondial de durée pour le maintien des conditions nécessaires à la fusion des noyaux d'atomes. Puis, en novembre 2019, il a pulvérisé son propre record en atteignant la température de 100 millions de degrés, soit six fois la chaleur produite au cœur du Soleil. « Avec cette machine, nous espérons apporter la contribution de la Chine à l'utilisation de la fusion nucléaire par l'humanité », explique sobrement Song Yuntao, un des responsables du projet[156]. La Chine n'est cependant plus seule dans la course aux records dans cette discipline. C'est ainsi que fin 2020, une nouvelle avancée notable a pu être obtenue, en Corée du Sud. En effet, le dispositif KSTAR (Korea Superconducting Tokamak Advanced Research) est parvenu fin novembre à générer et opérer un plasma de 100 millions de degrés pendant vingt secondes. Jamais un projet de fusion nucléaire n'avait réussi à tenir autant de temps à ce niveau de température. Son dernier record en la matière datait du mois de mars 2020, avec une durée de huit secondes[157].

La Chine a par ailleurs fait main basse sur les terres rares.

> [D'un usage stratégique, ces métaux sont constitués] d'un ensemble de dix-sept éléments qui ont pris une importance considérable avec l'émergence de nouvelles technologies dans des secteurs aussi innovants que les aimants, les moteurs hybrides, les technologies de la communication, les écrans plasma et LCD, mais également les satellites, les systèmes de guidage et de télécommunication, les systèmes de défense antimissile, l'aérospatiale et plus

généralement l'ensemble des technologies duales [à usage civil et militaire]. [...] La RPC a progressivement acquis une situation de monopole en matière d'exploitation et de production des terres rares. Si son territoire ne recèle que 50 % des réserves mondiales connues, la Chine contrôle aujourd'hui 97,3 % de la production de terres rares dans le monde. Des réserves existent également en Russie (17 % des réserves mondiales connues), aux États-Unis (12 %) en Inde (2,8 %) ou en Australie (1,5 %) mais celles-ci sont aujourd'hui peu ou non exploitées. En effet, « l'atout prix » détenu par la Chine a abouti à la fermeture de la quasi-totalité des zones d'exploitation, principalement dans les pays développés, dont les opinions publiques sont particulièrement hostiles aux industries d'extraction les plus polluantes. Dans ce contexte, la RPC a commencé à mettre en place des quotas d'exploitation en 2004, l'objectif étant de garantir l'approvisionnement de ses propres entreprises et – officiellement – de limiter les coûts environnementaux de cette production. Depuis 2006, les exportations chinoises de terres rares ont été divisées par deux, alors que les prix sur le marché mondial ont augmenté de 300 % depuis 2008. En 2010, les quotas chinois de production de terres rares ont été réduits de 72 %, et en 2011, alors que les licences de prospection et d'exploitation ont officiellement été gelées jusqu'en 2012, les exportations chinoises ont à nouveau été réduites de 35 %[158].

Les États-Unis étaient autrefois l'un des plus gros producteurs de terres rares de la planète. Aujourd'hui, ils dépendent à près de 80 % des importations chinoises. Pékin a déjà plusieurs fois menacé implicitement de recourir à cette arme politique. En 2010, la Chine a une première fois employé l'arme des terres rares contre le Japon en suspendant brutalement ses livraisons pour obtenir la libération d'un navire de pêche chinois accusé d'avoir heurté deux bateaux de patrouille japonais au large des îles Senkaku (également revendiquées par Pékin sous le nom de Diaoyu) en mer du Japon. Du jour au lendemain, des dizaines d'entreprises high-tech japonaises ont cessé d'être livrées, ce qui entraîna un vent de panique sur l'archipel. Le 20 mai 2019, le président Xi Jinping et son vice-Premier ministre et négociateur en chef Liu He ont effectué une visite remarquée sur le site de JL Mag Rare-Earth, un producteur de terres rares de premier plan dans le Jiangxi (centre). Le message était limpide : rappeler aux États-Unis et au monde que la Chine contrôle ces métaux stratégiques*. Dans ce qui constitue apparemment un signe de bonne volonté en direction des États-Unis, la Chine a décidé, début février 2021, d'augmenter sa production de terres rares de plus de 25 % au premier semestre de 2021, pour la porter de 66 000 tonnes à 84 000 tonnes. « L'administration Biden devrait prendre ce message au sérieux, celui d'une Chine qui espère maintenir une relation commerciale stable et mutuellement profitable et qui souhaite réparer les liens », a souligné Wang Yong, directeur du Centre for International Political Economy de l'Université de Pékin. « Mais si la partie américaine continue ses sanctions économiques et bloque le secteur technologique, l'approvisionnement en terres rares sera toujours dans la boîte à outils », a-t-il dit[159]. Les États-Unis ont toutefois décidé de relancer la production de terres rares sur le sol américain afin de réduire leur dépendance à l'égard de la Chine[160].

* Notons que le 11 mars 2021, à l'occasion d'un sommet virtuel du forum informel du « Quad » réunissant les États-Unis, le Japon, l'Australie et l'Inde, le président américain Joe Biden, le Premier ministre japonais Yoshihide Suga, le Premier ministre australien Scott Morrison et le Premier ministre indien Narendra Modi sont convenus de coordonner leurs efforts dans le but de s'affranchir de la dépendance de leurs pays à l'égard des terres rares produites en Chine.

Le Pékin d'autrefois a disparu, place aux villes du futur

Après avoir méthodiquement détruit la quasi-totalité des maisons basses traditionnelles dans les ruelles de Pékin, ces fameux *hutongs* qui faisaient la beauté et le caractère unique de la capitale chinoise, cela pour laisser la place au béton et aux gratte-ciel, la Chine pense déjà aux villes du futur. Depuis la fin des années quatre-vingt, les promoteurs immobiliers règnent en maîtres dans les grandes villes chinoises, et en particulier à Pékin où les bulldozers et les pelleteuses se sont multipliés pour démolir avec acharnement ces élégantes maisons à cour carrée, les *siheyuan*, dont les occupants ont été chassés sans ménagement, parfois relogés et emmurés dans des clapiers en lointaine banlieue où, coupés de tout, ils n'ont plus rien d'autre à faire que d'attendre que la mort les saisisse. Aujourd'hui, Pékin ne ressemble plus à rien. Quelle tristesse ! Monstre de béton difforme et sans âme de plus de vingt millions d'habitants qui, telle une pieuvre, étend ses tentacules au-delà de cinq périphériques extérieurs engorgés à longueur de journée par des embouteillages interminables. Autrefois, il y a trente-cinq ans, je me promenais avec délice, à pied ou à vélo, dans ces *hutongs* où les vieillards goûtaient aux rayons du soleil, paisiblement assis sur une chaise de rotin devant l'entrée de leur maison, tandis qu'à côté éclataient les rires d'enfants qui jouaient dans la rue. « Pékin, immense et calme*. » Régulièrement, je prenais un plaisir fou à flâner au marché aux oiseaux, près du Pont du Ciel, dans le sud-est de la ville, où de vieux Chinois couvaient jalousement leurs boîtes à grillons et guettaient le chant enchanteur de ces insectes qu'ils affectionnent. Je m'égarais souvent dans le quartier des antiquaires à Liulichang, à l'affût de quelque affaire improbable pour une antiquité vraisemblablement plusieurs

* Expression reprise d'un numéro spécial de la revue *Autrement*, paru en 1986 et auquel j'avais collaboré.

fois copiée (les Chinois sont passés maîtres dans l'art de la copie), une peinture, une céramique, une laque ou un livre ancien. Le quartier existe toujours, mais ripoliné à neuf, il est devenu un piège à touristes. Tout cela, c'est fini. Ces ruelles ont toutes disparu. À jamais. De plus, non seulement Pékin a irrémédiablement perdu son âme, mais les journées de soleil y sont devenues rares en raison de la pollution de l'air tenace et envahissante qui vous pique à la gorge aussitôt que vous mettez le nez dehors. Les promoteurs et les architectes chinois pensent déjà aux villes du futur qui commencent à surgir de terre, sorties de nulle part, et qui pourraient leur rapporter gros. C'est la marche du temps. Inexorable. La roue de l'histoire tourne dans sa course folle sans que personne puisse l'arrêter. L'exode rural et l'urbanisation en Chine ont atteint des sommets affolants et ce n'est pas fini. En seulement trente-huit ans, la population urbaine du pays est passée de 189 millions à plus de 800 millions, une valeur qui a plus que quadruplé. Selon une étude récente, plus de 221 villes chinoises dépassant le cap du million d'habitants sont à prévoir. Il est alors évident que même si l'urbanisation chinoise représente un incroyable exemple de changement et de progrès économique, elle affiche avant tout une turbulence nationale et, à un certain niveau, mondiale. La croissance disproportionnée des villes chinoises a engendré le développement de problèmes sociaux importants, tels qu'une pollution alarmante, une détérioration de la santé des citoyens et une crise du logement[161].

Dans la périphérie de ces mégalopoles, survivent tant bien que mal les *mingong*, ces populations flottantes déshéritées venues de la campagne pauvre, ces sans-grade oubliés de l'hypercroissance et laissés sur le bord de la route de la modernisation du pays, sans certificat de résidence et donc privés de tous droits, à la recherche désespérée d'un emploi à la journée hypothétique. Le gouvernement chinois table sur une population urbaine d'un milliard d'habitants d'ici 2035.

Parmi ces villes du futur sur lesquelles les cabinets d'architectes s'affairent, celle baptisée Chengdu Future Science and Technology City, à 50 kilomètres de Chengdu, la capitale de la province du Sichuan dans le sud-ouest de la Chine. Cette ville encore dans les cartons, construite à partir de zéro sur des champs, sera totalement numérique et s'étendra sur 4,6 kilomètres carrés, à quelques kilomètres du futur aéroport international Tianfu en construction, qui fera de Chengdu la troisième ville chinoise, avec Pékin et Shanghai, à être desservie par deux aéroports internationaux. La ville, dont les plans entièrement dessinés sur ordinateur ont été dévoilés en février 2021, alternera savamment les zones construites et les espaces verts, et accueillera universités, centres de recherche, bureaux et habitations. Ville déshumanisée ? L'avenir le dira. Il est un autre architecte, Yu Kongjian, qui, avec son agence Turenscape, a créé le concept de « ville-éponge » (*sponge city*), dont l'objectif est de transformer certaines villes industrialisées du pays en vitrines de l'architecture verte. Ainsi du nouveau quartier de Yuelai, dans la ville de Chongqing, également dans le Sichuan, où des jardins sont aménagés sur les toits pour retenir les précipitations et où les trottoirs sont faits en matériaux absorbants, tandis que sont installés des systèmes de drainage pour conduire les eaux de pluie vers des zones humides transformées en parcs. Le but est de renouer avec des savoirs anciens qui, en période de mousson, permettaient de ralentir le drainage pour diminuer le pouvoir destructeur des flots. « L'eau ainsi captée peut être utilisée pour irriguer, recharger l'aquifère, nettoyer les sols ou bien servir à des fins productives », souligne l'architecte dans une interview au quotidien britannique *Guardian*[162].

La Chine a par ailleurs adopté, depuis 2005, le concept de « ville intelligente » (*smart city*), domaine où elle est devenue un laboratoire pour le monde. Cette notion a été appropriée et sinisée, au début des années 2010. La traduction officiellement retenue est alors : « une ville intelligente » (*zhihui chengshi*, 智慧城市). Au-delà de cette traduction, d'autres termes apparaissent pour désigner sensiblement le même type de projet, comme « *smarter city* », « *smart green city* », « *smart pilot city* » ou « *digital city* ». Parmi ces villes intelligentes en devenir, figure de façon proéminente l'exemple du Grand Wuhan, lequel correspond à un site pilote désigné pour mettre concrètement en place une coopération entre la Chine et la France. Depuis 2010, le Grand Wuhan est devenu le site témoin de la collaboration franco-chinoise dans le domaine du développement urbain durable et de l'environnement, affichant une forte mobilisation, tout au moins médiatique, des responsables politiques des deux pays. Le projet franco-chinois engagé par les deux gouvernements consiste à concevoir, dans le district de Caidian, situé dans la banlieue sud-ouest de Wuhan, une ville nouvelle d'une trentaine de kilomètres carrés planifiée pour accueillir 100 000 habitants. Les entreprises françaises mobiliseront leur expertise et leurs innovations pour réaliser ce projet de ville nouvelle qui doit servir de vitrine au savoir-faire français. C'est le cas notamment d'EDF, qui devrait contribuer à faire de l'hôpital de Zhongnan un établissement efficace sur le plan énergétique. L'AREP, entreprise filiale de la SNCF, et les ingénieurs de Burgeap se penchent sur les aspects environnementaux. Sur le plan des transports, c'est Keolis, groupe de transports de voyageurs détenu à 70 % par la SNCF, qui travaille sur les questions d'intermodalité[163]. Si Wuhan a joué un rôle de pionnier, à partir de 2012, d'autres ont suivi. Huit ans plus tard, les projets de *smart cities* se comptent par centaines dans le pays. Tout a commencé en 2008, à l'initiative d'IBM. La multinationale américaine promeut alors un plan destiné à limiter les investissements en infrastructures grâce au *cloud*, l'informatique dématérialisée. Rapidement, toutefois, le marché de la ville intelligente attire les géants chinois des nouvelles technologies, comme Huawei,

Tencent ou Alibaba. L'Amazon chinois a, lui, jeté son dévolu sur la ville de Hangzhou (Est). Il y a lancé « le cerveau de la ville », une plate-forme centralisée d'agrégation de données visant à permettre aux autorités locales d'améliorer leurs services tout en interagissant avec les habitants. Et les résultats sont là : en 2018, le temps de réponse des services d'urgence avait diminué de 50 %. Pour cela, la plate-forme d'Alibaba collecte une somme massive de données, y compris à caractère personnel : position GPS des bus, des taxis et des véhicules particuliers, informations fournies par la vidéosurveillance et par les feux de circulation. Le recours au concept de *smart city* recèle un autre avantage pour le pouvoir, soulignent les chercheurs Nicolas Douay et Carine Henriot : « Il participe d'un mouvement de dépolitisation des enjeux d'aménagement pour éviter les contestations. En effet, qui peut s'opposer à une ville durable et intelligente[164] ? » (cf. *infra* chapitre 3, « Les Chinois, les Terriens les plus surveillés du monde »).

L'espionnage industriel : la Chine au banc des accusés

Les succès extraordinaires qu'enregistre la Chine dans le domaine stratégique des hautes technologies conduisent à s'interroger sur une question-clé : l'espionnage industriel, le renseignement économique et le pillage de la propriété intellectuelle, une forme de prédation des temps modernes. Comment la Chine a-t-elle pu arriver aussi vite à concurrencer et même à dépasser les États-Unis et l'Europe dans nombre de technologies de pointe, là où il a fallu des décennies de labeur et des investissements considérables dans la recherche et le développement (R&D) pour les pays concernés ? Selon l'économiste et analyste américain David P. Goldman, l'affaire est entendue :

> La Chine a quémandé, emprunté et volé les technologies qui ont propulsé son économie jusqu'à devenir aussi importante que celle des États-Unis. La Chine paye 36 milliards de dollars par an de royalties pour son utilisation de la propriété intellectuelle, mais la facture devrait être beaucoup plus élevée. Une bonne partie est en effet tout simplement volée[165].

En février 2019, l'ancien président Donald Trump avait mis les points sur les *i* dans la guerre économique et commerciale qu'il entendait livrer à la Chine en déclarant : « Nous le disons maintenant de façon claire à la Chine : après avoir pendant des années ciblé nos industries et volé notre propriété intellectuelle, le vol des emplois américains et de nos richesses est arrivé à son terme. »

Début juillet 2020, le directeur du Bureau fédéral des enquêtes américain (FBI), Christopher Wray, avait fait état d'une « hausse de 1 300 % des dossiers d'espionnage économique impliquant la Chine » au cours des dix dernières années. Le FBI ouvre une nouvelle enquête de contre-espionnage liée à la Chine « toutes les dix heures », selon Christopher Wray qui voit dans ces campagnes coordonnées par le Parti communiste chinois « la plus grande menace à long terme » pour la sécurité des États-Unis. Le même Christopher Wray avait expliqué, le 23 juillet 2019, devant la commission des affaires judiciaires du Sénat américain, qu'il y avait plus de mille enquêtes en cours concernant des cas de vol de propriété intellectuelle attribués à des entreprises, des institutions et des universités chinoises de premier plan. « Il n'existe pas d'autre pays qui pose une menace plus forte que la Chine dans le domaine de l'espionnage pour acquérir à bon compte une prééminence » dans le domaine des hautes technologies, avait-il affirmé. Cet espionnage « affecte en fait toutes les industries de ce pays », avait-il ajouté. La Chine, par la voix de ses porte-parole du ministère des Affaires étrangères, apporte un démenti catégorique et systématique à toutes ces accusations. Le ministre de la Justice américain Bill Barr avait quant à lui pris pour cible les grands noms de Hollywood et de la Silicon Valley, comme Disney, Google, Microsoft, Apple ou Yahoo, « bien trop prompts à collaborer avec le Parti communiste chinois » par peur de perdre l'accès au vaste marché du géant asiatique. L'administration américaine évalue les dommages provoqués par ces vols de propriété intellectuelle à 1 200 milliards de dollars pour la seule période 2014-2017[166].

En France aussi, les soupçons se font insistants. L'ancien député UMP Bernard Carayon établit un distinguo entre l'espionnage mené par les États-Unis et celui à grande échelle opéré par la Chine : « Les États-Unis sont une démocratie, même s'ils emploient bien souvent des méthodes de captation d'informations qui les rapprochent des voyous. » Mais en ce qui concerne Pékin, il évoque la loi sur le renseignement votée par le Parlement chinois en 2017, dont l'article 17 prévoit que toute organisation ou entreprise chinoise « doit soutenir, assister les services de renseignement et coopérer avec eux ».

> C'est-à-dire que tout Chinois, qu'il soit membre du Parti communiste ou non, est de fait le collaborateur obligé des services de renseignement de son pays. […] Quand on connaît l'attachement des Chinois à faire respecter leur législation, en particulier lorsqu'il s'agit de défendre leurs intérêts stratégiques, on comprend bien la signification de cette loi qui n'a pas été perçue par les Occidentaux à sa juste mesure[167].

Le 12 décembre 2020, un consortium de journaux réunissant le *Daily Mail*, *De Standaard*, *The Australian* et un éditeur suédois a révélé une gigantesque fuite de 1,95 million de noms d'adhérents du Parti communiste chinois, prélevés dans un serveur informatique de Shanghai, en 2016, par un opposant chinois. Cette liste a été transmise à l'Alliance interparlementaire sur la Chine (IPAC)*, un groupe politique de travail axé sur Pékin, pour être finalement publiée. Un nombre important d'adhérents du PCC qui y apparaissent s'avèrent travailler au sein d'universités et de consulats occidentaux, mais également dans des secteurs stratégiques tels que la défense, les banques ou encore l'industrie pharmaceutique. Astra Zeneca et Pfizer, deux firmes impliquées dans l'élaboration du vaccin contre le Covid-19 sont concernées. Le *Daily Mail* évoque le chiffre de 600 membres du PCC qui travailleraient dans dix-neuf filiales des géants bancaires britanniques HSBC et Standard Chartered. Seraient également touchés les industriels Airbus, Boeing, Thales, Rolls-Royce.

Selon une enquête de la société CrowdStrike Intelligence, spécialisée dans la protection des entreprises américaines contre les cyberattaques, l'avion commercial chinois C919, futur concurrent dans quelques années des Airbus A320 et des Boeing 737, a pu être développé grâce à des opérations d'espionnage dans le cyberespace, conduites entre 2010 et 2015 par des entreprises chinoises liées au ministère de la Sécurité nationale contre plusieurs entreprises occidentales de l'aéronautique civile :

> Le processus exact par lequel le Parti communiste chinois et ses entreprises d'État procurent au service de renseignement chinois des informations technologiques clés est relativement opaque. Mais ce qui est connu de CrowdStrike

* Fondée le 5 juin 2020, l'Alliance interparlementaire sur la Chine, qui regroupe des députés et des sénateurs de quinze pays de l'Union européenne et du Parlement européen, entend renforcer la coordination des politiques contre les violations des droits de l'homme en Chine.

> Intelligence et corroboré par le gouvernement américain est que Pékin a recours à un système à multiples facettes de transferts de technologie forcés, de sociétés mixtes, de vol physique de propriété intellectuelle et d'espionnage dans le cyberespace pour obtenir les informations dont il a besoin[168].

Le fait est que le C919 présente une ressemblance troublante avec les A320. Il se trouve qu'en 2019, l'avionneur européen avait été la cible de plusieurs attaques informatiques lancées en passant par des sous-traitants du constructeur, selon l'Agence France-Presse qui a enquêté auprès de plusieurs sources sécuritaires. Celles-ci soupçonnent ces opérations d'espionnage industriel d'être pilotées depuis la Chine. Quatre attaques majeures ont visé des sous-traitants de l'avionneur européen au cours des douze derniers mois, ont expliqué deux sources sécuritaires à l'AFP, qui a pu dessiner les contours et les objectifs de cette série d'offensives en interrogeant plus d'une demi-douzaine de sources proches du dossier « s'exprimant » sous couvert d'anonymat[169]. Questionné, le gouvernement chinois a vigoureusement rejeté le 27 septembre 2019 ces affirmations.

> « Je peux vous assurer que la Chine défend fermement la sécurité des réseaux et s'oppose fermement à toute forme de cyberattaque », a déclaré un porte-parole du ministère chinois des Affaires étrangères, Geng Shuang. « Ces derniers temps, de nombreux articles ont fait état de cyberattaques. Dans ces articles, sans aucune preuve, certains cherchent toujours à faire porter le chapeau à la Chine afin de la salir[170]. »

Voilà pour la partie invisible. À cela, il faut ajouter la partie visible. Celle-ci s'inscrit dans le cadre réglementaire légal de la Chine : les transferts de technologie. Lénine n'avait-il pas dit :

« Les capitalistes nous vendront la corde avec laquelle nous les pendrons » ? Pendant des décennies, toutes les entreprises étrangères désirant s'installer sur le sol chinois devaient obligatoirement s'associer avec un partenaire chinois qui possédait au moins 51 % du capital de la société mixte ainsi constituée et étaient contraintes à des transferts de technologie qui ont permis à la Chine de s'approprier les dernières technologies occidentales à moindre prix et de former au passage des milliers d'ingénieurs à même de répliquer le *nec plus ultra* de l'industrie étrangère. C'est ainsi que pour prendre pied sur le sol chinois, EDF et Framatome (Areva) ont dû, bon gré mal gré, accepter d'énormes transferts de technologie qui ont permis à la Chine de posséder en à peine quatre décennies la totalité des dernières technologies du nucléaire civil*. Aujourd'hui, les ingénieurs chinois maîtrisent l'ensemble de la filière nucléaire civile que la France a mis plusieurs décennies à développer. Le 11 septembre 2020, la Chine a inauguré, non sans fierté, sa première centrale nucléaire EPR de dernière génération de fabrication cent pour cent chinoise. Cela au moment où la France éprouve les plus grandes difficultés à construire sa première centrale EPR à Flamanville (Manche), paralysée par dix ans de retards techniques à répétition et des coûts revus en constante hausse (+9 milliards d'euros), et dont la mise en service n'est pas envisagée avant fin 2022. Joli pied de nez ! Grâce à EDF, à Framatome et à Areva, les groupes chinois China General Nuclear Power Generation (CGNPC) et Guangdong Energy Group (GEG) ont réussi la mise en ligne sur le réseau électrique national d'un premier réacteur EPR, Taishan 1, en décembre 2018, et celle d'un deuxième réacteur, Taishan 2, en septembre 2019, dans la province du Guangdong (Sud).

* À noter que la France a fait la même chose auprès de Westinghouse pour développer le programme nucléaire français sous licence américaine pendant vingt ans, puis de façon autonome.

Une première mondiale qui n'aurait pas été possible sans les transferts de technologie consentis par Framatome, actionnaire de 30 % de la coentreprise chargée d'exploiter ces deux réacteurs de 1750 MW chacun. Au plus fort de l'activité de construction de ces deux réacteurs, le chantier a fait travailler plus de 15000 ouvriers chinois et plus de 200 ingénieurs français, ces derniers étant chargés notamment de la formation de leurs homologues chinois. Alors qu'elle n'en avait pas un seul jusqu'en 1985, la Chine comptait en 2019 quelque 46 réacteurs en activité et est en passe de supplanter la France et les États-Unis avec 110 réacteurs potentiel à l'horizon 2030, date à laquelle elle deviendra la première puissance nucléaire mondiale. Pékin a déjà fait savoir que l'industrie nucléaire nationale comptait dorénavant proposer ses nouveaux réacteurs EPR à l'exportation. Plusieurs centrales chinoises, d'une conception plus ancienne, sont en construction au Pakistan. Un tiers du capital investi dans le futur complexe nucléaire EPR de Hinkley Point, au Royaume-Uni, est d'origine chinoise (en partenariat avec EDF). La Chine va également fournir des centrales nucléaires à l'Algérie, à l'Argentine, au Soudan, au Kenya, à l'Afrique du Sud, à la Roumanie et à la Turquie.

Ce sont également les transferts de technologie qui ont permis à la Chine d'acquérir en un temps record la maîtrise complète des trains à grande vitesse. Grâce aux technologies recueillies au début des années 1980 auprès du groupe français Alstom, du géant allemand Siemens, du japonais Kawasaki et du canadien Bombardier, elle a construit en vingt ans le plus grand réseau TGV du monde et disposait fin 2020 de 35000 kilomètres de voies à grande vitesse, soit vingt fois le réseau TGV français, lancé, lui, au début des années 1980, et les deux tiers de la totalité de tous les réseaux ferrés à grande vitesse du globe. « Les constructeurs ferroviaires chinois, à présent, savent tout faire », explique Philippe Ulrich, directeur pour l'Asie chez Saft, une société française née en 1918 et qui fournit ses batteries à plusieurs TGV chinois. « Ils sont autonomes, de plus en plus indépendants. Ils essaient au maximum d'avoir leurs propres technologies[171]. » Tout cela sans avoir jamais acheté un seul TGV aux candidats étrangers qui, au bout du compte, se sont tous retrouvés totalement évincés du marché chinois sans avoir jamais rien vendu. Une source industrielle française autorisée conteste toutefois ces dires et affirme que chacun des fournisseurs occidentaux a obtenu de gros contrats en acceptant des transferts de technologie. C'est donc l'appât du gain découlant de ces contrats qui a permis à la Chine de devenir autonome, poursuit cette source. Elle a en effet utilisé l'avantage comparatif de son énorme marché et des financements considérables dont disposait le ministère des Chemins de fer.

Le 31 décembre 2020, après sept années de difficiles négociations, la Chine et l'Union européenne ont enfin conclu un accord sur la protection des investissements, dans lequel Pékin s'engage explicitement à ne plus demander de transferts de technologie comme préalable aux participations d'entreprises européennes, une concession chinoise obtenue principalement pour des raisons géopolitiques*. Cet accord doit encore être entériné par le Parlement européen, ce qui n'est pas gagné d'avance, du fait de l'exigence européenne de l'adhésion préliminaire de la Chine à l'Organisation internationale du travail (OIT) qui interdit le travail forcé. Bruxelles demande des garanties à Pékin au vu des accusations portées à son encontre au sujet du travail forcé imposé à des centaines de milliers d'Ouighours dans la province du Xinjiang (ouest de la Chine).

De l'avis de Roger Faligot, journaliste d'investigation et fin connaisseur des services de renseignement dans le monde, en particulier les services chinois à qui il a consacré plusieurs

* La Chine avait grand besoin de cet accord avec l'Union européenne, espérant ainsi trouver un contrepoids politique précieux face aux États-Unis avec qui ses relations sont exécrables depuis 2018.

livres[172], jamais la Chine n'aurait réussi une telle ascension économique et technologique depuis le lancement des premières réformes économiques et l'ouverture de la Chine voulue à partir de 1978 par le patriarche Deng Xiaoping sans l'aide de réseaux de renseignement économique, technologique et scientifique extrêmement étoffés et efficaces à travers la planète. Ces réseaux, une gigantesque pieuvre essentiellement pilotée par le ministère de la Sécurité d'État (国家安全部 Guojia Anquanbu) qui a pignon sur rue à Pékin, 14, rue Dongchang'an (rue « Chang'an Est »), juste à côté du (公安部 *Gonganbu*), et dont le patron est Chen Wenqing, emploieraient des dizaines de milliers d'agents, d'analystes et d'experts sur le sol chinois, et sans doute des centaines de milliers de par le monde. Les structures de ce ministère chargées du renseignement économique ont pris un essor considérable à partir des années 1980, adossées à une légion d'agents au statut diplomatique, mais aussi et surtout de clandestins, ces « poissons en eaux profondes » qui ont pour mission d'infiltrer les entreprises étrangères et de tisser des réseaux d'influence afin de recruter des personnalités étrangères prêtes à coopérer d'une façon ou d'une autre. S'y ajoutent les services du ministère de la Défense, dont certains sont eux aussi chargés du renseignement économique.

Par définition, tous ces agents travaillent dans le secret. Certains, qui ont le statut diplomatique, sont connus des services de contre-espionnage occidentaux et étroitement surveillés, mais d'autres, les plus nombreux, recrutés de préférence dans la population chinoise et asiatique, demeurent anonymes. « L'un des premiers objectifs, à partir de 1978, a été de copier les Japonais qui possédaient des industries performantes », explique Roger Faligot[173]. « Mais très vite, les réseaux ont essaimé aux États-Unis, en Europe et jusqu'en Russie. » Peu d'affaires d'espionnage sont rendues publiques en Europe où les entreprises qui en sont victimes préfèrent la plupart du temps garder le silence afin de pouvoir continuer à travailler en Chine. Situation différente aux États-Unis où « les agents chinois poursuivis en justice se ramassent à la pelle », dit-il. Certaines affaires défrayent pourtant la chronique, y compris en France. Ainsi l'affaire de cette jeune Chinoise, Liu Whuang, employée par l'équipementier Valeo, confondue et arrêtée en 2005, puis reconnue coupable en 2007 d'avoir siphonné les ordinateurs de l'entreprise[174]. Souvent, la méthode est de créer des sociétés mixtes avec des entreprises occidentales de pointe afin d'en capter les technologies désirées ou bien de participer à de grands projets internationaux. C'est ce qui est arrivé avec le réseau GPS de satellites européens Galileo. « Au départ, les Chinois ont dit : "Oui, oui, on veut participer aux côtés des Italiens, des Français, des Espagnols et des autres" et puis, une fois les technologies recueillies, ils sont partis, tout ça pour créer leur propre système GPS par satellites Beidou*. » Les unités des services de renseignement chinois se distinguent de leurs homologues étrangers par le fait qu'elles sont toujours pilotées par un binôme : un responsable expérimenté dans le domaine d'étude et un représentant du Parti qui est le véritable chef. « Les décisions stratégiques ou même tactiques sont toujours prises à la fois par le gars opérationnel, compétent dans son domaine d'activité, et le représentant du Parti », explique Roger Faligot. Sur le sol chinois, le renseignement est décentralisé dans les différentes provinces et régions. C'est ainsi que la province du Hubei et sa capitale Wuhan abritent le service chargé de l'automobile, avec l'implantation dans la ville de onze millions d'habitants de plusieurs grands constructeurs européens, dont le français PSA. « Il existe en Chine cette capacité de cloner des produits étrangers qui est stupéfiante. Ainsi cet avion espion américain qu'ils avaient récupéré et qu'ils avaient entièrement démonté

* Avec le lancement d'un trentième satellite le 23 juin 2020, la Chine a finalisé son système de navigation Beidou, qui lui permet de couvrir le monde entier et de s'affranchir du système GPS américain.

pour ensuite le remonter et le rendre aux Américains », souligne-t-il*. Les réseaux d'espionnage de la Chine dans le monde s'appuient également sur des satellites de surveillance à usage militaire. Or la Chine en a lancé 96 en l'espace de cinq ans, contre 109 pour les États-Unis et seulement 2 pour la France.

Parfois, la naïveté occidentale face à l'espionnage chinois est confondante. Dans son édition du 10 février, le quotidien britannique de Londres le *Times* fait état d'une enquête visant quelque deux cents universitaires pour avoir involontairement aidé le gouvernement chinois à élaborer des armes de destruction massive. Selon le *Times*, ces chercheurs auraient enfreint des lois strictes sur l'exportation, visant à empêcher que la propriété intellectuelle sur des sujets sensibles ne tombe dans les mains d'États hostiles. Ils sont soupçonnés d'avoir partagé avec les Chinois des éléments de recherche de pointe dans le domaine militaire, notamment l'aéronautique, les missiles et les cyberarmes. Les personnalités dans le collimateur appartiennent à une douzaine d'universités britanniques. Cette légèreté pourrait leur coûter cher puisqu'elles risquent jusqu'à dix ans de prison. « Nous pourrions voir des dizaines d'universitaires devant les tribunaux d'ici peu », a déclaré une source au quotidien britannique. Dix jours plus tôt, c'étaient les universitaires et les étudiants chinois qui étaient dans le collimateur du Foreign Office. Toujours selon le *Times*, des milliers d'entre eux pourraient se voir refuser l'entrée au Royaume-Uni pour

* Le 1er avril 2001, un appareil EP-3 américain équipé de systèmes d'observation et d'écoute était entré en collision avec un avion de combat chinois F-8, dont le pilote s'est ensuite perdu en mer de Chine méridionale. L'Aries avait dû se poser en catastrophe sur la base militaire chinoise de Lingshui, dans l'île de Hainan (Sud). Les vingt-quatre membres de l'équipage avaient été libérés onze jours plus tard, après que le président des États-Unis s'était dit "vraiment désolé" de l'incident. L'avion avait été rendu aux États-Unis le 3 juillet suivant.

les mêmes préoccupations de sécurité nationale. Entre 2018 et 2019, quelque 7 330 étudiants chinois effectuaient des recherches au Royaume-Uni, la plupart sur des sujets nécessitant un certificat Atas de l'Academic Technology Approval. Selon le *think tank* Henry Jackson Society, 900 diplômés d'universités chinoises ayant des liens avec l'Armée populaire de libération chinoise faisaient des études de troisième cycle dans une trentaine d'universités britanniques aux activités de recherche pointues[175]. En Australie, une enquête a été ouverte en novembre 2020 sur les liens troubles entre les universités du pays et des étudiants chinois soupçonnés de se livrer à des activités d'espionnage au profit du secteur militaire chinois, selon le *South China Morning Post.* Avant la pandémie de coronavirus, près de 150 000 ressortissants chinois étudiaient dans les universités australiennes, représentant environ 11 % de la totalité des étudiants inscrits dans les universités du pays, selon les chiffres du Centre for Independent Studies basé à Sydney[176].

Sur ce sujet de l'espionnage, il arrive que des serviteurs de l'État français trahissent leur pays au profit de la Chine. Le 10 juillet 2020, deux anciens agents de la Direction générale de la sécurité extérieure (DGSE) ont été condamnés pour cette raison. Ils coulaient leurs vieux jours entre Paris et la Bourgogne, ils vont désormais devoir passer une partie de leur retraite en prison. Ils étaient jugés pour « livraison d'information à une puissance étrangère », « atteinte aux intérêts fondamentaux de la Nation », « intelligence avec une puissance étrangère ». Pierre-Marie H., 69 ans, ancien fonctionnaire civil de défense, a été condamné à douze ans de détention criminelle. Le parquet général avait requis contre lui la peine maximale encourue, quinze ans. Henri M., 73 ans, un militaire de carrière qui a passé une partie de sa vie en Chine, a pour sa part été condamné à huit ans d'emprisonnement, alors que le parquet général avait requis dix ans d'emprisonnement contre lui. L'épouse de

Pierre-Marie H., qui comparaissait pour « recel de bien provenant d'intelligence avec une puissance étrangère de nature à porter atteinte aux intérêts fondamentaux de la Nation », a, elle, écopé de quatre ans d'emprisonnement dont deux ans avec sursis. La cour d'assises, composée uniquement de magistrats professionnels, a prononcé à l'égard de tous les trois la peine complémentaire de privation de droits civiques pendant dix ans. Les informations sont rares. C'est une affaire de « pénétration par une puissance étrangère des renseignements français », a déclaré l'avocate générale lundi, avant de demander le huis clos. Quand l'affaire avait été révélée en mai 2018, les autorités françaises avaient parlé d'une affaire d'une « extrême gravité ». Les deux suspects sont « soupçonnés d'avoir commis des actes susceptibles d'être qualifiés d'actes de trahison [...] et susceptibles de mettre en cause les secrets de la défense nationale », avait déclaré la ministre des Armées Florence Parly. Le ministère de la Défense avait alors assuré que la DGSE elle-même avait détecté la fuite et « porté à sa propre initiative ces faits à la connaissance du procureur de Paris ». Mais les autorités étaient restées très évasives sur les faits et n'avaient même pas dit au profit de quel pays les agents auraient trahi[177].

Un autre secteur où la pieuvre chinoise étend ses tentacules sans que l'on en ait encore pleinement pris conscience est celui de la recherche scientifique. Dans une enquête extrêmement fouillée du correspondant du *Point* à Hong Kong Jérémy André, publiée le 18 mars 2021, celui-ci met en lumière des accords de coopération noués entre des universités et des centres de recherche de haut niveau français avec leurs équivalents chinois, dont les liens avec l'Armée populaire de libération sont pourtant avérés. C'est ainsi qu'Emmanuel Macron a signé avec le président chinois Xi Jinping un accord de coopération en physique entre l'Université de Pékin (Beida) et Thales et Polytechnique qui s'est concrétisé en juin 2020 par un premier projet : équiper l'Université de

Pékin d'un système laser de très haute puissance. Ce projet de recherche franco-chinois est certes strictement civil, sinon que la Direction générale de l'armement (DGA) a établi des liens étroits depuis de nombreuses années avec son laboratoire dont les travaux peuvent à terme avoir des applications pour la défense.

> Au moment où se concrétise la collaboration avec Beida (Université de Pékin), des experts s'inquiètent justement des partenariats scientifiques noués avec les universités chinoises de plus en plus embrigadées dans le système d'innovation destiné à alimenter l'Armée populaire de libération. En juin 2020, une note de l'ambassade de France en Chine intitulée « La coopération scientifique et universitaire franco-chinoise à l'épreuve de la nouvelle stratégie nationale d'intégration civile-militaire » ose soulever le problème, invitant à un « réexamen » des coopérations. [...]
> Auteur d'une étude sur le sujet publiée dès 2017, le chercheur français Antoine Bondaz, de la Fondation pour la recherche stratégique (FRS), un groupe de réflexion indépendant, reconnaît que la France a un train de retard. « [...] Ces coopérations indirectes avec l'Armée populaire de libération sont une faille énorme de sécurité et les services le savent » [dit-il][178].

« Le problème, c'est qu'il n'y a pas de prise de conscience du risque. Les scientifiques voient les mesures de sécurité intérieure et de contre-espionnage comme des entraves à la liberté de la recherche », ajoute Antoine Bondaz*.

---

* Cité dans le rapport de Frédérique Dumas au nom de la commission des affaires sociales sur la proposition de loi visant à garantir le respect éthique du don d'organes par nos partenaires non européens, Assemblée nationale, 31 mars 2021.

> « On a aidé la Chine à décoller et, maintenant, on regarde la fusée partir », ironise l'économiste Bernard Belloc, l'un des meilleurs spécialistes de la coopération scientifique franco-chinoise pourtant sinophile. « On n'est pas à armes égales. Un président d'université chinois est quelqu'un de très élevé dans la hiérarchie du parti[179]. »

Les présidents d'université français ne sont pas au niveau des gens de la trempe des cadres du Parti communiste chinois.

Un réseau chinois bien connu du public qui, de prime abord, n'a rien à voir avec l'espionnage est celui des Instituts Confucius, établissements culturels à but non lucratif qui se sont multipliés avec les années. Il existe à ce jour 548 de ces établissements dans 154 pays. Ils s'inspirent des Alliances françaises, du British Council ou encore des Instituts Goethe. Instruments de *soft power*, ils diffusent la langue, la culture, l'histoire et la philosophie chinoises, enseignées par des professeurs chinois recrutés et payés par le ministère de l'Éducation chinois. Mais, de l'avis de Roger Faligot, ces instituts sont également utilisés pour nouer des partenariats avec des universités d'excellence et pour recruter à la fois des étudiants chinois et des étudiants étrangers afin de nourrir un réservoir de cerveaux qui peuvent se révéler utiles au pays. Pour leurs détracteurs, ces établissements sont en réalité des centres de propagande chinoise qui poursuivent parfois des buts moins avouables. Certains experts français voient les Instituts Confucius comme des « chevaux de Troie ». Des « bras armés de la propagande », juge carrément la tibétologue Françoise Robin, de l'Inalco.

> « Même avec des cours de langue, on peut faire passer des idées politiques, comme montrer des cartes de Chine qui incluent Taïwan. L'Institut Confucius a tenté d'entrer à

l'Inalco, mais nous n'en avons pas besoin, cela fait cent cinquante ans que nous enseignons le chinois. » La vénérable école des Langues O' sait se défendre. En 2016, elle a invité le dalaï-lama pour une conférence. « L'Inalco a reçu des courriers officiels de l'ambassade de Chine demandant à ce que l'on ne le reçoive pas », se rappelle la tibétologue[180].

Le directeur de l'Institut Confucius de Bruxelles, Song Xinning, a été privé de visa par la Belgique et interdit de séjour dans les 26 pays de l'espace Schengen pour huit ans, le 30 octobre 2019, pour « atteinte à la sécurité nationale », une accusation d'espionnage que l'intéressé a rejetée. Un certain nombre de ces instituts aux États-Unis, accusés d'espionnage, ont dû fermer leurs portes ces dernières années. Le 13 août 2020, le Département d'État américain a classé ces instituts comme des « missions diplomatiques » étrangères qui disséminent « la propagande de Pékin dans le monde et sa campagne d'influence néfaste sur les campus des universités et dans les classes des écoles[181] ». Ils seront désormais placés sous haute surveillance, au même titre qu'une ambassade ou un consulat. « S'agissant des Instituts Confucius, nous éprouvons des inquiétudes quant aux activités du PCC (Parti communiste chinois), y compris celles menées par l'intermédiaire de ces établissements, étant donné qu'elles peuvent nuire à la liberté académique aux États-Unis », soulignait le 11 février 2021, Ned Price, le porte-parole du département d'État américain[182]. Une nouvelle réglementation va désormais imposer à quelque 500 000 classes dans les écoles américaines et 65 universités du pays entretenant des liens avec les Instituts Confucius de dévoiler la nature exacte de leurs liens financiers avec eux.

Guerre sur le cyberespace et désinformation : la Chine mène la danse

La Chine, qui compte plus de 800 millions d'internautes, s'est révélée ces dernières années un maître de la guerre cybernétique avec, dans le viseur, l'espionnage industriel. Le 19 février 2012 était remis au président américain de l'époque, Barack Obama, un rapport de 74 pages émanant d'une compagnie américaine spécialisée dans la sécurité informatique, la société Mandiant. Ce rapport, fruit de six années d'enquêtes, révélait que des centaines de hackers chinois travaillaient sur la Toile, téléguidés par l'unité 61398 de l'Armée populaire de libération. Leur quartier général, d'après le rapport, se trouve à Shanghai, dans un immeuble de douze étages qui abriterait une cyberarmée parfaitement encadrée dont les missions sont définies par le haut commandement. Une officine de hackers chinois battant pavillon gouvernemental, baptisée pour la postérité « Advanced Persistent Threat 1 », aurait pillé 141 entreprises américaines dans vingt domaines différents au cours des années 2010. La Chine mobiliserait ainsi d'importants moyens, sous la houlette du 3e département de l'APL, pour mettre sur pied les forces spécialisées de sécurité intérieure dans le cyberespace. En 2015, Pékin a créé l'équivalent de l'US Cyber Command : le Strategic Support Force, pour regrouper les moyens de l'APL dans le domaine de la guerre cyber, spatiale et électronique. De fait, la Chine est elle-même confrontée à la guerre du cyberespace menée par les États-Unis. L'armée américaine a inauguré en 2010 le Cyber Command, qui emploie 6 000 « experts » et dont le siège se situe au Fort George G. Meade dans le Maryland. Selon le quotidien du PCC *Global Times*, la Chine a été en 2018 la cible principale de milliers de cyberattaques déclenchées par des adresses IP aux États-Unis. Des experts chinois cités par le journal ont prédit que les Américains se préparaient à mener une cyberguerre à grande échelle, mais la Chine est prête à lancer une forte contre-attaque. « Outre l'implantation de virus, les États-Unis piratent depuis longtemps des informations à partir des terminaux de clients chinois et utilisent des applications pour exploiter, voler des informations et analyser les informations obtenues », a déclaré un expert militaire basé à Pékin, également spécialisé dans la cybersécurité, cité par le journal[183].

Dans le cyberespace, les États-Unis avaient bien signé avec la Chine un pacte de non-agression en 2015. Mais celui-ci a fait long feu, selon de nombreux observateurs[184]. Début mars 2021, Microsoft a sonné l'alarme : au minimum plusieurs dizaines de milliers de comptes de sa messagerie professionnelle Microsoft Exchange à travers le monde ont été hackés par des pirates informatiques dont l'origine était en Chine. Microsoft aurait été la cible de pirates « hautement qualifiés et sophistiqués » dans le cadre d'une opération baptisée « Hafnium » et basée en Chine, mais qui opère par le biais de serveurs privés virtuels loués aux États-Unis.

> Ces hackers ont réussi à exploiter quatre vulnérabilités du logiciel de messagerie professionnelle pour dérober le contenu des boîtes mail de leurs victimes et semé des outils leur permettant de contrôler à distance les systèmes infectés. Microsoft a corrigé les failles dès leur identification et exhorté les clients à faire les mises à jour nécessaires, mais le mal était fait. Microsoft Exchange est le logiciel de messagerie professionnelle le plus utilisé au monde. [...] Alertée, la Maison Blanche admet, *via* une porte-parole, être inquiète de cette « menace active (...) qui pourrait avoir des répercussions de grande envergure »[185].

Comme à son habitude, un porte-parole du ministère des Affaires étrangères chinois a rejeté ces accusations et assuré que son pays « s'opposait fermement et combattait les cyberattaques et le cyber-vol sous toutes ses formes ». Le 24 mars 2021, le réseau social Facebook a annoncé avoir supprimé les comptes d'un groupe d'une centaine de hackers chinois qui se servaient de la plate-forme pour espionner des membres de la communauté ouïghoure à l'étranger[186]. Selon les équipes de cybersécurité du réseau social, les pirates ont utilisé des comptes factices pour se faire passer pour des journalistes, des étudiants ou des militants des droits de l'homme, afin de gagner la confiance de leurs cibles et les inciter à se diriger vers les sites internet malveillants. Avec cette technique utilisant Facebook comme moyen de propagation, le groupe de pirates, connu sous les noms « Earth Empusa » ou « Evil Eye » dans l'industrie et la sécurité informatique, a ciblé des activistes, des journalistes et des dissidents majoritairement ouïghours. Les victimes sont, pour la plupart, originaires du Xinjiang, mais résident principalement à l'étranger, dans des pays incluant la Turquie, le Kazakhstan, les États-Unis, la Syrie, l'Australie et le Canada. « Cette activité présente les caractéristiques d'une opération aux ressources importantes et persistantes, tout en masquant son origine », a dit l'équipe de cybersécurité de Facebook[187]. Une enquête de l'Institut français de recherche stratégique de l'École militaire (Irsem), un centre de recherche rattaché au ministère des Armées, dont l'auteur, Paul Charon, est un spécialiste de la Chine et du renseignement, soulignait en mars 2021 les similitudes troublantes entre la propagande du pouvoir chinois sur l'origine du Covid-19 et l'opération lancée en 1985 par l'Union soviétique sur la supposée création du sida par l'armée américaine. « La pandémie, qui a démarré en Chine, a poussé le pouvoir à renouveler ses méthodes, en propageant de “faux contenus” […] et en recourant à des faux comptes sur les réseaux sociaux occidentaux », explique le quotidien *Libération* qui cite ce rapport. Ces dernières techniques avaient dû être utilisées à Hong Kong en 2019, note Paul Charon, mais elles ont été complétées par des « méthodes de désinformation secrète, employés par les Soviétiques », déployées afin de discréditer l'adversaire américain, et *in fine* l'accuser d'être responsable de la pandémie mondiale, explique l'auteur de ce rapport[188]. Le 12 novembre 2018, à l'occasion de la réunion à l'Unesco du Forum de gouvernance de l'internet (FGI), Emmanuel Macron a lancé l'Appel de Paris pour la confiance et la sécurité dans le cyberespace. Cette déclaration en faveur de l'élaboration de principes communs de sécurisation du cyberespace a reçu l'appui de 564 soutiens, parmi lesquels 67 États, 358 entités du secteur privé et 139 organisations internationales et de la société civile. La Chine et les États-Unis n'y ont pas souscrit.

4
La démocratie en Chine : une longue marche encore loin d'aboutir

La démocratie en Chine, ce n'est pas pour demain, et sans doute pas non plus pour après-demain. Au contraire, ses dirigeants actuels clament haut et fort la supériorité de leur modèle politique autoritaire sur le libéralisme et la démocratie occidentale en déclin. Où se trouve la vérité ? Une analyse comparative.

> « La liberté ne connaît pas de frontière. Il suffit qu'une voix s'élève et appelle à la liberté dans un pays pour redonner du courage à ceux qui sont à l'autre bout du monde. »
> KOFI ANNAN (1938-2018), ancien secrétaire général des Nations unies et prix Nobel de la paix

Quand le régime chinois se montre amnésique et réécrit l'histoire

Le Parti communiste chinois n'a jamais établi de bilan officiel de la sinistre Révolution culturelle et de ses indicibles tourments qui, pendant dix ans (1966-1976), ont touché des centaines de millions de Chinois. Une tragédie qui reste néanmoins gravée dans les mémoires et que relate par le menu le journaliste Yang Jisheng dans un livre intitulé *Renverser ciel et terre, la tragédie de la Révolution culturelle*[189]. L'édition originale en chinois de ce livre est interdite en Chine continentale. Les autorités préfèrent en rester au jugement très partiel et sommaire de ce désastre épouvantable. Officiellement, le lancement de la Révolution culturelle est attribué à « un groupe de contre-révolutionnaires », exonérant ainsi son mentor, Mao Zedong. En 1981, le Parti communiste chinois avait déclaré que la Révolution culturelle était « responsable du revers le plus grave et des pertes les plus lourdes subies par le Parti, le pays et le peuple depuis la fondation de la République populaire de Chine ». Il en est resté là depuis, préférant cacher sous le tapis cet épisode terrible de l'histoire de la Chine communiste contemporaine. Après sa mort en 1976, le PCC avait décrété que Mao avait eu « raison à 70 % et tort à 30 % ». Ce livre vient donc opportunément rétablir la vérité sur ces heures sombres qui ont coûté la vie à des millions de Chinois et lors de laquelle des dizaines de millions d'autres ont été persécutés par les gardes rouges, de jeunes fanatiques dont s'est servi Mao Zedong pour organiser une hystérie collective dans l'espoir de reprendre un pouvoir qui lui échappait. Mais ce qu'il avait déclenché devait rapidement se soustraire à son contrôle.

> « L'histoire officielle de la Révolution culturelle préserve la pensée Mao Zedong et le PCC, et par là même légitime totalement la bureaucratie, sa mainmise sur le pouvoir politique et ses intérêts », écrit Yang Jisheng dans son avant-propos. « L'histoire officielle de la Révolution culturelle fait une grande place aux persécutions de cadres. En réalité, le nombre de gens ordinaires persécutés est cent fois supérieur. »

De même que l'écrivain britannique George Orwell a expliqué qu'il écrivait son œuvre « parce qu'il y a un mensonge que je veux dénoncer », Yang Jisheng a consacré plusieurs années de sa vie à rédiger cette somme de savoir pour « dévoiler les mensonges, rétablir la vérité », affirme-t-il. « À partir de 1966, dix ans durant, quasiment tous les Chinois ont été, à des titres et degrés divers, entraînés dans la Grande Révolution culturelle ; tous ont un pan de cette histoire gravé dans leur chair et dans leurs os. Leur vie, leur destin et leur âme en ont été fortement marqués. Son impact politique, économique et social sur la Chine a été encore plus profond », insiste l'auteur dans ce livre dont l'édition française, pourtant raccourcie, fait déjà plus de 900 pages. Recruté en janvier 1968 par l'agence officielle Chine nouvelle (Xinhua), le journaliste Yang Jisheng est également l'auteur d'un autre livre-fleuve, une enquête minutieuse traduite en français et publiée en 2012 aux Éditions du Seuil, *Stèles, La Grande Famine en Chine, 1958-1961*, dans laquelle il décrit avec minutie cette autre aventure funeste du maoïsme qui fit plusieurs dizaines de millions de morts :

> 36 millions de morts de faim, qu'est-ce que cela représente ? Cela équivaut à 450 fois le nombre de morts le 9 août 1945 sous la bombe atomique de Nagasaki. La Grande Famine a été de loin beaucoup plus meurtrière que la Seconde Guerre mondiale. Quelques dizaines de millions d'hommes ont disparu, comme cela, sans un bruit, sans un soupir, dans l'indifférence ou l'hébétude.

Le père de l'auteur est lui-même mort de faim pendant cette période qui est, elle aussi, restée largement passée sous silence par le Parti. « C'est une tragédie sans précédent dans l'histoire de l'humanité que, dans des conditions climatiques normales, en l'absence de guerre et d'épidémie, des dizaines de millions d'hommes soient morts de faim et qu'il y ait eu du cannibalisme à grande échelle. » Yang Jisheng relève dans ce premier ouvrage que « le Parti contrôle de façon très serrée toute la politique, l'économie, la culture, la pensée, la vie même de la société. La force coercitive de la dictature s'étend jusqu'au moindre village reculé, jusque sur chaque membre de chaque foyer, jusque dans la tête et les tripes de chacun ». Ces deux livres sont traduits avec grand talent par Louis Vincenolles, un nom de plume qui cache l'identité d'un grand expert de la Chine. Ce dernier a consacré plusieurs années de sa vie à ces éditions françaises bienvenues qui contribuent à lever le voile sur un lourd héritage que le PCC préférerait oublier[190].

Dans un entretien croisé publié le 25 janvier 2021, Anne Cheng, grande sinologue, titulaire de la chaire d'Histoire intellectuelle de la Chine au Collège de France, et Nicolas Idier, historien et sinologue rattaché au Centre de recherche de l'Extrême-Orient, Paris-Sorbonne, reviennent sur la réécriture de l'histoire qu'opèrent depuis quelques années les autorités de Pékin, pour mieux en comprendre la genèse. C'est ainsi que :

> *À chaque discours officiel, à commencer par ceux du président Xi Jinping, est évoquée une civilisation chinoise qui aurait été ininterrompue depuis 5 000 ans… Est-ce historiquement juste ?*
>
> Anne Cheng : C'est une formule qui s'est imposée assez récemment dans les années 2000. Jusqu'à présent les datations en Chine se fondaient sur les *Mémoires historiques* de Sima Qian (145-89), le grand historien de l'époque des Han, qui font commencer la chronologie chinoise attestée à 841 av. J.-C, soit le début de la dynastie des Zhou occidentaux. C'est-à-dire au total trois millénaires. En 1996, le gouvernement chinois a lancé un vaste projet pour déterminer une chronologie fiable des trois premières dynasties de l'antiquité (Xia, Shang et Zhou). En réalité, l'enjeu au cœur de cette surenchère de millénaires était de « tirer au

maximum sur la corde », pour faire remonter la civilisation chinoise aussi haut dans l'antiquité que les civilisations égyptienne et mésopotamienne. [...]
Si l'on comprend l'histoire comme la période pour laquelle ont été retrouvés les premiers vestiges d'écriture – sur les carapaces de tortues et sur les os d'ovidés et de bovidés – c'est effectivement inexact. Les inscriptions dites oraculaires, qui sont les ancêtres des écritures chinoises modernes, datent au mieux de la dynastie Shang, il y a environ 3000 à 3500 ans. Nous sommes donc loin de la vulgate officielle des 5000 ans d'histoire continue. [...]
Depuis les années 1950, l'archéologie chinoise est une discipline scientifique au service d'un programme politique : il y a un rapport étroit entre archéologie et nationalisme. [...]
[...] la Chine est-elle encore une civilisation ? [...]
AC : Je pose précisément cette question quelque peu provocatrice, parce que le discours officiel chinois se complait à évoquer la grandeur de la civilisation chinoise, tout en essayant de faire oublier toutes les violences du régime maoïste. Que ce soient les événements de la Révolution culturelle ou ceux de la place Tian'anmen (1989) : ou encore la campagne « anti-droitière » (1950-1960), qui vit périr des milliers de gens dans les camps. Le paradoxe que je dénonce c'est que la Chine se gargarise de son histoire tout en l'effaçant consciencieusement. Elle cultive une amnésie et, au mieux, une mémoire extrêmement sélective[191].

La sinologue est sans états d'âme sur l'avenir de la Chine :

La Chine à mon sens est une sorte de paquebot... qui, s'il poursuit sur sa lancée, fonce droit sur l'iceberg. Cela prendra du temps mais je pense que tous les pays qui se revendiquent comme tant de grandes civilisations et qui n'en sont plus, ne peuvent tenir longtemps[192].

« Je pense que cela ferait énormément de bien à la Chine de ne plus être cet "empire du Milieu" », dit-elle encore[193].

« Oncle Xi », un culte de la personnalité extravagant

Maintenue à bonne distance de tout libre arbitre, la population chinoise est, depuis l'arrivée au pouvoir de Xi Jinping à la fin de 2012, soumise à un matraquage permanent et invasif sur son nouveau *Líder Máximo*. Discours fleuve du président retransmis sur les chaînes de télévision d'État, étude obligatoire de la « pensée Xi Jinping » pour les enfants et les cadres du régime, immenses panneaux avec le portrait du grand camarade au coin des rues : les outils de la propagande se déchaînent pour marquer les esprits. Jamais depuis le règne de Mao Zedong un culte de la personnalité n'avait pris une telle dimension en Chine. Des millions d'assiettes à son effigie, des poèmes le glorifiant, des livres avec ses discours, des essais vendus à plus de cinq millions d'exemplaires, des vidéos : Xi Jinping, qui a accumulé plus de pouvoir que ses prédécesseurs depuis Mao Zedong, est au firmament de la pensée unique, grand soleil éclairant les masses de sa bienveillance pour les diriger sur la route du progrès. Non seulement il a pris presque totalement en main l'économie, la sécurité nationale, la politique étrangère, et l'internet, mais le leader communiste, surnommé officiellement Xi Dada (Tonton Xi), est au centre d'un culte de la personnalité extravagant. Un phénomène qui avait disparu après la Révolution culturelle (1966-1976) mais qui a retrouvé toute sa force dans la Chine d'aujourd'hui. « Xi dirige une campagne visant à construire un dieu. Et le dieu, c'est lui », affirme à l'hebdomadaire américain *Time* Zhang Lifan, historien et opposant chinois, l'un des derniers intellectuels du pays qui ose s'interroger sur la direction prise par la République populaire chinoise[194]. Les organes de la propagande du pays forgent patiemment l'image d'un dirigeant providentiel, tout en tirant à boulets rouges contre « les forces hostiles » qui, à l'étranger, s'en prennent à la Chine. Xi use des mêmes stratégies que Mao pour unir les masses derrière lui et polir sa propre image, tout en réinjectant une bonne dose d'idéologie marxiste-léniniste dans la société. Les Chinois sont invités à rivaliser dans l'expression de leur ferveur. Les poètes du pays sont priés d'apporter leur contribution. « Mes yeux ont donné naissance à ce poème. Mes doigts brûlent sur mon téléphone portable », explique un internaute dont le poème à la gloire du grand leader connaît immédiatement un succès considérable sur la Toile. Beaucoup de Chinois sont convaincus que Xi Jinping, dirigeant omniscient et providentiel, rédempteur de l'humanité, est l'homme qui saura conduire la nation à la tête du monde. « C'est un dirigeant puissant, tout comme l'était le président Mao », explique Wang Cheng, qui chaque mois arrive à vendre quelque 180 assiettes à l'effigie de Xi Jinping. Pour Zhong Feiteng, professeur à l'Institut d'études sur l'Asie-Pacifique de l'Académie des sciences sociales de Chine, « la vision de Xi Jinping pour la Chine est très sûre d'elle, très engagée avec le monde. C'est un homme très sûr de lui. » Qiao Mu, qui a dirigé le département des communications internationales du Département des études étrangères de Pékin, est d'un autre avis : « Tout comme un empereur, il est monté au firmament de la noblesse rouge. […] Le peuple n'ose pas le critiquer. Mais Xi n'est pas un dieu. Il ne peut pas tout savoir. Il ne peut pas tout faire[195]. » À l'occasion de leur session annuelle du 4 au 11 mars 2021, les « deux assemblées » (*lianghui*, 两会) qui ont rassemblé dans le Grand Hall du Peuple, place Tiananmen à Pékin, les membres de l'Assemblée nationale populaire (ANP) et de la Conférence consultative politique du peuple chinois (CCPPC), un festival de flatteries s'est abattu sur le président chinois, chose que l'on ne voyait pas sous le règne de ses prédécesseurs

Hu Jintao ou Jiang Zemin. Cette nouvelle tradition de clamer son allégeance au secrétaire général du Parti, qui date du XIXe Congrès, en 2017, ressemble un peu aux éloges à Mao de certains dignitaires du PCC. Durant ces élans de flagornerie, Xi a été qualifié à plusieurs reprises de « pilote » (*linghang*, 领航), de « leader du Parti » (*dang de lingxiu*, 党的领袖) et même de « timonier » (*duoshou*, 舵手)[196] ! Dans cette nouvelle réalité, ceux qui osent encore prendre la parole pour critiquer le puissant dirigeant sont sévèrement châtiés et ceux qui sont en vue sont rapidement écartés de la scène publique. À l'intérieur du Parti, l'unanimité ne serait pas totale, mais Xi Jinping a jusqu'à présent réussi à habilement éteindre toute contestation organisée. Peu de responsables étrangers osent s'en prendre directement à l'image de celui qui est sans nul doute la réincarnation du Messie, l'inventeur de la pénicilline, lauréat du prix Chopin de la Société de musique de Varsovie et champion du Grand Prix de Monaco au cours du même week-end, détenteur du record du monde des 200 et 400 mètres devant Usain Bolt*, mais qui, reconnaissons-le, est probablement devenu aujourd'hui l'homme le plus puissant de la planète. Joe Biden, lui, a eu ce courage et ne s'en est pas privé. Rappelons les termes qu'il avait employés à l'endroit de Xi Jinping le 26 février 2020 sur la chaîne de télévision américaine CBS : cet homme est « un voyou », « un type qui n'a pas une once de démocratie dans les os de son squelette ». Le 9 février 2021, alors qu'il avait endossé les habits de président des États-Unis depuis trois semaines, il a réitéré ses propos, à l'exception de celui de « voyou ». Il a réaffirmé ses déclarations le 25 mars 2021, lors de sa première conférence de presse depuis son arrivée au pouvoir. « Il est l'un de ces types qui, comme [Vladimir] Poutine, pense que l'autoritarisme est le modèle pour l'avenir et que la démocratie ne peut pas fonctionner dans un

* Ces qualificatifs sont ceux donnés à Xi Jinping par une amie chinoise, mais l'auteur de ce livre en assume l'entière responsabilité.

monde toujours plus complexe. Il n'a pas une once de démocratie dans son squelette, mais il est intelligent », a-t-il dit[197].

Demain la démocratie ?

À ceux qui prédisent la chute prochaine du Parti communiste chinois qui fêtera son centième anniversaire le 1er juillet 2021, le sinologue français Jean-Pierre Cabestan répond ceci :

> Il y a trois courants de pensée sur cette question de la chute du régime. La première thèse communément admise voudrait que le développement économique de la Chine, l'expansion d'une classe moyenne et l'amélioration du niveau d'éducation entraînent tôt ou tard une libéralisation du régime politique poussée par des habitants plus exigeants envers leurs dirigeants. Un second courant estime que l'autoritarisme du régime et l'absence de libertés seront un frein au développement économique et particulièrement un frein à l'innovation. La Chine devra donc relaxer son régime de parti unique et passer à une forme de semi-démocratie. Un dernier courant considère que la corruption est telle que le régime est voué à sa perte et qu'elle freine tout développement économique. [...] Il y a en Chine un déficit de culture démocratique qui joue en faveur du parti communiste. La mentalité chinoise reste très légitimiste. Les gens ne cherchent pas à entrevoir un autre régime. La propagande qui dit « sans un parti communiste fort, le pays irait vers le chaos et l'insécurité » est très répandue et bien accueillie.
>
> Les Chinois sont plus inquiets de leur sécurité (la sécurité des personnes mais aussi des biens) que d'autres questions comme la liberté. Par tradition, la société reste aussi très distante du politique : avoir des opinions sur la nature du régime est dangereux. Les Chinois laissent donc ce privilège

aux cadres du parti… Plus qu'une tradition, se tenir à l'écart est aussi le résultat du caractère répressif du régime. […] Bien sûr, il y a ce qu'on appelle les forces d'érosion. D'abord, la Chine connaît une urbanisation spectaculaire avec un potentiel de contestation beaucoup plus important en zone urbaine que si la société était restée fragmentée dans les campagnes. La deuxième force, ce sont les entrepreneurs, ils sont des sources de pouvoirs économiques et financiers autonomes même si aujourd'hui ils sont plutôt silencieux car dépendants du pouvoir. La troisième force, c'est la jeunesse. La jeunesse aujourd'hui est extrêmement dépolitisée, elle est conquise par l'opium de la consommation, mais il faut se méfier car la jeunesse peut se réveiller soudainement. En plus, elle ne s'identifie pas au parti, il y a un fossé de génération pour les gens nés après 1989 : ils vivent sur une autre planète ! Et enfin, il y a un courant pro-démocratique qui est aujourd'hui marginal, mais qui ne cesse d'agir et de revendiquer la mise en place d'un régime constitutionnel et d'une démocratie pluraliste malgré les condamnations régulières du gouvernement. […] Le développement économique, la stabilité, et le nationalisme sont donc les trois forces qui alimentent la légitimité du régime ; s'il y en a une qui s'effrite, les deux autres restent puissantes et en quelque sorte peuvent la compenser[198].

Le PC chinois n'est pas pour autant en danger de mort : tirant après 1989 les leçons de l'effondrement de l'Union soviétique, il est dans l'ensemble parvenu à s'adapter au nouvel environnement économique et social qu'il a créé sans toutefois affaiblir son emprise monopolistique sur le politique. […] Le PC chinois contrôle étroitement l'armée et les forces de sécurité et aucune force politique crédible ne menace son avenir. En d'autres termes, le projet autoritaire, développementaliste et nationaliste du PC a de fortes

> chances de maintenir ce dernier au pouvoir pour longtemps encore. […] Le PC chinois n'a jamais désiré partager le pouvoir politique avec d'autres forces politiques ni se dessaisir totalement du contrôle de l'économie[199].

« On peut avancer l'idée selon laquelle le PC chinois est la plus vaste société secrète au monde, une société secrète qui opère selon ses propres normes et se situe à l'extérieur, et souvent au-dessus de la loi », dit-il[200]. Pas d'éclaircie démocratique à l'horizon avec Xi Jinping au pouvoir.

> Les diverses décisions, lois et réglementations sécuritaires prises depuis 2012 attestent de cette volonté de mieux prévenir l'apparition de toute forme d'opposition au PC, bref de tuer dans l'œuf toute contestation politique[201]. […] Le PC exerce une emprise totale sur l'État et hégémonique sur la société, maintenant un niveau de surveillance et de répression jamais connu auparavant et que les moyens modernes à sa disposition rendent autrement efficace. Autant de différences qui rendent en conséquence toute transition vers la démocratie du régime chinois actuel particulièrement difficile[202]. […] [En effet,] la culture politique dominante en Chine populaire reste largement antidémocratique, façonnée par un mélange de valeurs traditionnelles confucéennes et de principes léninistes inculqués à la société par plus de soixante-dix ans de régime de parti unique et de propagande communiste[203]. […] [Le PC chinois est] engagé dans un combat frontal et sans relâche contre ce qu'il appelle la « démocratie occidentale » ou la « démocratie bourgeoise » et l'universalité des droits de l'homme, promouvant pour sa part « une démocratie et une légalité socialistes » de plus en plus « aux couleurs de la Chine » mais toujours placée sous sa direction absolue[204]. […] [Cependant,] d'une manière générale, les Chinois

soutiennent leur régime politique et reconnaissant la légitimité des institutions qu'il a mises en place : le Parti, le gouvernement, l'Assemblée populaire nationale et l'Armée populaire de libération[205].

C'est ainsi qu'en Chine, la stabilité et le développement économique et social l'emportent largement sur la démocratie ; le succès professionnel, sur l'extension des libertés individuelles ; les droits économiques et sociaux, sur les droits politiques. « Dans un avenir prévisible, la crainte du chaos continue de motiver largement le soutien de la population au régime actuel et à la manière dont il conçoit la démocratie », estime-t-il encore[206]. Il faut reconnaître qu'en Chine aujourd'hui, « il est clair que la consommation, le bien-être ainsi que la sécurité des personnes et des biens passent avant la démocratie[207] », cela d'autant plus que « la société chinoise, y compris ses classes moyennes, reste imbibée d'idéologie confucéenne, révérencieuse face à l'autorité, respectueuse de la hiérarchie et peu familière des institutions et pratiques politiques des pays véritablement démocratiques[208] ».

À l'avenir, point de place pour la démocratie en Chine.

Il est plus probable que la République populaire se métamorphose en un régime superficiellement communiste, mais encore largement autoritaire, élitiste, paternaliste, foncièrement nationaliste et de plus en plus impérial, sa puissance économique et diplomatique le convainquant de promouvoir son propre modèle de développement autour du monde[209]. […] [Qu'on se le dise, pour le futur,] les élites du PC pensent qu'elles pourront encore repousser à jamais toute réforme politique, perpétuant pour mille ans le régime de parti unique établi en 1949[210]. […] [Mais que devons-nous faire face à cette situation ?] La démocratisation éventuelle de ce pays ne dépend pas de nous mais avant tout des Chinois eux-mêmes, et plus particulièrement de forces endogènes qui, sauf conflit international, continueront de s'affronter sur les terrains à la fois économique, social, culturel, juridique et politique avec le monde extérieur. Notre ouverture à la société chinoise et notre disponibilité peuvent aider. Mais ne nous faisons pas d'illusion sur la capacité des puissances étrangères, y compris des États-Unis, à façonner l'avenir de la Chine. [...] [Pour autant,] il faut être aveugle pour ne pas constater que le PC chinois est en guerre contre nous, nos valeurs et nos idéaux[211]. [...]Autant de raisons pour garder le cap [face à la Chine], rester sûrs de nos valeurs, maintenir notre combat pour la démocratie et informer les lecteurs sur la réalité politique de la Chine d'aujourd'hui, une Chine forte, dirigée par un système politique autoritaire, arrogant et populaire qui restera encore longtemps au pouvoir mais qui à terme est condamné[212].

Une entreprise d'endoctrinement de tous les instants : Big Brother vous observe

L'endoctrinement des esprits en Chine commence dès le berceau, ou presque. Le 3 février 2021, le Comité central du Parti a diffusé de nouvelles directives qui stipulent la nécessité de renforcer l'éducation idéologique chez les Jeunes Pionniers, une organisation de la jeunesse affiliée au Parti : tous les enfants du primaire et des deux premières années du secondaire devront se voir prodiguer au moins une classe par semaine centrée sur les activités des Jeunes Pionniers tandis que les enseignants se verront remis des matériels d'éducation centrés sur « la pensée Xi Jinping » ; les membres des Jeunes Pionniers doivent se voir enseignée la nécessité « de conserver fermement à l'esprit » les enseignements de Xi Jinping et de faire « ce que Xi Jinping a donné comme instructions ». Au personnel d'encadrement, celles-ci préconisent d'enseigner aux enfants le fait qu'une « vie nouvelle aujourd'hui résulte d'un leadership correct du Parti » ainsi que de « la supériorité de notre système socialiste ». Renforcer « l'éveil politique et la compréhension des valeurs » chez les enfants est d'une importance stratégique pour s'assurer de la transmission « des gènes rouges de génération en génération », soulignait le 4 février *Le Quotidien du peuple*, l'organe du Parti, dans un article en première page faisant état de ces directives. Les Jeunes Pionniers sont une organisation fondée en 1949 qui rassemble la quasi-totalité des enfants du pays âgés de 6 à 14 ans. Selon les nouvelles directives, cette organisation joue « un rôle irremplaçable » pour guider les jeunes générations et faire en sorte qu'elles observent les instructions du Parti. Le nombre de ses adhérents n'est pas connu avec précision, mais des chiffres datant de 2007 faisaient état d'environ 130 millions de membres[213].

L'étude de « la pensée Xi Jinping » est devenue depuis 2013 une obligation pour les cadres du Parti, les journalistes, les diplomates et les fonctionnaires de haut rang. Désormais inscrite dans la Constitution chinoise, elle est souhaitable pour tous les Chinois. Or Xi Jinping n'est plus seulement secrétaire général du Parti, président de la Commission militaire centrale et président à vie de la République populaire de Chine : depuis janvier 2020, il est aussi « dirigeant du peuple », une appellation dont seul Mao Zedong avait bénéficié jusqu'à présent et qui en dit long sur le poids politique de l'actuel numéro un. L'expression utilisée à la veille de la nouvelle année 2021, lors d'une réunion du Bureau politique, prend une tout autre dimension aujourd'hui, même si elle avait déjà été mise en avant, en 2018, dans un article du *Quotidien du peuple*. Cela signifie que Xi Jinping se place désormais au-dessus de tous les autres responsables politiques, devenant le guide suprême de l'ensemble de la nation. Le Politburo a donc choisi de reprendre le terme de *renmin lingxiu,* 人民领袖 en chinois, pour clore une année particulièrement agitée pour le pays et pour son principal représentant avec la pandémie de coronavirus et des tensions très fortes avec les partenaires occidentaux de la Chine[214]. Pour le 67e anniversaire de Xi Jinping, lundi 15 mai 2020, He Yiting, vice-président de l'École centrale du Parti, avait publié une tribune sur le site de l'école comparant le secrétaire général du Parti à Karl Marx.

> La nouvelle ère du socialisme aux caractéristiques chinoises de Xi Jinping est le marxisme du XXIe siècle [...] Le développement de la Chine transcende les frontières géographiques nationales et acquiert une importance historique mondiale, signifiant que la Chine est qualifiée pour être le sommet idéologique et théorique qui guide le développement innovant du marxisme mondial[215].

Tout un programme ! Il est difficile pour un observateur étranger de percer à jour les débats qui animent (ou non) les sphères dirigeantes du Parti, mais il fait peu de doutes que Xi Jinping est fermement ancré aux commandes du Parti et du pays et que, même s'il a certainement de nombreux ennemis, il n'existe guère d'opposition organisée contre le nouveau timonier à l'intérieur du Parti et des organes dirigeants du pays.

Une illustration, s'il en fallait une, de la fringale des 800 millions d'internautes chinois pour tout espace de liberté : une application américaine de tchats en ligne, Clubhouse, lancée en mai 2020 aux États-Unis et est restée accessible aux Chinois de la fin 2020 jusqu'à son blocage le 8 février 2021 par les censeurs du « Great Firewall », avait enregistré au moins deux millions d'inscriptions en quelques semaines. Des milliers d'internautes chinois mais aussi de Taïwan et de Hong Kong y avaient échangé, l'espace de ces quelques semaines, des discussions enfiévrées sur des sujets politiques sensibles et même tabous en Chine tels que le massacre de la place Tiananmen le 4 juin 1989, l'indépendance de Taïwan, la situation à Hong Kong et la répression des Ouïghours au Xinjiang, chose absolument impossible sur les réseaux chinois[216].

> Pendant ces brefs instants, les Chinois ont prouvé qu'ils sont créatifs et qu'ils savent parler comme des gens qui apprécient la liberté de s'exprimer. Ils faisaient la queue, parfois pendant des heures, pour attendre leur tour pour pouvoir parler. […] Ils ont eu de nombreuses discussions honnêtes, des conversations sincères, parfois avec des larmes, parfois avec des rires. […]
> Les habitants du continent avaient une chance de prouver qu'ils ne sont pas devenus des drones victimes d'un lavage de cerveau. Ces gens qui ont été diabolisés avaient la possibilité de parler haut et fort comme des êtres humains. […]
> « Nous avons profité de cela en toute connaissance de cause du fait que cette période d'excitation ne durerait pas », a souligné Clarence Lo, 25 ans, interrogé lundi[217].

Comme l'explique le journaliste Claude Leblanc, ancien rédacteur en chef de *Courrier international* et de *Jeune Afrique* :

> Ce n'est pas peu dire que la Chine a déçu tous ceux qui pensaient qu'elle finirait par embrasser le système démocratique et que son régime communiste s'écroulerait comme celui de l'URSS. La déception est d'autant plus forte que la plupart des dirigeants occidentaux, depuis quatre décennies, n'ont pas saisi que le principal ressort de la puissance chinoise ne réside pas dans le marxisme, le léninisme ou le maoïsme, mais dans un nationalisme qui fédère une très large proportion de la population. La victoire dans la « guerre populaire » contre le coronavirus menée par Xi Jinping en est la dernière expression. […]

Dans un pays où l'esprit de revanche sur le passé occupe une place prépondérante, les responsables chinois ne rencontrent guère de difficultés à rallier l'opinion publique. D'autant plus facilement que dans les pays occidentaux, États-Unis en tête, où l'on idéologise les relations avec Pékin, le Covid-19 comme l'affaire George Floyd, leur donnent la possibilité de défendre l'exemple chinois. La Chine n'a donc pas fini de décevoir ceux qui n'ont pas cherché à la comprendre[218].

S'exprimant le 22 janvier 2021 devant la conférence annuelle de la Commission centrale de la discipline du Parti communiste, le président Xi Jinping a déclaré :

> Plus grande menace pour la gouvernance du Parti, la corruption existe toujours. [...] La lutte entre la corruption et les efforts déployés pour lutter contre elle va continuer d'exister pendant une longue période à venir[219].

Taïwan, un îlot démocratique dans un océan autoritaire

L'île de Taïwan, aussi appelée la République de Chine et anciennement Formose, est devenue depuis les années 1980 un bastion authentiquement démocratique : multipartisme, liberté de la presse, Parlement et président élus au suffrage universel direct, justice indépendante, tous les attributs sont là d'une démocratie vivante. L'évolution démocratique de Taïwan vient infirmer de façon éclatante la thèse soutenue par certains selon laquelle la démocratie n'est pas faite pour la nation chinoise. La population de Taïwan, 23 millions d'habitants, à 93 % des Han de souche chinoise, est à une large majorité hostile à une réunification avec le continent chinois. Ancienne colonie japonaise entre 1895 et 1945, Taïwan représente le dernier maillon de la réunification de la nation chinoise sous la houlette du Parti communiste chinois après la « libération pacifique » du Tibet en 1950 et le retour sous souveraineté chinoise de Hong Kong en 1997 et de Macao en 1999. Selon un sondage réalisé en mars 2019 pour le compte du Conseil des affaires continentales du gouvernement de Taïwan, huit habitants de l'île sur dix s'opposent à une telle réunification. Bien qu'isolée sur le plan diplomatique (il n'existait plus, au début 2020, que 15 pays entretenant des relations diplomatiques avec l'île), Taïwan dispose de son propre gouvernement, d'une armée et de tous les attributs politiques d'un État indépendant. En vertu du Taiwan Relations Act, adopté le 10 avril 1979, les États-Unis s'engagent à accorder à l'île son aide militaire pour qu'elle puisse assurer sa défense. Il est écrit que « les États-Unis mettront à la disposition de Taïwan les articles et services de défense en quantité suffisante en matière de légitime défense ». Bien que reconnaissant la Chine populaire depuis le 1er janvier 1979 et adhérant à la politique dite « d'une seule Chine », Washington dispose à Taipei d'un « Institut américain » non officiel par lequel transite l'essentiel des échanges bilatéraux. Ce bureau, dans lequel travaillent plus de 450 personnes, représente les intérêts américains dans les domaines du commerce, de l'agriculture, des services consulaires et des échanges culturels. Selon la rhétorique du régime chinois, « depuis les temps anciens, Taïwan a toujours fait partie de la Chine ». Vraiment ?

> « Si l'on fait remonter l'histoire de la Chine à l'invention des sinogrammes, l'histoire de la Chine compte trente-trois siècles – et plus encore selon le degré de ferveur nationaliste. L'intégration de Taïwan dans son empire par l'occupant mandchou attendit donc le trentième siècle de l'histoire chinoise. Ce n'est pas, à proprement parler, les "temps anciens" de l'histoire de la Chine », souligne le sinologue Stéphane Corcuff, spécialiste de Taïwan[220].

Il est vrai, en effet, que Taïwan ne fut intégrée à la Chine impériale que par les Mandchous, en février 1684 seulement. Voilà donc pour répondre à la propagande de Pékin.

Le 11 janvier 2020, la présidente sortante de Taïwan, Tsai Ing-wen, bête noire de Pékin, profondément hostile à toute idée de réunification de l'île avec le continent communiste, a été réélue pour un second mandat de quatre ans, battant aisément son rival du Kuomintang, Han Kuo-yu, plus ouvert à l'idée d'un compromis avec Pékin. Tandis que les États-Unis ont adopté depuis 2020 une politique de rapprochement avec Taïwan, le régime de Pékin a quant à lui multiplié les opérations d'intimidation militaire contre l'île. Les autorités communistes chinoises affirment depuis des années privilégier un compromis pacifique dans la recherche de la réunification, mais en janvier 2019, le président Xi Jinping a clairement indiqué que Pékin n'excluait pas l'usage de la force pour y parvenir. Le message le plus virulent est venu du porte-parole du ministère de la Défense chinois, Wu Qian, le 28 janvier 2021. « Nous le disons avec sérieux aux forces de l'indépendance de Taïwan : ceux qui jouent avec le feu se brûleront eux-mêmes et l'indépendance de Taïwan signifie la guerre », a-t-il dit lors d'une conférence de presse à Pékin. « L'Armée Populaire de Libération prendra toutes les mesures nécessaires pour tuer dans l'œuf toute tentative d'indépendance (à Taïwan) et défendra fermement la souveraineté et l'intégrité nationale », a-t-il ajouté dans ce qui constitue un avertissement clair à l'adresse de Joe Biden et son administration[221]. Jamais, depuis des années, Pékin n'avait été aussi explicite. Jusque-là, la présidente de Taïwan s'est abstenue de toute déclaration formelle d'indépendance, mais elle explique que son pays n'a pas besoin de le faire puisque étant « déjà un État indépendant ». Une formule qui permet à Taïwan d'entretenir l'ambiguïté et d'éviter une réaction chinoise brutale. En attendant, l'*Economist Intelligence Unit*, du célèbre hebdomadaire britannique éponyme, a classé

Taïwan en tête des démocraties en Asie en 2020, devant le Japon et la Corée du Sud, dans son classement 2021 qui se base sur cinq critères : le processus électoral et le multipartisme, le fonctionnement du gouvernement, la participation politique, la politique culturelle, et les libertés publiques*.

Sur un autre terrain, Taïwan a été un modèle pour le monde dans sa gestion exemplaire de la pandémie de coronavirus tout au long de l'année 2020. Entre le 12 avril et le 22 décembre 2020, l'île n'a enregistré aucun cas de contamination. De fait, les statistiques taïwanaises sont uniques au monde : 843 cas et seulement sept décès, 746 de ces cas étant importés. Le tout, sans avoir imposé le moindre confinement. Il est vrai que Taïwan avait pris ses précautions et s'était préparé, tirant les enseignements des crises du SRAS (en 2003), de la grippe H1N1 (en 2009) ou du coronavirus du syndrome respiratoire du Moyen-Orient MERS (en 2015).

> Un tel niveau de transparence gouvernementale est rare, même dans les formes les plus libérales de la démocratie représentative. Ce modèle de « démocratie numérique » permet aux citoyens de parvenir dans les meilleures conditions à un consensus autour de certaines questions et de mieux surveiller leurs élus. Il renforce également la confiance entre la société civile et le gouvernement, ce qui

---

* Economist Intelligence Unit, « Ranking of democracy in Asia in 2020 », post Facebook de Maxime Wang, 5 février 2021. <https://www.facebook.com/photo.php?fbid=10225007076505130&set=p.10225007076505130&type=3>. À noter que Taïwan a été classé parmi les pays « libres » pour la 23e année consécutive dans le dernier rapport annuel de « La Liberté dans le monde » (*Freedom in the World*) publié le 3 mars 2021 par l'ONG américaine Freedom House, avec une note globale de 94, soit un point de plus qu'en 2020. Taïwan se place ainsi en deuxième position en Asie, derrière le Japon.

s'est révélé très bénéfique pour Taïwan lors de la pandémie de Covid-19[222].

Mais, résultat de pressions intenses du régime de Pékin, Taïwan n'a jamais été autorisé à rejoindre les instances de l'Organisation mondiale de la santé (OMS).

La question de Taïwan est devenue un sujet ultra-chaud sur la scène internationale. Tandis que les administrations américaines Trump puis Biden se sont sensiblement rapprochées de Taïwan et ont adopté une série de mesures pour autoriser les contacts entre responsables américains et officiels taïwanais, le gouvernement chinois s'évertue à décourager de tels contacts entre les pays étrangers et l'administration de l'île, effectuant un lobbying intense pour isoler celle-ci sur la scène internationale. Illustration de ce lobbying qui frise parfois l'ingérence caractérisée dans les affaires intérieures d'un pays, l'ambassadeur de Chine en France, Lu Shaye, a envoyé début février 2021 une lettre à Alain Richard, chef du groupe d'échanges et d'études Sénat-Taïwan au Sénat, exposant ses préoccupations quant à une visite prévue au cours de l'été 2021 de parlementaires français à Taïwan. Il y demandait qu'aucune réunion susceptible de nuire aux relations franco-chinoises ne soit organisée. Ce courrier a été transmis à plusieurs médias français et plusieurs articles ont fait état de l'indignation qu'il a provoquée chez Alain Richard. L'ambassade de Chine a alors publié la lettre sur son site internet et l'a assortie d'une mise en garde formelle adressée aux sénateurs contre la violation du principe d'une seule Chine lors de leur voyage à Taïwan. « Les sénateurs français, en tant que membres de l'institution française, se doivent de respecter ce principe [de l'existence d'une seule Chine] et s'abstenir de toute forme de contacts officiels avec les autorités taïwanaises », était-il écrit dans un message publié le 16 mars. Le lendemain, ces démarches devaient provoquer une mise au point du ministère français des Affaires étrangères par l'intermédiaire d'une courte déclaration : « Les sénateurs français sont libres de rencontrer qui ils veulent lors de leurs déplacements et de leurs contacts. » Cet incident aurait pu en rester là s'il n'avait pas connu une nouvelle initiative de l'ambassade de Chine qui, dans un tweet le 19 mars 2021, a qualifié de « petite frappe » Antoine Bondaz, un membre de la Fondation pour la recherche stratégique (FRS). La FRS avait lancé, en janvier, un nouveau programme, « Taïwan sur la sécurité et la diplomatie », dirigé par Antoine Bondaz, spécialiste reconnu de la Chine. La même ambassade a ensuite multiplié les insultes contre ce chercheur, qualifié également d'« hyène folle » et de « troll idéologique ». C'est la première fois que la représentation chinoise agresse nommément un chercheur français. Ce dernier a immédiatement reçu de nombreux soutiens parmi ses pairs. « Un mot venu du cœur tient chaud durant trois hivers », a ironisé sur Twitter le directeur adjoint de la FRS, Bruno Tertrais, en citant un proverbe chinois.

Le directeur général du Forum pour la paix de Paris, Justin Vaïsse, a jugé que l'expression « petite frappe » – « *small-time hoodlum* », a-t-il traduit en anglais – n'était tout simplement « pas acceptable ». Au-delà, certains ont réclamé une nouvelle convocation de M. Lu. Raphaël Glucksmann, député socialiste au Parlement européen et militant de la cause ouïgoure, s'est dit partisan d'« avoir la nuque raide ». « Si nos dirigeants ont un peu de dignité et de sens de l'État », plaide-t-il, il faut « une grosse explication de texte ». Même demande de François-Xavier Bellamy, député européen du PPE : « Cher Jean-Yves Le Drian, ne laissez pas passer cela, ce serait lâche et dangereux », a-t-il tweeté. « Rarement a-t-on vu des diplomates faire autant de tort à l'image de leur pays. Brutale, grossière, voilà la Chine que vous montrez », a pour sa part tweeté Nathalie Loiseau, députée européenne et ancienne ministre d'Emmanuel Macron. « C'est la critique même de la Chine qu'elle veut empêcher aujourd'hui », a affirmé lundi 22 mars sur

France Info François Godement, sinologue et conseiller pour l'Asie de l'Institut Montaigne. Suite à ces insultes, le ministère français des Affaires étrangères a dénoncé lundi 22 mars des « propos inacceptables ». « Les insultes contre des chercheurs indépendants et la polémique avec des élus de la République sont inadmissibles et n'ont aucune place dans les relations que l'ambassade de Chine est chargée de contribuer à développer entre la France et la Chine », a déclaré la porte-parole de la diplomatie française. « Ce n'est pas en s'en prenant à la liberté académique, à la liberté d'expression et aux libertés démocratiques fondamentales, que la Chine répondra aux préoccupations légitimes de l'Union européenne », a encore déclaré le ministère dans un communiqué. « On ne peut pas tolérer qu'il y ait ce genre de menaces et d'intimidations », a estimé le secrétaire d'État chargé des Affaires européennes après ces insultes. « Ni la France, ni l'Europe ne sont des paillassons », a affirmé mardi 23 mars sur France Info Clément Beaune, secrétaire d'État chargé des Affaires européennes. L'ambassadeur de Chine se distingue depuis des mois par des propos très éloignés du langage de la diplomatie. Il avait été convoqué, le 14 avril 2020, par le ministre des Affaires étrangères, Jean-Yves Le Drian, pour avoir insulté sur son site les soignants des Ehpad, accusés d'avoir « abandonné leurs postes du jour au lendemain [...], laissant mourir leurs pensionnaires de faim et de maladie ». J'ajoute qu'à la suite des insultes de l'ambassade de Chine, Antoine Bondaz a reçu le soutien d'une trentaine de *think tank* européens pour défendre la liberté d'expression et une recherche indépendante sur la Chine :

> Nous sommes directeurs de diverses institutions de recherche engagées dans le renforcement de la compréhension mutuelle et les échanges entre la Chine et l'Europe. Nous sommes très inquiets de voir que des chercheurs indépendants et des institutions de la société civile

sont pris pour cibles, une mesure qui sabote l'engagement constructif de personnes qui luttent de façon positive pour entretenir des débats. Cela va porter tort non seulement à notre capacité à fournir des analyses informées, mais aussi plus largement aux relations entre la Chine et l'Europe. Nous pensons que le dialogue mutuel est crucial, spécialement en ces temps difficiles et nous regrettons profondément que des chercheurs et des institutions de la société civile soient ciblés par les tensions actuelles. Nous nous tiendrons aux côtés de nos collègues qui ont été pris pour cibles de cette manière*.

La propagande chinoise sous toutes ses coutures

Les organes de presse chinois sont tous soumis à une étroite censure exercée par le Parti. Il en va de même des différents vecteurs d'information sur internet, tout comme de la totalité des forums de discussion sur le Web. La Chine dispose d'une énorme machine de propagande à destination de sa population, mais aussi du monde extérieur. Les journalistes des médias d'État, qui constituent la quasi-totalité du paysage médiatique du pays, sont, depuis l'automne 2019, tenus de passer un examen pour évaluer leur loyauté à l'égard du pouvoir et du Parti et tester leurs connaissances à propos de « la pensée Xi Jinping ». Tout au long de leur carrière, les journalistes doivent s'appliquer à rapporter des « nouvelles positives » sur leur pays. Outre divers magazines oubliés en plusieurs langues, Pékin entretient un système élaboré d'émissions radio et de chaînes de télévision émettant vers l'étranger. Son réseau China Global Television Network (CGTN) avait ainsi pris pied à Londres où il avait ouvert un bureau en janvier 2018,

* Communiqué du 22 mars 2021. <https://www.swp-berlin.org/presse/statement-by-european-research-institute-directors/>.

après Nairobi et Washington depuis 2012, pour diffuser des nouvelles « objectives » sur les affaires en Europe et la politique « avec une perspective chinoise ». La CGTN est une filiale de la China Central Television (CCTV), placée sous la tutelle directe du Parti communiste chinois*. Le bureau londonien, qui comptait une centaine de journalistes, diffusait depuis le début 2020 une heure de programmes par jour, à comparer avec les treize heures quotidiennes diffusées de Pékin, les sept de son bureau de Washington et les quatre de Nairobi. Radio Chine International (RCI) dispose du plus important service étranger parmi les médias asiatiques. Plus de cinquante émetteurs à ondes courtes sont opérationnels. Les programmes de RCI peuvent être captés en ondes moyennes dans la plupart des grandes villes de la côte Est des États-Unis. L'Agence Chine nouvelle (Xinhua) fondée en 1931 par le PCC emploie plus de dix mille salariés à travers le monde et possède des bureaux dans cent quarante pays. Elle est rattachée au Conseil des affaires d'État et diffuse des nouvelles qui représentent strictement la ligne officielle du Parti.

À l'intérieur de la Chine, la presse est entièrement sous contrôle. La diffusion des médias étrangers est étroitement censurée. C'est ainsi que Google, Instagram, Facebook, Twitter, Snapchat, sont bloqués depuis des années par le Great Firewall chinois. Tout comme les sites internet du *New York Times*, de la BBC, du *Guardian*, du *Washington Post*, de Reuters, de l'AFP, d'*El Pais*, de l'*Hindu*, du *Spiegel*, de l'*Economist*, du *Monde*, de *Libération*, de *Radio France Internationale* et de bien d'autres encore. Être journaliste occidental accrédité en Chine représente un parcours du combattant de tous les instants. Première difficulté : les correspondants étrangers, en particulier ceux qui

---

* La CGTN est une machine de propagande très puissante au service du Parti communiste chinois. Elle diffuse ses émissions vers 165 pays en cinq langues.

parlent le chinois, font l'objet d'une surveillance extrêmement étroite. Épiés dans leurs moindres faits et gestes, ils sont suivis dans leurs mouvements, écoutés dans leurs conversations téléphoniques. Leur courrier est ouvert et leurs activités sur internet et leurs boîtes mails sont espionnées. Le principal danger pour ces journalistes est de causer de sérieux ennuis à leurs sources chinoises, mais aussi à leurs amis. Quel journaliste occidental en Chine n'a pas éprouvé, à un moment de sa mission, l'angoisse lancinante d'envoyer un informateur ou un ami en prison ? D'autre part, les visas de travail sont d'une durée de plus en plus courte. Lorsque j'étais correspondant à Pékin, dans les années 1980, ce visa était généralement d'une durée d'un an. Lorsqu'un papier déplaisait aux autorités, le journaliste était convié à « boire le thé » avec un responsable du ministère des Affaires étrangères. Il faisait alors l'objet d'une réprimande qui pouvait être sévère. Mais le plus souvent, l'affaire s'arrêtait là. À l'heure actuelle, les conditions d'octroi de ces visas se sont considérablement détériorées. Des visas d'une durée d'un mois sont devenus une pratique courante, et dans les cas extrêmes, le visa est d'une durée de deux semaines ! Une épée de Damoclès. Comment en effet, dans ces conditions, ne pas être tenté de procéder à une autocensure, dans la peur permanente d'être obligé de quitter le territoire et de perdre son emploi ? En 2020, jamais la Chine n'avait expulsé autant de correspondants étrangers depuis le massacre de la place Tiananmen en juin 1989. La Chine a expulsé – et jamais elle n'avait atteint ce nombre depuis le massacre de la place Tiananmen en juin 1989 – au moins dix-huit journalistes étrangers travaillant pour les quotidiens américains *New York Times*, *Wall Street Journal* et *Washington Post*, selon le décompte du Club des correspondants étrangers en Chine (FCCC) dans son rapport annuel[223].

« Partout où se trouvent les lecteurs, partout où se trouvent les spectateurs, c'est là précisément où les organes de propagande doivent étendre leurs tentacules », avait déclaré Xi

Jinping en février 2016. En octobre 2017, il a annoncé la couleur : dorénavant, tous les médias chinois devaient être placés sous l'autorité directe du Parti. « Parti, gouvernement, militaires, civils et universitaire ; à l'est, à l'ouest, au sud, au nord et au centre, le Parti dirige tout », avait-il lancé à l'occasion d'un discours fleuve prononcé au XIXe congrès du PCC. C'est ainsi que l'administration d'État de la presse, de la radio, du cinéma et de la télévision est désormais contrôlée par le PCC. De nouvelles directives placent « la production de l'information et la culture » sous la « direction unifiée du Parti », en l'occurrence le Département central de la propagande du PCC. La CCTV a ainsi pour « principales responsabilités de propager les théories, la ligne politique et les politiques du Parti ; de planifier et de gérer les grands reportages de propagande » ; et à l'étranger, de « bien raconter l'histoire de la Chine »[224]. C'est ce lien direct entre la CGTN et le PCC qui a valu la révocation, le 4 février 2021, par l'Ofcom, le régulateur britannique des médias, de la licence d'exploitation de la chaîne internationale chinoise sur le sol britannique, dans ce qui constitue un sérieux camouflet aux ambitions chinoises en matière de *soft power*. Cette révocation intervient un an après que le département d'État américain a désigné la CGTN et d'autres médias officiels chinois comme des « missions étrangères ». Chassée du Royaume-Uni, la CGTN s'est immédiatement tournée vers la France et a demandé une autorisation au Conseil supérieur de l'audiovisuel (CSA) d'émettre vers toute l'Europe à partir du sol chinois. Autorisation qui lui a été donnée le 3 mars. Je me suis vu préciser par un membre du CSA que je connais bien que cette autorisation était « purement technique et automatique », dans la mesure où la CGTN émet à partir d'un satellite européen. « Si le CSA avait voulu l'empêcher qu'il ne l'aurait pas pu. En revanche, la chaîne sera désormais placée sous le contrôle du CSA et devra dès lors respecter la loi sur la liberté de communication et le CSA sera vigilant », m'a déclaré cette source. Il reste que la CGTN s'est tournée vers la France et non pas vers l'Allemagne, la Pologne ou l'Estonie, et j'en conclus que la France a bel et bien baissé culotte. Notons, pour en terminer sur ce sujet, que la France aurait pu exiger de la Chine la réciprocité en donnant à France24 le droit d'émettre vers le sol chinois. Visiblement, elle ne l'a pas fait.

Le 21 janvier 2021, Hua Chunying, porte-parole du ministère des Affaires étrangères chinois, a déclaré que la Chine avait « fourni aux États-Unis plus de 42 milliards de masques, soit près de 127 par personne, plus de 900 millions de gants, 780 millions de tenues de protection, 50,66 millions de lunettes et 15 905 ventilateurs depuis mars 2020 ». « Nous avons fait de notre mieux pour fournir un soutien et de l'aide au peuple américain », a déclaré Hua lors d'une conférence de presse. « De mars à fin 2020, la Chine a exporté 224,2 milliards de masques, soit 30 pour cent de toutes les exportations de masques, soit près de 40 masques partout dans le monde en dehors de la Chine. » Elle a cependant oublié de préciser que la Chine n'avait pas « fourni » ce matériel, mais qu'elle l'avait en réalité « vendu » et qu'une partie s'était révélée défectueuse.

Les camps de travail, une réalité persistante

Hartmut Idzko, journaliste et correspondant pour l'Asie de la première chaîne allemande publique ARD pendant de nombreuses années, a réalisé un film qui parle du travail forcé en Chine, érigé en système, et du poids des camps de travail dans l'économie du pays.

> Je savais, bien entendu, que, dans les années 1950, à l'époque de Mao, il y avait eu de nombreux camps de travail en Chine. Mais c'est seulement après la visite du musée *laogaï* [nom générique en chinois pour « camp de

réforme par le travail »] à Washington que j'ai appris que ces camps existaient toujours, et en grand nombre. Ce fut un choc ! Aujourd'hui, il existe près d'un millier de camps, un dans presque chaque ville chinoise. Actuellement, on estime que quatre millions de personnes y sont internées. Souvent, ce sont des opposants au régime et non des prisonniers de droit commun. Le gouvernement chinois peut enfermer des gens pendant quatre ans sans jugement. Tout récemment, plus de 180 défenseurs des droits civiques ont été internés. De telles arrestations sont à l'ordre du jour en Chine. Chez nous, au mieux, on évoque cela dans un entrefilet dans le journal… […]

En quoi les camps chinois se distinguent-ils des camps de travail en Union soviétique ou en Allemagne à l'époque nazie ?

La grande différence, c'est l'administration des camps, qui est tributaire de la force de travail des détenus, ce qui n'était pas le cas dans les goulags ou les camps de concentration. Le personnel des camps ne perçoit pas un salaire versé par l'État, il vit de ce que les prisonniers produisent. Ce qui explique qu'il n'y ait pas d'extermination ciblée dans les camps chinois comme sous les nazis. Les gardiens ont intérêt à ce que les détenus restent en vie pour pouvoir les exploiter. Les camps relèvent de l'administration régionale. Il serait donc illusoire de vouloir mettre fin à ce système à partir de Pékin.

Autrefois, en Chine, les travailleurs forcés étaient utilisés pour la construction d'infrastructures et dans l'agriculture. Quel rôle jouent-ils maintenant dans l'économie chinoise ?

Les chiffres exacts ne sont pas publics, cela va de soi. Mais on peut considérer que les camps de travail contribuent massivement à l'économie du pays. C'est un marché qui se chiffre en milliards. Souvent, il s'agit d'usines modernes que les Européens viennent visiter et où ils peuvent passer commande directement. Mais, derrière le bâtiment, ils

> ne voient pas la prison dans laquelle la marchandise est produite : guirlandes de Noël, emballages pour l'industrie pharmaceutique, vêtements, animaux en peluche, ou des pièces de machine… Pratiquement chaque produit chinois bon marché qui se retrouve dans nos magasins a été fabriqué dans un camp de travail. Sans les *laogaïs*, la Chine serait incapable de produire à si bas prix[225].

Le livre noir des camps de travail et de l'univers concentrationnaire chinois reste encore à écrire*.

Une conception nouvelle des droits de l'homme, un entrisme efficace à l'ONU

En attendant des jours meilleurs pour la démocratie en Chine, la propagande du régime a adopté une conception nouvelle des droits de l'homme.

> En octobre 2020, voici l'un de ces « loups combattants » de la diplomatie chinoise à la manœuvre à l'assemblée des Nations unies. Car malgré la répression contre les Ouïghours ou la situation à Hong Kong, malgré les protestations des ONG, la Chine est toujours membre du Conseil des droits de l'homme de l'ONU. Elle a été réélue le 13 octobre 2020 – une hérésie, selon cet ancien ambassadeur interviewé par *Complément d'enquête*. Ce que le diplomate chinois cherche à faire passer ce jour-là ? Rien de moins qu'une résolution qui modifierait… la

* Le sinologue Jean-Luc Domenach a publié un livre de référence sur l'univers carcéral de la Chine sous le titre *L'Archipel oublié* (Paris, Fayard, 1992). Il a également signé la préface d'un excellent livre sur le même sujet du dissident chinois Harry Wu, *Laogai. Le goulag chinois* (Paris, Dagorno, 1999).

notion même de droits de l'homme. « Que disait ce projet de résolution ? » décrypte Jean-Maurice Ripert, ambassadeur de la France en Chine jusqu'à l'été 2019. « Que quand on parlait de droits de l'homme, il fallait d'abord et avant tout regarder le niveau de développement, et préserver la liberté de choix du régime politique et social. Comme si les Chinois avaient la liberté de choix en Chine… C'est ce qu'on appelle le relativisme : c'est la négation de la valeur universelle des droits de l'homme. Les droits de l'homme, c'est bon pour certains, ce n'est pas bon pour les autres. »
« Petit à petit, effectivement, confirme Walter Stevens, chef de la délégation de l'UE à Genève, la Chine essaie de faire introduire certains concepts qui changent un peu le concept de droits de l'homme, qui est quand même universellement partagé. »
Raté pour cette fois… Face à la résistance des diplomates, la résolution ne sera finalement pas présentée. Pour le régime chinois, c'est une petite défaite. Mais Pékin n'est pas pressé : le pays se projette à long terme. « Que dit la Chine ? "Traitez avec moi, et nous allons construire un monde différent." C'est le principe de la roue de bicyclette : un centre, 193 rayons (c'est le nombre d'États membres des Nations unies). "Vous pouvez tout faire, du moment que c'est avec moi." En chinois, précise Jean-Maurice Ripert, le mot Chine, "Zhōngguó", ça ne veut pas dire "l'empire du Milieu"… ça veut dire "le centre du monde", il faut bien garder ça en tête. »[226]

Début mars 2021, l'ambassade de Chine en France mettait en ligne des propos tenus par l'ambassadeur Lu Shaye :

D'autres d'entre vous diraient que la démocratie s'entend par le suffrage universel selon le principe « un homme, une voix » et le multipartisme, et que la liberté est avant tout

> la liberté d'expression. Le suffrage universel et le multipartisme sont en effet la démocratie, mais seulement les formes de la démocratie, et non le [fond] de la démocratie, ni un critère pour juger ce qui est démocratique et ce qui ne l'est pas. Au fond, la démocratie est le droit et la capacité du peuple à mener une vie heureuse et à participer au gouvernement de l'État. […] Même dans les pays occidentaux, le suffrage universel et le multipartisme ont différentes formes[227].

Voilà énoncée la conception chinoise de la démocratie. Nous ajouterons en commentaire qu'en Chine, il n'existe ni multipartisme, ni suffrage universel, ni pluralité de débat, ni justice indépendante, ni non plus presse libre.

Ajoutons que la Chine a accumulé au fil des ans un pouvoir de nuisance considérable au sein de l'ONU. Elle est l'un des cinq membres permanents du Conseil de sécurité, aux côtés des États-Unis, de la Russie, de la France et du Royaume-Uni, et, à ce titre, elle a bloqué tout projet de résolution déposé par le camp occidental pour condamner le coup d'État militaire en Birmanie, avec l'aide, il est vrai, de la Russie. La Chine joue sur les deux tableaux: outre son veto au Conseil de sécurité, le groupe non démocratique et prétendument obsolète qui représente « l'ordre mondial de 1945 », elle est le poids lourd et donc le principal influenceur de l'ineffable Groupe des 77 qui, contrairement à ce qu'indique son nom, compte 134 membres sur 193 à l'Assemblée générale de l'ONU, l'entité dont seuls les ignorants et les naïfs croient encore qu'elle est démocratique car elle fonctionne en théorie selon le principe « un État, un vote »… Grâce à un entrisme très efficace auprès des pays émergents qui lui sont favorables, Pékin a réussi à prendre le contrôle d'une longue série d'institutions liées à l'ONU. Dans les missions de paix, la Chine prend dorénavant une place au premier rang. Aujourd'hui, plus de 2500 militaires chinois sont Casques bleus, au Liban, au Mali, en République démocratique du Congo ou au Soudan du Sud. La Chine parvient d'autre part, avec un succès croissant, à faire capoter dans les instances onusiennes, en particulier au Conseil des droits de l'homme à Genève dont elle est membre de plein droit, les tentatives occidentales de résolutions dénonçant la situation des droits de l'homme sur son territoire. Le 13 octobre 2020, malgré les révélations sur la situation des Ouïghours au Xinjiang et les abondants reportages sur l'oppression des Hongkongais par Pékin, la Chine a réussi à faire renouveler son mandat de membre du Conseil des droits de l'homme aux Nations unies pour la période 2021-2023. Pékin peut crier victoire face aux accusations des pays occidentaux visant la situation des droits de l'homme en Chine. Le lendemain, le porte-parole du ministre chinois des Affaires étrangères Zhao Lijian pouvait triompher et déclarait :

> C'est la cinquième fois que la Chine est élue membre du Conseil des droits de l'homme depuis sa création [créé en 2006, le Conseil est composé de 47 États membres élus à la majorité des membres de l'Assemblée générale de l'ONU. Les membres sont élus pour un mandat de trois ans et ne sont pas immédiatement rééligibles après deux mandats consécutifs]. Cela prouve la pleine reconnaissance par la communauté internationale du développement et des progrès en matière de droits de l'homme en Chine, et la participation de la Chine à la gouvernance mondiale des droits de l'homme[228].

Enfin, en l'espace de quelques années à peine, la Chine s'est emparée du contrôle de la FAO (Organisation des Nations unies pour l'alimentation et l'agriculture), de l'UIT (Union internationale des télécommunications), de l'OACI (Organisation de l'aviation civile internationale), de l'ONUDI (Organisation des Nations unies pour le développement industriel) et, indirectement, de l'OMS (Organisation mondiale de la santé).

Dans cette atmosphère de nationalisme survolté, certaines nouvelles déchaînent les passions. Ainsi celle, en mars 2021, de l'attribution d'un Golden Globe à Chloé Zhao, réalisatrice de *Nomadland*,

> La réalisatrice Chloé Zhao, première femme asiatique récompensée d'un Golden Globe pour *Nomadland*, se trouvait samedi [début mars 2021] au cœur d'une polémique en Chine. Cette dernière pourrait compromettre la sortie du film dans son pays de naissance.
> *Nomadland*, hymne à la gloire de hippies modernes sillonnant les États-Unis dans leurs camionnettes, est sorti vainqueur dimanche [le 28 février 2021] des Golden Globes, cérémonie dont les prix sont parmi les plus convoités du cinéma américain. Le long métrage l'a emporté dans la catégorie phare du meilleur film dramatique et Chloé Zhao, 38 ans, a reçu le prix de la meilleure réalisatrice.
> Née à Pékin mais installée aux États-Unis, Chloé Zhao est devenue la première femme asiatique de l'histoire des Golden Globes à être récompensée pour la réalisation d'un film. Elle est aussi la deuxième femme à être lauréate dans cette catégorie, après Barbra Streisand en 1984.
> Le prix a suscité en Chine l'admiration en début de semaine, les médias du pays multipliant les articles élogieux à propos de « la réalisatrice chinoise », qualifiée de « fierté ». Mais des propos attribués à Chloé Zhao dans un magazine américain en 2013, dans lesquels elle semblait critiquer son pays d'origine, ont ensuite fait surface.
> La réalisatrice y affirme, dans une capture d'écran supposée de l'article, que la Chine est un « endroit où il y a des mensonges partout ». Dans une autre interview qui

a également circulé sur les réseaux sociaux, Chloé Zhao indique que « les États-Unis sont maintenant [son] pays ». Ces propos supposés de la réalisatrice n'apparaissent pas sur les sites des médias en question. Mais ils ont provoqué un tollé en Chine, où Chloé Zhao était qualifiée samedi de « traîtresse » par certains internautes sur fond de nationalisme exacerbé.

Le mot-dièse pour *Nomadland* était quant à lui introuvable sur le réseau social Weibo, mais les discussions autour du film et sa réalisatrice ne semblaient pas pour autant censurées.

La sortie de *Nomadland* en Chine est officiellement prévue le 23 avril 2021. La date n'apparaissait cependant plus sur les principales plateformes de cinéma du pays et la sortie du film y est désormais incertaine, a rapporté vendredi le magazine *Variety*. La Fédération chinoise du cinéma d'art et d'essai (NAAC) n'avait dans l'immédiat pas réagi à une demande d'information de l'AFP[229].

Que dire aussi de cette fièvre qui a brusquement saisi les réseaux sociaux chinois le 24 mars 2021 autour de la « profonde inquiétude » manifestée par le groupe de textile suédois H&M à propos des informations faisant état de travail forcé dans les champs de coton du Xinjiang ? H&M avait plus tard indiqué qu'il ne se fournissait plus en coton provenant du Xinjiang en raison des informations faisant état de travail forcé imposé aux Ouïghours dans ces champs. Cette inquiétude avait pourtant été exprimée un an auparavant, mais elle a créé une avalanche de commentaires vengeurs sur les réseaux sociaux. « Répandre des rumeurs pour boycotter le coton du Xinjiang tout en voulant faire de l'argent en Chine ? Voilà un vœu pieux », a déclaré la Ligue de la Jeunesse communiste chinoise dans un message posté sur la plate-forme Weibo. Le coton du Xinjiang « ne va pas nous avaler », a rajouté la Ligue quelques instants plus tard. H&M, de même que plusieurs autres marques dans le collimateur des internautes chinois, est membre de Better Cotton Initiative, un groupe qui promeut une production durable du coton et qui, en octobre 2020, avait annoncé avoir renoncé à s'approvisionner dans le Xinjiang. L'acteur chinois Huang Xuan a annoncé sur sa page Weibo qu'il avait mis fin à son contrat le liant à H&M, soulignant qu'il était opposé « aux calomnies et à la rumeur ». Il a été plus tard suivi par les acteurs Wang Yibo et Victoria Song. Certains intervenants sur Weibo ont appelé H&M à quitter le sol chinois et les Chinois à un boycott de ses produits[230]. La Chine est aujourd'hui le quatrième marché d'H&M. Certains hôtels de Chine en étaient arrivés à poster une affichette à l'entrée informant que celle-ci serait refusée aux personnes portant des habits H&M. Cette furie s'est dans les jours suivants étendue au géant américain Nike (de même qu'à ses filiales New Balance, Under Armour, Tommy Hilfiger et Converse) qui, lui aussi, avait l'an dernier exprimé son inquiétude à propos du traitement réservé aux Ouïghours au Xinjiang, puis à la firme allemande Adidas qui a également annoncé qu'elle n'utiliserait plus de coton en provenance du Xinjiang, puis à la firme britannique de luxe Burberry et, enfin, à la firme allemande spécialisée dans les articles de sport Puma. La célèbre actrice chinoise Zhou Dongyu qui était l'ambassadrice de Burberry en Chine a brusquement annoncé qu'elle avait mis fin à son contrat avec la marque britannique jusqu'à ce qu'elle « déclare clairement et publiquement sa position sur le coton du Xinjiang ». L'actrice Liu Yifei, qui a incarné Mulan dans le film de Disney, a annoncé qu'elle cessait tout partenariat avec Adidas, sous les applaudissements de ses fans. Au total, ce sont au moins vingt-sept acteurs, actrices, chanteurs et chanteuses chinois qui ont déclaré mettre fin à leurs liens avec ces marques occidentales en l'espace de deux jours seulement. La députée de Hong Kong Regina Ip a quant à elle annoncé qu'elle n'achèterait plus de produits Burberry.

« Burberry était l'une de mes marques préférées. Mais je vais arrêter de l'acheter. Je me range du côté de mon pays en boycottant les firmes qui répandent des mensonges sur le Xinjiang », a-t-elle dit. La télévision d'État chinoise CCTV s'est elle aussi mise de la partie pour estimer que H&M « se trompait en voulant devenir un héraut porte-drapeau du droit » et que la firme devait désormais « payer un lourd tribut pour ses actions erronées ». *Le Quotidien du Peuple*, organe du Parti communiste chinois, n'a pas été en reste, publiant dans ses pages un encadré intitulé « Je soutiens le coton du Xinjiang ». En date du 24 mars 2021, au moins quatre plates-formes chinoises de vente en ligne, Alibaba, Pinduoduo, JD.com et Tmall, avaient retiré les produits H&M de leurs rayons. À cette liste s'est ajouté depuis le groupe japonais Uniqlo, lui aussi pris dans la tourmente pour avoir déclaré renoncer à s'approvisionner en coton du Xinjiang, tandis que la star de la pop de Hong Kong Eason Chan a décidé de couper les ponts avec Adidas. Son post sur la plate-forme chinoise Weibo a instantanément reçu le soutien de presque 800 000 utilisateurs. « Je sais que vous n'allez pas nous laisser tomber. Je suis du Xinjiang », a dit l'un d'entre eux. Le 29 mars 2021, le bureau du Haut-Commissaire des Nations unies a jeté un autre pavé dans la mare en révélant que, sur la base de ses travaux, il en était arrivé à la conclusion que plus de 150 entreprises chinoises et étrangères affiliées à « des marques bien connues » sont peut-être mêlées au trafic d'êtres humains, au travail forcé et à d'autres violations des droits de l'homme au Xinjiang. « Plusieurs experts choisis par le Conseil des droits de l'homme ont dit avoir reçu des informations qui mènent à plus de 150 compagnies chinoises ou étrangères liées à des accusations graves de violations des droits de l'homme contre des travailleurs ouïghours », souligne le bureau de l'ONU. Aucun nom de marque n'est mentionné, mais le groupe de travail a précisé avoir identifié les secteurs de l'agrobusiness, des technologies, des transports, du textile et de l'habillement. « Des travailleurs ouïghours ont peut-être été soumis à des conditions de travail et de vie abusives qui peuvent constituer une pratique de détention arbitraire, de trafic d'êtres humains, de travail forcé et d'esclavage par le biais du travail forcé », ajoute-t-il[231].

Outre la furie nationaliste qu'elle a provoquée en Chine, cette controverse qui est encore loin d'être éteinte met en lumière une autre question : les entreprises commerciales ont-elles un devoir vis-à-vis des valeurs universelles que sont les droits de l'homme et les libertés individuelles ? En d'autres termes, le commerce a-t-il une moralité ? « S'agissant de nos relations commerciales, la Chine est un partenaire économique incontournable, à l'échelle mondiale, mais nos relations ne doivent pas se faire au détriment de nos principes, de nos valeurs et du modèle de société que nous défendons, ni être exemptes de réciprocité », a déclaré le 24 mars Franck Riester, ministre délégué auprès du ministre de l'Europe et des Affaires étrangères chargé du Commerce extérieur et de l'Attractivité, en réponse à une question d'actualité, au Sénat. D'autres éléments de réponse vont probablement surgir dans les mois qui viennent.

5
La Chine dans le monde : à la conquête de la planète

Que ce soit son programme titanesque des Nouvelles Routes de la soie, sa présence en Afrique, sa diplomatie agressive à l'égard de ses partenaires occidentaux ou son influence prédominante auprès des pays émergents, la Chine est devenue un acteur global du jeu géopolitique mondial. Où s'arrêteront ses ambitions planétaires ? La Chine saura-t-elle assumer ses nouvelles responsabilités internationales qui sont immenses ? L'éléphant dans un magasin de porcelaine.

> « Le premier terrain d'opération est celui qui permet au prédateur d'aller au plus près de sa proie et de rapporter les fruits de ses rapines. »
> François Heisbourg, conseiller spécial à la Fondation pour la recherche stratégique[232]

Les Nouvelles Routes de la soie, un instrument de domination ?

L'un des projets internationaux le plus faramineux de l'histoire mondiale récente, mais aussi sans doute le plus critiqué de la Chine de Xi Jinping, est celui dit des Nouvelles Routes de la soie (Belt and Road Initiative, BRI ou encore One Belt One Road OBOR, Yidai Yilu 一带一路 en chinois), un programme de très grande envergure visant à relier la Chine à la vaste majorité des économies terrestres par des routes commerciales terrestres, aériennes et maritimes. Lorsqu'en septembre 2013, il avait profité d'une visite au Kazakhstan pour proclamer au monde le lancement de ce projet pharaonique, le président chinois avait en même temps annoncé la couleur : « Nous allons créer une communauté de destin commun pour l'humanité et engager la réforme du système de gouvernance mondiale. » Rien de moins. « Mais je veux être clair, les Nouvelles Routes de la soie sont une plate-forme de coopération ouverte. Elles ne sont pas conçues pour servir un quelconque agenda politique », a-t-il pris soin de préciser. Était-ce pourtant la volonté de la Chine de créer un nouvel ordre hégémonique mondial ? À voir. Il reste que ce projet et sa mise en œuvre sur le terrain présentent des relents de néocolonialisme.

> Par définition, le néocolonialisme est le fait de l'ancienne puissance coloniale dans un pays devenu indépendant. Mais dans une acception plus étroite, il pourrait tout à fait s'appliquer à l'entreprise pharaonique de la Chine, au moins à une partie des « Nouvelles Routes de la Soie », en Asie du Sud. La façon dont le financement d'infrastructures via des prêts hors des règles du marché permet à Pékin de s'accaparer le patrimoine économique d'un État est édifiant[233], souligne Olivier Guillard [spécialiste de l'Asie, chercheur au CERIAS (Université du Québec à Montréal)].

Qu'est-ce que la BRI, en réalité ? Ayant retrouvé sa puissance, la Chine a-t-elle renoué avec la politique bienveillante qu'autrefois elle développait à l'égard de son environnement traditionnel ? Ou bien, en proie à une rivalité stratégique de plus en plus ouverte avec les États-Unis, et l'Occident en général, la Chine de Xi Jinping n'a-t-elle pas plutôt décidé de se constituer un nouvel empire, sous la forme d'un glacis de nations tributaires de sa manne financière et donc neutralisées, empire destiné à affaiblir la domination des puissances qui, stratégiquement et idéologiquement, la combattent ? Le qualificatif d'« empire » est à l'évidence trop fort. La Chine n'a pas l'intention de remplacer, notamment militairement, les États-Unis. En revanche, elle veut détruire l'Empire américain. Et, pour cela, elle a besoin d'établir une nouvelle hégémonie, seule capable de contrebalancer et d'affaiblir l'hégémonie américaine et les systèmes d'alliances qui en découlent[234], estime le sinologue Jean-Pierre Cabestan.

Que non, rien de tout cela, affirme David Dodwell, directeur général du *think tank* Hong Kong-APEC Trade Policy Study Group :

> Les graines de la BRI ont été semées non pas pour une hégémonie globale ou pour s'en servir pour gagner une influence politique, mais comme une reconnaissance défensive de la vulnérabilité stratégique de la Chine et de sa dépendance critique (qui croît) pour l'alimentation, le pétrole et les minéraux venant de pays pauvres et souvent instables à travers l'Asie, l'Afrique et l'Amérique du Sud[235].

Les Nouvelles Routes de la soie se manifestent principalement par des investissements chinois d'une envergure colossale, estimés à plusieurs milliers de milliards de dollars, dans les infrastructures des pays que ces routes traversent. Mais cette ambition chinoise presque sans limites suscite autant d'enthousiasme que d'inquiétudes. Si la Chine trouve dans ce gigantisme un intérêt à la fois économique et politique, il n'est pas garanti que ses pays partenaires y gagnent au change. L'expression de « Nouvelles Routes de la soie » fait référence aux routes la soie, ancien réseau de voies commerciales reliant l'actuelle ville de Xi'an, en Chine, à Antioche, située dans l'actuelle Turquie. Ouverts au IIe siècle av. J.-C., ces itinéraires ont pris le nom du matériau le plus précieux alors transporté par les marchands parcourant l'Asie et l'Europe : la soie. Ils ont toutefois été progressivement abandonnés à partir du XVe siècle, supplantés par la route des Indes. Si les routes de la soie créées sous la dynastie des Han (漢朝, 206 av. J.-C.-220 ap. J.-C.) s'étendaient principalement la Chine à l'Europe, l'ambition affichée par Xi Jinping est bien plus vaste encore puisqu'il entend développer les liaisons commerciales avec l'Europe bien sûr, mais aussi avec l'Afrique, le Moyen-Orient et le reste de l'Asie. On distingue aujourd'hui deux trajets majeurs : la route maritime passant par les détroits de Malacca, Palk, Bab-el-Mandeb et par le canal de Suez, et la route terrestre qui traverse la province chinoise du Xinjiang, le Kazakhstan, la Russie et l'Europe. Mais les Nouvelles Routes de la soie sont en réalité bien plus nombreuses, à tel point qu'il est difficile de les cartographier avec précision et de façon actualisée. L'objectif premier de cet ambitieux développement, que beaucoup d'observateurs comparent au plan Marshall mais en beaucoup plus important, est de faciliter et de sécuriser le transport de la production chinoise vers les principaux pays consommateurs et d'assurer l'approvisionnement du pays en ressources, notamment en hydrocarbures[236].

Petit retour en arrière : le nom générique de « Route de la soie » désigne un certain nombre de voies qui reliaient autrefois la Chine à l'Empire romain. Seule la Chine possédait, dès le milieu du IIIe millénaire av. J.-C., les secrets de la fabrication de la soie, matière précieuse à la fois douce, résistante et chatoyante, très prisée en Europe. La légende veut que l'art de dérouler les cocons de vers à soie (*Bombyx mori*) ait été découvert par une impératrice, femme de l'Empereur Jaune (Huang Di, 黄帝, souverain mythique qui aurait régné de 2697 à 2598 av. J.-C.), considéré comme le père de la civilisation chinoise. La longue et sinueuse Route qui traverse le nord-ouest de la Chine est donc riche d'une histoire de plus de deux mille ans. Cette voie antique part des anciennes capitales impériales Luoyang et Xi'an, traverse le fleuve Jaune à Lanzhou (Ouest de la Chine) puis s'engouffre dans le corridor du Gansu, poursuivant son chemin le long de la lisière du désert et de hautes chaînes de montagnes. Le commerce qui l'empruntait était le fait des marchands d'Asie centrale. Outre la soie, ils transportaient des chevaux, du bétail, des cuirs et des fourrures, ainsi que des produits de luxe tels que l'ivoire et le jade. La Route de la soie dans l'Antiquité désigne donc d'abord l'ancienne voie commerciale qui reliait l'Asie centrale à la Chine. Sa période de prospérité s'étale entre 618 et 907, sous la dynastie des Tang (唐朝, 618-907 ap. J.-C.). Au XIe siècle, les Mongols, alors maîtres de l'Asie, donnèrent un nouvel élan à sa fréquentation, tombée en déshérence après l'expansion des Arabes et de l'islam à partir du VIIIe siècle et des guerres civiles qui ravagèrent la Chine. L'existence de la Route de la soie est attestée par le Vénitien Marco Polo qui en offre un témoignage précis dans son livre *Le Devisement du monde*, paru en 1298. Si les Chinois continuèrent à échanger de la soie contre des fourrures avec les Russes au nord du trajet original, le commerce et la circulation le long de cette route diminuèrent de manière significative à partir de la fin du XIVe siècle.

Les Nouvelles Routes de la soie sont autrement plus ambitieuses. Quelque 138 pays asiatiques, africains et européens, soit quasiment les deux tiers des pays du monde, ont signé des accords dans le cadre de ce programme. Ils représentent près de 55 % du PIB mondial, 70 % de la population mondiale, et surtout 75 % des réserves énergétiques de la planète. Le coût estimé des premiers programmes est de l'ordre de

900 milliards de dollars, mais les prêts alloués par la Chine aux pays signataires pourraient atteindre la somme astronomique de 8 000 milliards de dollars. La BRI signale peut-être une révolution des échanges mondiaux. C'est aussi et surtout d'un formidable outil de domination politique et économique ainsi que d'un extraordinaire véhicule de *soft power* que s'est ainsi dotée la Chine. Au prix, certes, de dégâts considérables et irréversibles sur l'environnement. Et c'est précisément sur ces deux sujets que le bât blesse ! L'annonce de ce plan à Astana[*], au Kazakhstan, est d'une portée symbolique très forte qui n'a pas échappé aux États par lesquels passent les tracés de ces nouvelles routes. Lancer officiellement un projet d'une telle envergure à partir d'un petit pays (comparé aux immensités chinoises) d'Asie centrale est en effet lourd de sens. Depuis près de dix ans maintenant, il apparaît à nombre d'observateurs que la Chine a poursuivi dans ces pays une politique de prédateur. Les conséquences sur l'environnement de ces innombrables projets d'infrastructures sont considérables.

> Dans une étude du World Resources Institute (WRI)[**], des chercheurs estiment qu'entre 2014 et 2017, dans le seul secteur de l'énergie, 91 % des crédits accordés conjointement par les six plus grandes banques chinoises et 61 % des prêts de la China Development Bank (CDB) et de la banque d'import-export chinoise (China Exim Bank) dans le cadre de la BRI, finançaient des énergies fossiles.
> Selon une étude de l'Institut d'économie de l'énergie et d'analyse financière (IEEFA)[***], plus du quart des cen-

---

* Aujourd'hui Noursoultan, du nom du président Nazarbaïev.

** World Resources Institute, ou WRI, est un *think tank* américain fondé en 1982.

*** Institute for Energy Economics and Financial Analysis (IEEFA), *think tank* américain.

trales au charbon construites hors de Chine en 2018, pour la plupart dans le cadre de la BRI, pourrait avoir été financé par des institutions chinoises[237].

Actuellement, Pékin est impliqué dans la construction de 240 centrales au charbon à l'étranger et 80 % des projets énergétiques financés par les banques de développement chinoises dans le monde depuis le début du siècle portent sur des énergies fossiles, contre seulement 3 % pour des projets éoliens ou solaires[238].

Or les infrastructures financées aujourd'hui conditionnent les trajectoires de développement pour les décennies à venir. Les États concernés risquent de se retrouver piégés en raison de choix économiques débouchant sur des dégradations de l'environnement potentiellement irréversibles. Si les trajectoires de développement des pays participant à la BRI suivent leur cours d'ici à 2050, le maintien d'une trajectoire avec l'objectif des 2 °C contenu dans l'accord de Paris nécessiterait une réduction de 68 % des émissions annuelles de CO_2 par rapport aux projections actuelles[239].

Un objectif *de facto* impossible à tenir.

Confrontée aux critiques qui fusent de toutes parts, la Chine a réagi.

Des lignes directrices pour promouvoir une initiative « verte » ont ainsi été publiées en mai 2017. Une coalition d'acteurs (États, agence des Nations unies, institutions académiques et entreprises) – la BRI International Green Development Coalition – a été lancée en avril 2019 pour orienter les financements vers des investissements plus verts. Des principes pour un investissement vert ont été signés par 27 institutions financières dont la China

> Development Bank et la China Exim Bank, les deux principales banques publiques octroyant des financements dans le cadre de l'initiative.
> Pour éviter que ce verdissement ne s'apparente à du *greenwashing*, ces principes, lignes directrices et coalition d'acteurs devront être suivis et mis en œuvre.
> Certaines mesures permettraient d'améliorer l'impact environnemental des financements octroyés : entre autres, renforcer les normes environnementales et sociales dans l'instruction et le suivi des projets, systématiser les évaluations d'impact économique, social et environnemental des projets, ou se fixer un volume de projets à co-bénéfices climat-biodiversité. […]
> Une récente étude de la China Development Bank et du Programme des Nations unies pour le développement [PNUD] montre que la question de l'harmonisation des normes environnementales et sociales de financement et d'investissement est un point d'intérêt croissant pour les acteurs chinois.
> Les projections d'émissions de CO_2 des principaux pays partenaires de la BRI questionnent les modèles de croissance et les instruments de mesure de la prospérité. La réorientation des flux financiers […] vers des projets durables devient urgente et fait l'objet de nombreuses discussions, tant dans les enceintes internationales et nationales, qu'au sein du secteur privé[240].

Fin novembre 2020, la Chine a, par la voix de son président Xi Jinping, mis en avant la poursuite des Routes de la soie, à l'occasion du Forum de coopération économique pour l'Asie-Pacifique (APEC), mais Pékin a, pour la première fois, signalé que sa politique de prêts aux partenaires de la BRI devrait dorénavant se conformer à des normes plus strictes, laissant entendre que ce projet allait connaître une phase de ralentissement. « La Chine va renforcer l'harmonisation de ses politiques, règlements et normes avec ses partenaires [de la BRI] et approfondir sa coopération avec eux sur les infrastructures, l'industrie, le commerce, l'innovation technologique, la santé publique et les échanges entre personnes », a expliqué le numéro un chinois dans un discours prononcé devant les autres participants des vingt et une économies membres de l'APEC. Ces propos, d'apparence anodine, pourraient bien traduire dans la réalité une amorce de virage sur l'aile de la Chine qui, après des années de financements illimités des innombrables projets conclus dans le cadre de la BRI, en arrive à un moment de vérité du fait que de nombreux pays se retrouvent dans l'incapacité de rembourser leurs dettes, tandis que l'endettement chinois atteint des sommets désormais jugés alarmants. Il n'existe pas de chiffres officiels concernant le total des prêts alloués par la Chine aux pays signataires de la BRI, mais selon le fournisseur de données et d'analyses financières américain Refinitiv, au premier trimestre 2020, ces prêts, ajoutés aux investissements chinois dans ces programmes, dépassaient les 1 900 milliards de dollars pour 1 590 projets, pour un total de 4 000 milliards déboursés par Pékin pour financer divers projets à travers le monde. La Banque mondiale estime pour sa part à environ 500 milliards de dollars les sommes investies par la Chine dans la BRI auprès de 50 pays en développement entre 2013 et 2018, dont environ 300 milliards sous forme de prêts garantis. Xi Jinping n'en a pas dit plus sur ce sujet, mais, estiment les analystes, ses propos de prudence semblent bien signaler un infléchissement de la politique chinoise à l'égard de la BRI. La dette publique chinoise a grimpé ces dernières années pour atteindre 165 % de son PIB au premier trimestre 2020, comparé à un endettement de 150 % du PIB pour la même période l'an dernier, selon les chiffres de l'Institut de la Finance Internationale (IIF). La dette totale de la Chine, comprenant la dette des ménages, du gouvernement et des entreprises du secteur non financier a atteint près de 290 % du PIB au premier trimestre 2020, contre 255 % un an auparavant, selon l'IFF, un montant jugé dangereux par les observateurs étrangers.

> La Chine va devoir être plus sélective pour les projets qu'elle finance, en particulier s'agissant des économies émergentes. Les pays [partenaires de la BRI] qui hébergent des projets d'infrastructure majeurs et qui sont de ce fait lourdement endettés risquent de ne plus être en mesure de trouver les ressources nécessaires pour poursuivre ces projets », explique Alicia Garcia-Herrero, chef économiste pour l'Asie-Pacifique chez Natixis[241].

En attendant, le piège de la dette est aujourd'hui devenu un fait majeur pour les pays de l'Asie du Sud.

> [Ainsi le] Bangladesh : ces dernières années, Dacca a considérablement eu recours aux prêts chinois pour financer une kyrielle de projets d'infrastructures ventilés de l'énergétique au ferroviaire. L'inclusion de l'ancienne province orientale du Pakistan (jusqu'à son indépendance en 1971) dans la BRI chinoise n'y est pas pour rien. Selon le média allemand *Deutsche Welle* (DW), Pékin et Dacca auraient contracté pour plus de 20 milliards de dollars de prêts et d'investissements pour mener à bien la partie bangladaise de ce complexe puzzle chinois. La Banque mondiale déplorait il y a peu le fait que la dette extérieure de ce pays ait augmenté de 125 % en l'espace d'une seule décennie – passant de 25 milliards de dollars en 2009 à 57 milliards en 2019.
> [S'agissant du Pakistan, un proche allié de la Chine :] Fin décembre 2020, la presse régionale se penchait – non sans raison – sur la thématique suivante : « Le Pakistan est-il "noyé dans la dette" et perd-il son autonomie politique

et stratégique au profit de la Chine ? » À l'automne 2020, l'Institute of Policy Reforms (IPR), un *think tank* pakistanais affilié au parti du pouvoir (Pakistan Tehreek-e-Insaf – PTI) du Premier ministre Imran Khan, laissait lui-même poindre ses craintes quant à la situation budgétaire critique dans laquelle se trouve le pays aux 235 millions de citoyens : « Pour la seule année fiscale 2020, le Pakistan a ajouté à sa dette et à son passif l'équivalent de 10,4 % de son PIB. La dette extérieure publique a augmenté de 13 % en 2019 et de 5,4 % en 2020. Ces cinq dernières années, la nature des prêts extérieurs a changé, passant de sources multilatérales pratiquant un calendrier de remboursement étiré dans le temps à des prêts bilatéraux de nature commerciale aux taux bien supérieurs. Ces derniers émanent principalement de Chine. » Pour rappel, la volumétrie des prêts chinois au Pakistan dépasserait les 22 milliards de dollars. Une situation délicate – qui plus est en période d'atonie économique et de pandémie de Covid-19 – faisant dire à un éditorialiste : « Un pays tel que le Pakistan, avec une tradition de dépenses supérieures aux revenus, des infrastructures et une économie limitées, une inflation élevée, une corruption importante, et victime d'une dette circulaire croissante, est particulièrement exposé au piège de la dette. » Non sans raison.

Le Sri Lanka : l'ancien Ceylan et sa gouvernance sujette à caution n'a eu de cesse, depuis la fin de la guerre civile dans l'île au printemps 2009, de trouver des sources extérieures de financement pour réaliser une noria de projets d'infrastructures plus grandioses – et surtout interpellant [*sic*] – les uns que les autres, tels que le port d'Hambantota, la voie express Colombo-Katunayake ou l'aéroport de Mattala. Ces appels à l'assistance comptable ont été généralement favorablement entendus du côté de Pékin.

En juin dernier, l'île présentait une dette publique extérieure dépassant les 50 milliards de dollars. Un dixième de

> cette somme colossale – qui plus est pour une économie dont le PIB n'était que de 84 milliards dollars en 2019 – serait [dû] au créancier chinois. Lors du demi-siècle écoulé, le gouvernement sri-lankais a pourtant obtenu à 16 reprises des plans de sauvetage de la part du FMI. Seul le Pakistan a fait mieux ou plutôt pire, en se tournant vers cette institution à vingt reprises, plus qu'aucune autre nation au monde[242].

Incapable de rembourser ses dettes à la Chine, le Sri Lanka a été contraint de signer en 2017 un bail emphytéotique cédant le contrôle du port d'Hambantota pour une durée de quatre-vingt-dix-neuf ans*.

Il arrive fréquemment que la BRI suscite tristesse et colère dans les pays émergents qu'elle traverse, du fait des dégâts causés sur l'environnement ainsi que sur les traditions et les modes de vie locaux. Il en est ainsi du Kirghizistan, ancienne république soviétique d'Asie centrale, où la présence chinoise est mal vécue par les habitants, historiquement méfiants envers le voisin chinois, comme le raconte dans un reportage sur place le journaliste du *Monde* Brice Pedroletti.

> Une zone logistique construite à At-Bachy, dans la steppe kirghize, capable d'accueillir 100 camions par jour pour un investissement de 30 millions de dollars a été dans un premier temps revue à la hausse dans le cadre de la BRI pour 280 millions de dollars, ceci pour une surface 66 fois supérieure au projet initial, soit 200 hectares, 10000 emplois à la clé, avec la construction de parkings, d'une école et d'un hôpital. La frustration est palpable au sein de la population locale qui vit du petit commerce et surtout de l'élevage.

* Selon certaines sources, ce serait le Sri Lanka qui serait à l'origine de la proposition de bail, et non la Chine.

Lorsqu'elle a vu à la télévision que la base « chinoise » avait obtenu un bail de quarante-neuf ans, ses craintes se sont transformées en colère. « On ne sera plus là d'ici quarante-neuf ans. Manas [le héros de la grande épopée kirghize], lui, a défendu sa terre [contre les Chinois] pour la transmettre à nous, ses descendants », lance une commerçante de 61 ans. « Ici, il n'y a pas assez de travailleurs spécialisés. Alors d'où viendraient-ils, ces milliers d'employés ? De Chine, pour moitié d'entre eux ! Et les Kirghiz n'auraient eu que des postes subalternes, le gardiennage. La zone est en amont des villages, à l'ouest, d'où viennent le vent et la rivière : ça nous aurait pollués. Nos ressources sont bien trop limitées », déclare Janusaliev Mederbek. « À nous, personne ne nous a jamais demandé notre avis. En réalité, c'est de l'expansion douce. La Chine veut prendre nos terres, voilà tout ! » dit-il. Ce projet a fini par être abandonné[243].

La question de la finalité de la BRI est donc posée.

« Sans aucun doute, la Chine a tenté d'étendre son influence par l'intermédiaire de la BRI. Tous les pays cherchent à étendre leur influence à l'étranger et la Chine, bientôt la plus grande économie du monde, ne fait pas exception et possède davantage d'outils pour y parvenir que d'autres. La question clé est de savoir si la BRI masque des ruses pour tricher, tels que le piège de la dette, pour poursuivre la stratégie de Pékin dans la région de façon insidieuse et stratégique[244] », estime Yuan Jiang, chercheur chinois spécialiste de la Chine et de la Russie à l'Université du Queensland (Australie).

C'est en Afrique que la présence chinoise est la plus visible et la plus prégnante. Au fil des ans, la Chine est devenue le premier partenaire commercial des pays africains, ayant désormais presque chassé les anciens colons français et britanniques, faisant du continent noir une nouvelle terre de conquête et une nouvelle sphère d'influence. Elle distribue d'énormes prêts et augmente sans cesse son assistance financière au développement des pays africains. Ses échanges commerciaux avec l'Afrique sont passés de 10,8 milliards de dollars en 2001 à 170 milliards de dollars en 2017, selon le ministère chinois du Commerce. L'objectif est de porter ces échanges à 400 milliards en 2020. Elle y a construit des ports, des aéroports, des voies ferrées, des oléoducs, des milliers de kilomètres de routes et un très grand nombre d'infrastructures. Sans la Chine, les infrastructures africaines seraient restées beaucoup moins développées. Cela est incontestable. Mais, conséquence de cette « générosité » chinoise, la dette publique en Afrique subsaharienne représentait 45 % du PIB fin 2017, en hausse de 40 % en trois ans, la Chine étant de loin le premier créancier. Selon la Banque mondiale, en 2018, il y avait environ un million de travailleurs chinois sur le sol africain, employés à diverses tâches comme le commerce de détail, l'agriculture, la construction.

Le rapprochement entre la Chine et l'Afrique trouve ses origines dans la Conférence de Bandung, du 18 au 24 avril 1955, dans la ville éponyme en Indonésie*. Celle-ci rassembla 29 pays africains et asiatiques qui proclamèrent leur volonté de se prêter assistance et de se serrer les coudes. La conférence marqua l'entrée sur la scène internationale des pays décolonisés du tiers-monde, en dehors des deux blocs occidental et

* Illustration des liens « fraternels » unissant la Chine à l'Indonésie jusqu'à nos jours, des entreprises chinoises mettaient la dernière main, en 2021, à la construction d'une ligne ferroviaire à grande vitesse reliant Bandung à Jakarta, financée bien entendu par des prêts chinois dans le cadre des Nouvelles Routes de la soie et qui a entraîné le percement du plus long tunnel du pays.

soviétique, et devait donner naissance au « mouvements des non-alignés ». Soixante ans après, l'esprit de cette conférence n'a quasiment pas bougé. « Depuis toujours, la Chine et l'Afrique forment une communauté de destin. Notre passé, nos luttes communes nous ont conduits à forger une profonde amitié », devait déclarer le président Xi Jinping en décembre 2017. Résultat de la présence chinoise sur le continent noir, les échanges commerciaux entre la Chine et l'Afrique sont passés de 3 à 170 milliards de dollars entre 1995 et 2017. Depuis 2009, la Chine est devenue le premier partenaire commercial de l'Afrique, devant les États-Unis. Entre 2005 et 2017, la Chine a prêté 137 milliards de dollars à des pays africains. En quelques années à peine, l'endettement du Zimbabwe est ainsi passé de 48 % du PIB en 2013 à 82 % en 2017. Pour la même période, il a doublé pour le Mozambique, pour atteindre 102 % de son PIB. Selon la Banque mondiale, 27 pays africains présentent « une augmentation préoccupante » de leur dette. « Il y a des pays africains qui sont de ce point de vue-là très endettés et pour lesquels on peut éprouver un certain nombre d'inquiétudes. Est-ce que l'on peut continuer à leur prêter comme cela ? » souligne Thierry Pairault, chercheur émérite au CNRS et spécialiste de la Chine en Afrique[245].

Selon Xi Jinping, la relation Chine-Afrique est « une collaboration gagnant-gagnant ». Qu'en est-il? Il est vrai que lorsqu'elle prête, la Chine n'est pas très regardante sur la situation politique du pays considéré. En outre, elle propose un « tout-en-un » bien pratique: elle apporte de l'argent, mais elle vient aussi avec ses entreprises de construction, son expertise technique, et dans certains cas, sa propre main-d'œuvre. Antoine Bondaz, chercheur spécialiste de la politique étrangère et de sécurité de la Chine à la Fondation pour la recherche stratégique (FRS), responsable du programme «Taïwan sur la sécurité et la diplomatie » et enseignant à Sciences Po Paris, relève que les pays emprunteurs auprès de la Chine en ont, il est vrai, souvent fait le choix, attirés par la politique de la Chine qui est de « fermer les yeux » sur les critères de solvabilité et de transparence imposés par les pays européens, les États-Unis, le Japon ou encore le FMI ou la Banque mondiale.

> Dans le fond, l'objectif recherché par Pékin est d'accroître l'interdépendance d'un grand nombre de pays – pas seulement sur le continent eurasiatique, mais aussi en Afrique, en Amérique latine – avec la Chine. Je ne dirais pas que c'est un vecteur de domination. Ce qui est sûr, c'est que c'est un vecteur d'influence. La Chine a bien conscience aujourd'hui que son poids est avant tout un poids économique et que c'est un levier considérable qui peut se traduire en influence politique. Et c'est pour cela qu'aujourd'hui les Routes de la soie, ce n'est pas seulement des voies ferrées : c'est aussi une route de la soie digitale, aussi une route de la soie dans les normes et les standards internationaux. C'est une route de la soie qui se traduit dans de nombreux domaines et notamment le domaine économique. C'est là l'un des domaines. C'est un domaine d'influence de la Chine, mais on ne peut pas lui reprocher de le faire. Les pays ont le choix. Une fois qu'ils ont signé et qu'ils sont devenus dépendants, c'est une autre chose. De nombreux pays de la région ont la possibilité de faire de la Chine un partenaire privilégié ou non. Qu'il y ait un caractère de prédation potentiellement, oui. Évidemment, mais ce n'est pas une prédation qui est imposée. C'est à ces différents États de faire des choix qui sont politiques, stratégiques. Que la Chine, essaye de s'en servir comme d'un levier politique, ça c'est une évidence. Ces pays ne sont pas forcés à accepter cette influence. Quant au piège de la dette, les pays ne sont pas obligés de contracter une dette auprès de la Chine. Certains le font parce que

les critères qui sont imposés par la Chine en matière de transparence ou de solvabilité sont bien différents de ceux qui sont imposés soit par des États européens, soit par les États-Unis, le Japon, ou à travers des organisations internationales comme le FMI et la Banque mondiale. Personne ne les y oblige[246].

Pour l'ambassadrice des États-Unis à l'ONU, l'Afro-Américaine Linda Thomas-Greenfield, l'affaire est entendue.

« J'ai une longue expérience à propos de l'influence nuisible de la Chine, de leur stratégie d'endetter et piéger, en Afrique et ailleurs », a-t-elle déclaré lors de sa première audience au Sénat, le 28 janvier [2021]. « La Chine est un adversaire stratégique, qui ose des défis à notre sécurité, à notre prospérité et à nos valeurs. La Chine enfreint largement les droits de l'homme, a des ambitions autoritaires qui vont à l'encontre de nos valeurs démocratiques[247]. »

Ancienne ambassadrice au Liberia, secrétaire d'État assistante aux Affaires africaines de 2013 à 2017, Linda Thomas-Greenfield sait de quoi elle parle puisque, diplomate depuis trente-cinq ans, elle a surveillé de près la stratégie d'investissement chinois en Afrique.

« Ça n'a pas marché pour les Africains, et ça ne s'est pas déroulé comme le prévoyaient les Chinois », a-t-elle affirmé. « Ils ont échoué parce que les Africains préféreront plutôt, lorsque c'est possible, travailler avec les États-Unis. Mais pour l'instant, malheureusement, ils n'ont pas toujours le choix. Nous devons en tirer avantage, et être plus proactifs dans notre engagement sur le continent africain[248]. »

Quoi qu'il en soit, il reste que, revers de la médaille de cette « aide fraternelle », la Chine s'est engagée depuis des années dans une exploitation à grande échelle des ressources naturelles de l'Afrique que certains observateurs n'hésitent pas à qualifier de pillage systématique. Parmi eux, Julien Wagner, auteur de *Chine-Afrique, le grand pillage*[249]. Dans une interview publiée en septembre 2017, cet expert de la « Chine-Afrique » soulignait que « malheureusement, l'avènement de la Chine en Afrique a pour ainsi dire prolongé l'expropriation des richesses au détriment des populations[250] ».

> « Le niveau de corruption, aussi bien du côté chinois que du côté africain, est très élevé. Entendons-nous bien, c'était aussi le cas avec les Européens. Mais depuis la fin des années 1990, les contraintes juridiques qu'ils se sont imposées ont permis d'en diminuer fortement le niveau. [...] »
> « Des crédits faciles qui se sont transformés en piège de la dette pour certains États, devenus insolvables vis-à-vis de Pékin. C'est le cas de l'Angola dont le pétrole ne servirait plus qu'à honorer les 20 milliards de dollars que le pays doit à la Chine. »
> « Il faut savoir que la plupart du temps, les prêts ne sont pas remboursés en argent. Ils sont remboursés en or, en pétrole, en gaz ou en cuivre. Les entreprises chinoises se remboursent en exploitant, par exemple, le zinc sur 20 ans ». [...]
> « Quand les Chinois sont arrivés en Afrique, leur intention n'était pas de gagner de l'argent. Ils sont venus avec l'idée de mettre la main sur les ressources. L'intérêt stratégique était plus fort. Au fur et à mesure de quelques désagréments et de prêts non remboursés, ils n'ont pas stoppé les prêts, mais ils ont commencé à surfacturer pour contrebalancer les risques. » [...]
> « Ils ne vont pas lâcher le morceau. Ils vont continuer à prendre des parts de marché aux Occidentaux et à faire

de ce continent leur terrain de jeu. Les Africains peuvent s'en servir comme d'un levier de développement, mais aujourd'hui, on voit bien que ce n'est pas le partenariat gagnant-gagnant promis par les Chinois[251]. »

En effet, la Chine, lorsqu'elle prête, fait parfois signer aux emprunteurs, africains et autres, des « clauses de sûreté »: ce sont des garanties qui stipulent qu'en cas de non-remboursement du prêt, une sorte de troc s'opère à sa place. Plutôt que de rembourser en argent, le débiteur doit rembourser en matières premières ou même en infrastructures. La Chine est d'autre part l'un des principaux pays acquéreur de terres arables en Afrique. Elle arrive au dixième rang, avec 1,34 million d'hectares, derrière les États-Unis (7,09 millions ha), la Malaisie (3,35 millions ha), les Émirats arabes unis (2,82 millions ha), le Royaume Uni (2,96 millions ha), l'Inde (1,99 million ha), Singapour (1,88 million ha), les Pays-Bas (1,68 million ha), l'Arabie saoudite (1,57 million ha) et le Brésil (1,37 million ha), selon ActionAid International qui cite Land Matrix, un organisme indépendant qui dispose d'une riche base de données concernant les transactions foncières enregistrées à travers le monde[252]. Il est à noter toutefois que la Chine ne possède que peu de terres arables, étant avant tout un pays de déserts, de montagnes et de hauts plateaux, un pays immense, certes, mais manquant de ressources.

Le piège de la dette

La réalité est que les prêts chinois ont gonflé le service de la dette de plusieurs pays d'Afrique au point que le Fonds monétaire international (FMI) s'est senti obligé, en 2018, d'attirer l'attention des dirigeants africains sur cette réalité. Alors qu'en cinq ans les investissements directs cumulés du géant asiatique dans les pays concernés ont dépassé 60 milliards de dollars et que la valeur des projets signés par des entreprises chinoises a atteint plus de 500 milliards, l'institution de Bretton Woods précise que ces partenariats peuvent, du fait de leur impact sur le niveau d'endettement, limiter les moyens et les dépenses vers certains autres fronts prioritaires en raison des frais liés aux intérêts de ces prêts. Comme le disait son ancienne directrice générale Christine Lagarde: « Ce n'est pas un repas gratuit[253] ». L'ONG américaine Natural Resources Governance Institute (NRGI) basée à New York explique:

> Au cours des quinze dernières années, de nombreux pays africains ont emprunté des dizaines de milliards de dollars à la Chine pour construire des infrastructures dont ils manquent cruellement. À court d'argent, ces pays ont utilisé comme monnaie d'échange leurs ressources naturelles pour rembourser leurs prêts. La bauxite au Ghana, le pétrole en Angola, le cuivre en Zambie, par exemple, ont été utilisés pour le remboursement de leurs dettes[254].

Mais du fait de la baisse brutale des cours des matières premières depuis janvier 2020 provoqué par la pandémie de Covid-19, ces pays se retrouvent aujourd'hui pris dans le piège de la dette, ajoute l'organisation.

Les autorités chinoises, on s'en doute, apportent un démenti formel à ces accusations qui, selon elles, propagent « un mythe ».

> [...] il semble que certains Occidentaux sceptiques aient choisi d'ignorer la nature gagnant-gagnant de la coopération Chine-Afrique dans l'exploitation des ressources naturelles, dont le pétrole. [...]
> Ces accusations ignorent à dessein les observations les plus élémentaires, tel le fait que Beijing a toujours traité ses partenaires africains avec respect et sur un pied d'égalité, ou

> que les investissements chinois qui se déversent en Afrique se sont toujours effectués à condition qu'ils bénéficient aux deux parties. [...]
> La politique africaine de la Chine diffère grandement de celle des colonisateurs occidentaux qui ont commencé par diviser le continent et s'y livrer à une compétition les unes avec les autres [*sic*] pour s'en accaparer les ressources et y régner depuis l'époque des Grandes découvertes[255].

Voilà qui est dit.

Le chercheur Thierry Vircoulon* évoque, lui, « le développement d'une économie prédatrice » :

> Le risque de dépendance économique à l'égard de la Chine est mis en évidence par la question de la dette, qui est sur l'agenda international depuis l'Initiative de suspension du service de la dette.
> Déclenchée par la pandémie de Covid-19, la récession mondiale accentue les difficultés financières de certains pays africains, rendus déjà vulnérables par un endettement élevé. En 2021, à l'exception de la Grenade, tous les pays en situation de surendettement sont africains. Or la résolution de ce problème passe désormais obligatoirement par Pékin. En effet, entre 2000 et 2018, 50 pays africains sur 54 ont emprunté à la Chine sous des formes diverses. En 2018, la RPC détenait près de 21 % des encours de la dette publique externe du continent, une grande partie de ces prêts concernant des infrastructures dont la pertinence et le coût interrogent parfois (chemins de fer, ports, routes, centrales énergétiques, etc.)[256].

---

* Consultant indépendant, Thierry Vircoulon coordonne l'Observatoire de l'Afrique centrale et australe de l'Ifri et collabore avec le Global Initiative against Transnational Organised Crime (Afrique du Sud).

La propension prédatrice chinoise ne se limite pas à l'Afrique ou aux pays signataires de la BRI. L'Europe est aussi clairement une cible.

> [Si à] la veille du nouveau millénaire, la Chine n'avait pas les moyens de se comporter comme une puissance prédatrice à l'échelle planétaire et donc encore moins à l'encontre de l'Europe [...] les Européens doivent s'attendre à ce que la prédation soit d'autant plus féroce qu'elle comportera sa part de haine et de revanche. [...] la capacité de prédation de l'Europe par la Chine sera fonction du succès ou de l'échec de Pékin à imposer sa règle du jeu notamment en mer de Chine du Sud par où passe la moitié du commerce maritime des pays européens[257].

Une présence écrasante en Asie du Sud-Est

Du seul fait de sa puissance économique colossale, la Chine est très présente en Asie du Sud-Est, où elle exerce une influence politique croissante. Avec 8,25 milliards de dollars en 2017, la Chine est en quatrième position s'agissant des investissements directs étrangers en Asie, derrière l'Union européenne, le Japon, les États-Unis. Mais en incluant Hong Kong, la Chine, avec 12,8 milliards de dollars, talonne les États-Unis de peu. Il en va de même du Cambodge, pays pauvre entièrement tombé dans l'orbite chinoise et où la présence chinoise est écrasante.

> Pékin a renoué ses relations avec Phnom Penh après la restauration de la monarchie en 1993. Les liens se sont renforcés depuis le coup d'État de Hun Sen en 1997. La Chine est le premier fournisseur du Cambodge (37 % en 2018), son principal créancier (40 % de la dette extérieure) et le premier investisseur. Avec 2 millions d'entrées en 2018, les Chinois forment le premier contingent de touristes.

> Le Cambodge a adhéré aux « Nouvelles Routes de la Soie ». Parmi les projets ainsi labellisés, se trouvent l'autoroute entre Sihanoukville et Phnom Penh (et 2 230 km de voies express), le nouvel aéroport de Siem Reap ou la réhabilitation du port conteneur de Sihanoukville. Le Cambodge attire les Chinois à la recherche de placements dans l'immobilier locatif qui assurerait un rendement trois fois plus élevé qu'à Shanghai. La construction d'infrastructures et l'investissement immobilier dynamisent le secteur de la construction et justifie[nt] des projets industriels. Parmi les plus ambitieux, le China Baowu Steel Group qui va déplacer deux hauts fourneaux (3 millions de tonnes) du Xinjiang au nord du Cambodge pour répondre à la demande du Royaume[258].

Les marchands chinois sont arrivés par centaines de milliers pour prendre le contrôle des rouages de l'économie locale dans des villes comme Sihanoukville. Dans ce qui était un petit port de pêche paisible dans le sud du pays jusqu'à 2017, les Chinois sont arrivés en masse, profitant de l'assouplissement des règles sur l'immigration. La population de la ville atteint désormais 90 000 âmes, dont 80 000 sont des Chinois, et l'on entend parler mandarin partout. Près de 90 % des commerces sont aux mains des Chinois : les hôtels, les casinos (il y en a 88 dans la ville contre 5 en 2016, dans un pays où les jeux d'argent sont interdits à la population locale), les restaurants, les salons de massage, les maisons de passe, explique Chuon Narin, le chef de la police de la province de Preah Sihanouk. Cette présence chinoise s'accompagne de nouveaux fléaux que dénonce la population indigène : les jeux d'argent illicites, la prostitution, le trafic de drogues, le blanchiment d'argent. À Sihanoukville, les Chinois peuvent s'adonner à des pratiques illégales et sévèrement punies en Chine.

« Sur le continent chinois, les autorités ont une plus grande capacité de maintien de l'ordre. Mais les groupes de Chinois qui viennent à Sihanoukville ne sont pas tous des investisseurs. Ils viennent pour profiter de l'incapacité des autorités locales à faire respecter l'ordre et la loi. C'est devenu un problème », souligne Neak Chandarith, chef des études internationales à l'Université de Phnom Penh[259].

« Le mandarin est omniprésent. Il est souvent écrit en plus gros caractères que le khmer sur les façades et sur les affiches. Près des chantiers, la langue locale est parfois même absente. Et bien souvent, l'équipement, les conteneurs transformés en locaux temporaires et les matières premières pour la construction arrivent directement de Chine[260] », explique Anyck Béraud, journaliste à Radio Canada.

À la Chambre de commerce de Sihanoukville, le président Okhna Van Sok Heng se veut pragmatique. « On ne peut pas interdire aux Chinois d'apporter tout ceci si on est incapables de le leur fournir sur place », dit-il. Ce qui est le cas dans ce Cambodge assez pauvre. L'annonce, en 2020, de la construction par un groupe d'investisseurs chinois d'un gigantesque parc d'attractions comparable à un Disneyland et baptisé « Angkor Lake of Wonders », à quelques kilomètres seulement du site historique d'Angkor, l'ancienne capitale de l'Empire khmer (IXe-XVe siècles), a fait scandale. Construit par le groupe chinois NagaCorp Ltd (qui possède des casinos à Phnom Penh), le projet doit s'étaler sur 75 hectares, à 500 mètres de la zone tampon d'Angkor, classé « Patrimoine mondial » de l'Unesco en 1992. NagaCorp aurait reçu le 12 mai 2020 l'agrément du Premier ministre cambodgien Hun Sen et disposera d'un bail de cinquante ans pour administrer le parc de loisirs qui comprendra douze attractions nautiques (rivière enchantée de 2,5 km, grand canal de 500 mètres et plage de 5 000 m^2), triple toboggan, cascade, copies grossières de sculptures angkoriennes, restaurants, boutiques et un palace de 900 chambres avec vue sur l'eau[261]. « N'y a-t-il pas le risque pour l'esprit d'Angkor de faire naufrage avec ce "Lake of Wonders" qui va déverser ses visiteurs sur les temples comme une gigantesque marée ? » questionne le site cambodgien d'informations *Cambodianess*. « Est-il possible pour ces deux mondes tellement opposés l'un à l'autre de cohabiter côte à côte sans que la magie d'Angkor s'éteigne[262] ? » Notons que le Premier ministre cambodgien Hun Sen a imposé la mise en place d'un « Great Firewall » semblable à celui de la Chine à tous les internautes de son pays et grâce auquel tout le trafic en ligne est, depuis février 2021, contrôlé et surveillé. Une mesure aussitôt décriée par les organisations de protection des droits de l'homme. « Le Premier ministre Hun Sen a infligé un coup dangereux à la liberté sur internet et à l'e-commerce en étendant le contrôle gouvernemental sur l'internet du pays », a ainsi déclaré Phil Robertson, directeur adjoint pour l'Asie de Human Rights Watch. « Le portail cambodgien d'internet était l'outil manquant dans la boîte à outils du gouvernement pour la répression en ligne[263]. »

La Birmanie (Myanmar) est un autre pays d'Asie du Sud-Est sur lequel la Chine exerce une sorte de domination tutélaire, et ce depuis des décennies, sinon des siècles. Celle-ci provoque un certain degré de sentiments antichinois, voire d'hostilité ouverte au sein de la population birmane, sentiments qui se sont exacerbés après le coup d'État de l'armée birmane le 1er février 2021. Dans les jours qui ont suivi et après l'arrestation de la dirigeante birmane Aung San Suu Kyi, des milliers de manifestants s'étaient spontanément rassemblés devant l'ambassade de Chine tandis qu'étaient lancés des appels au boycott des produits et des services chinois. Les rumeurs avaient fusé aussi sur le fait que des soldats chinois avaient infiltré l'armée birmane pour l'aider à mater la rébellion et que des techniciens chinois s'affairaient pour mettre en place un Great Firewall en Birmanie, à l'image de celui qui existe en Chine, afin de contrôler et de censurer les réseaux sociaux birmans et d'ainsi mieux museler la contestation. Faisant écho au coup d'État, les médias officiels chinois se sont contentés d'évoquer « un grand remaniement ministériel ». « Le sentiment antichinois a une longue histoire au Myanmar, tant sur le plan national que local, en raison des conflits qui opposent les communautés ethniques chinoises aux autres », explique James Palmer[264], commentateur du bimestriel américain *Foreign Policy*[*]. Certains projets financés par la Chine, tels que le barrage de Myitsone, ont catalysé le mécontentement populaire à l'égard de la Chine. Ce projet sur le fleuve Irrawaddy, dans le nord de la Birmanie, suspendu depuis 2011, prévoyait de terminer en 2017 un des vingt plus grands barrages hydroélectriques au monde. La population locale s'était insurgée contre les dégâts sur l'environnement de ce projet.

Bien des questions surgissent par ailleurs sur le soutien et le rôle accordés par les autorités chinoises à la junte militaire qui, le 1er février 2021, a renversé le gouvernement civil et immensément populaire de l'icône birmane Aung San Suu Kyi. Le peuple birman a très vite tourné sa colère contre la présence chinoise en Birmanie. Le 15 mars, 32 usines, propriétés d'investisseurs chinois dans la banlieue industrielle de Rangoon (Yangon), la capitale économique de la Birmanie, ont été incendiées et deux ouvriers chinois ont été blessés dans les échauffourées qui ont suivi. Des manifestants birmans armés de barres de fer ont lancé des projectiles incendiaires contre ces

* *Foreign Policy* est un magazine américain bimestriel créé en 1970 par Samuel P. Huntington et Warren Demian Manshel. Il était publié jusqu'à fin 2009 par la Fondation Carnegie pour la Paix Internationale à Washington, D.C. Il a été racheté par The Washington Post Company fin septembre 2009.

usines et causé des pertes estimées par Pékin à 37,8 millions de dollars (240 millions de yuans), tandis que des véhicules et des magasins appartenant à des résidents chinois ont été vandalisés[265]. L'Histoire fera sans doute la lumière sur le rôle joué par la Chine dans ces événements tragiques. Selon Sophie Boisseau du Rocher, chercheuse spécialiste de l'Asie du Sud-Est :

> Les manifestants birmans disent expressément qu'ils veulent bien de la Chine comme partenaire économique, mais pas qu'elle leur dicte la façon dont ils doivent se comporter. [...] Partout en Asie du Sud-Est, on voit monter un ras-le-bol sur l'entrisme chinois. Ce qui se passe en Birmanie a une dimension systémique et régionale. Quelque part, nous sommes tous Birmans aujourd'hui. Car si le modèle chinois de gouvernance gagne la Birmanie, il gagnera ailleurs dans le monde[266].

En Europe aussi, l'expansionnisme de la Chine suscite de plus en plus de réactions inquiètes. Il en va ainsi de l'Estonie, ancienne république soviétique, l'un des plus petits pays de l'Union européenne avec 1,3 million d'habitants. Dans son rapport annuel publié le 18 février 2021, le Service de renseignement extérieur estonien souligne les tentatives de Pékin visant à réduire au silence toute critique à son égard et à dominer les secteurs des hautes technologies en Estonie ainsi que dans d'autres démocraties. « Mettre en œuvre la doctrine de la politique étrangère de la Chine ou créer une "communauté de destin" conduira à réduire au silence un monde dominé par Pékin. Face à une confrontation croissante avec l'Occident, l'objectif principal de la Chine est de susciter des divisions entre les États-Unis et l'Europe », souligne ce rapport. Selon ce document, le leadership chinois « a pour objectif clair de rendre le monde dépendant de la technologie chinoise », avec comme outil la 5G et comme instrument le géant chinois Huawei[267].

En février 2021, le Service de renseignement général des Pays-Bas s'était lui aussi ému des menaces chinoises contre les intérêts du pays. Le cyberespionnage chinois représente « une menace imminente » pour l'économie des Pays-Bas dans des domaines tels que la banque, l'énergie et les infrastructures. En Finlande, le directeur du Service de la Sécurité et du Renseignement Antti Pelttari a souligné, à la mi-février 2021, que « des pays autoritaires tentent de s'emparer d'infrastructures vitales de la Finlande », parlant de la Chine et de la Russie. M. Pelttari a estimé que Huawei ne devrait pas être autorisé à déployer le réseau de la 5G en Finlande[268].

Même si ce n'est pas franchement une surprise, ajoutons que les États-Unis ont augmenté la proportion de leur budget d'espionnage consacrée à la Chine de près d'un cinquième en 2021.

> Cette décision [annoncée le 18 février 2020 par le gouvernement américain] reflète la montée de l'inquiétude envers Pékin, que l'administration Trump considérait comme une menace majeure en matière d'économie, de sécurité et de contre-espionnage.
> Même si les montants précis restent confidentiels, des responsables affirment que les dépenses affectées à la Chine ont été renforcées sur différents postes du budget annuel du renseignement, qui pèse environ 85 milliards de dollars, afin de recueillir des informations secrètes, d'analyser ses activités actuelles et d'anticiper ses futures orientations.
> « Dans le budget de l'exercice 2021 [qui a commencé le 1er octobre], nous avons transféré des ressources pour augmenter de près de 20 % celles consacrées à la Chine », a écrit le bureau du directeur du renseignement national (ODNI) dans un communiqué.
> Au cours d'une interview, le directeur du renseignement national, John Ratcliffe, a, lui, précisé que cette évolution

nécessitait « de l'argent et du personnel ». Il a indiqué que certains experts des agences d'espionnage, affectés à la lutte contre le terrorisme, allaient désormais se concentrer sur la Chine.

« Quand, après évaluation de toutes les menaces, la preuve est limpide, et l'est de plus en plus, que la Chine et seule la Chine peut nous concurrencer dans tous les domaines, on doit y réaffecter des ressources », a ajouté M. Ratcliffe. Dans une tribune publiée le 18 février 2021 dans le *Wall Street Journal*, M. Ratcliffe a, par ailleurs, écrit que « la République populaire de Chine représente la plus grande menace pour l'Amérique aujourd'hui, et la plus grande menace pour la démocratie et la liberté au niveau planétaire depuis la Seconde Guerre mondiale »[269].

À l'égard des petits, menaces et intimidation

Depuis que l'Australie a osé demander la mise sur pied d'une enquête internationale sur l'origine du coronavirus, rien ne va plus entre Pékin et Canberra. Au point d'en arriver à s'échanger des insultes publiques. Dernier épisode de cette escalade, la mise en ligne sur son compte Twitter, le 29 novembre 2020, d'un photomontage par le principal porte-parole du ministère chinois des Affaires étrangères, Zhao Lijian. Un homme habillé en soldat australien y tient un couteau ensanglanté sur la gorge d'un enfant afghan. L'image a provoqué l'indignation en Australie. La publication de ce tweet – à noter que Twitter est interdit en Chine – s'est produite quelques jours après la publication fin novembre, en Australie, d'un rapport sur des crimes de guerre supposés commis par des soldats australiens en Afghanistan entre 2005 et 2016. Cette enquête a en particulier révélé que 39 soldats prisonniers désarmés et civils afghans avaient été tués par 19 soldats australiens. Le 30 novembre, le Premier ministre australien Scott Morrison s'est insurgé contre la publication de cette image, « truquée », « répugnante » et « scandaleuse », selon lui. Et d'exiger du gouvernement chinois qu'il la retire « sans délai » et qu'il présente ses excuses. Or Pékin non seulement s'en est bien gardé, mais la presse officielle chinoise regorgeait, le 1er décembre, de commentaires virulents à l'adresse de l'Australie. « Ce que le gouvernement australien devrait faire maintenant, c'est de s'interroger profondément sur ces faits et traduire les responsables devant la justice, exprimer des excuses formelles au peuple afghan et promettre solennellement de ne jamais plus commettre ce crime abominable », écrivait ainsi *Le Quotidien du Peuple.* Le 30 novembre, l'Australie a reçu le soutien de sa voisine, la Nouvelle-Zélande, par la voix de sa Première ministre Jacinda Ardern. Son gouvernement, a-t-elle indiqué, a transmis une note diplomatique à la Chine sur ce sujet : « La Nouvelle-Zélande a exprimé aux autorités chinoises son inquiétude sur l'utilisation de cette image. Il s'agit d'un post sans fondement factuel et cela nous concerne aussi bien sûr. » Ce dernier échange sino-australien intervient sur fond de profondes tensions politiques et commerciales entre les deux pays. Elles n'ont pas cessé de s'aiguiser depuis que l'Australie a fermé ses portes au groupe chinois de télécommunications Huawei pour son réseau 5G et qu'elle a été le premier pays à demander une enquête internationale sur l'origine du Covid-19. En réponse, les autorités chinoises ont adopté une longue série de représailles commerciales contre l'Australie, y compris l'imposition de droits de douane élevés qui, après le bœuf, l'orge, le bois, le coton, les fruits de mer et le charbon, ont ciblé les vins australiens.

Le 26 novembre 2020, le chef du gouvernement australien a rejeté « les actes d'intimidation » venant de Pékin et déclaré qu'il ne céderait pas aux pressions chinoises, son pays n'ayant pas l'intention de sacrifier sa démocratie au profit du commerce. « L'Australie sera toujours l'Australie, a assuré Scott

Morrison dans une interview à la télévision. Nous continuerons d'adopter nos lois et règlements en fonction de nos intérêts nationaux et ne céderons pas à d'autres nations, que ce soit les États-Unis, la Chine ou une autre. » À la mi-novembre, Pékin a fait parvenir aux autorités australiennes une liste de 14 griefs. La Chine y critique ce qu'elle appelle des subventions publiques à des projets de recherches « antichinois », les condamnations par Canberra de la politique chinoise à l'égard des Ouïghours ou à l'encontre de Hong Kong, ou encore le veto des autorités australiennes sur une dizaine de projets d'investissement chinois en Australie. « Si vous érigez la Chine en ennemi, la Chine deviendra votre ennemi », a ainsi déclaré un officiel chinois non identifié dans une note transmise par l'ambassade de Chine à Canberra et rendue publique par le *Sydney Morning Herald* le 19 novembre. Pour l'Australie, pays de 23,5 millions d'âmes face au géant chinois et à son 1,4 milliard d'habitants, le jeu paraît bien inégal. Il met en relief un certain courage politique du gouvernement australien, car cette dispute politico-commerciale n'est pas sans conséquences économiques, la Chine étant de loin son premier partenaire commercial. Plus de 40 % des exportations australiennes sont à destination de la Chine. La crise actuelle entre les deux pays est bien partie pour durer. De fait, la querelle remonte à 2019, année où les autorités australiennes ont publiquement dénoncé une ingérence croissante de la Chine dans les affaires intérieures de l'Australie, par le biais notamment de dons à des partis politiques dans le but d'influencer la politique australienne. En 2015, les services de renseignement australiens avaient découvert avec stupeur que les partis politiques du pays étaient activement financés par de généreux donateurs qui étaient en réalité des agents du Parti communiste chinois. La Chine avait également pénétré peu à peu les universités australiennes et les centres de recherche pour siphonner les technologies de pointe. Séduction, flatterie, argent, menace ou même contrainte: la presse australienne avait révélé que des milliers d'agents chinois noyautaient la vie publique du pays, l'objectif numéro un de Pékin étant de saper l'alliance entre l'Australie et les États-Unis. En août 2019, le député australien Andrew Hastie, président du Comité parlementaire sur le renseignement et la sécurité, avait publiquement comparé l'essor actuel de la Chine avec celui de l'Allemagne nazie avant la Seconde Guerre mondiale. En 2019, le Parlement australien avait adopté une série de lois pour lutter contre l'espionnage et l'ingérence étrangère. Après l'Australie, à qui le tour? La crise sino-australienne est-elle uniquement bilatérale ou bien a-t-elle aussi valeur d'exemple pour le reste du monde? Pour Scott Morrison, l'attitude de la Chine à l'égard de l'Australie doit interpeller « le monde entier ». « Ce n'est pas qu'une affaire bilatérale », estime aussi le *Financial Times* dans un éditorial du 26 novembre 2020. Pour le quotidien financier britannique, « tous les pays démocratiques doivent suivre de très près la situation pour se préparer à contrer ensemble les pressions que la Chine pourrait vouloir exercer sur eux ». Le 9 mars 2021, l'ambassadeur du Japon en Australie, Yamagami Shingo, a souligné que l'Australie n'était pas seule à faire front face à une Chine de plus en plus agressive. « Je peux vous assurer tous que l'Australie n'est pas seule car le Japon a expérimenté la même chose il y a dix ans », a-t-il dit à l'occasion d'une conférence organisée par les milieux d'affaires australiens. « Chaque jour sans exception, le Japon est confronté à cette Chine agressive, tant en mer de Chine du Sud qu'en mer de Chine Orientale. C'est un grand sujet d'inquiétude pour nous. » Des propos très peu diplomatiques. De fait, la menace grandissante de la Chine dans la région a fortement contribué à renforcer l'alliance entre le Japon et les États-Unis, comme en témoignent les multiples contacts noués par l'administration Biden depuis l'arrivée de ce dernier à la Maison Blanche avec le gouvernement nippon.

Avec les États-Unis, le conflit du siècle

La rivalité entre la Chine et les États-Unis a atteint des sommets depuis 2018, sous l'ère de Donald Trump. Loin de s'être calmée avec l'arrivée à la Maison Blanche de Joe Biden le 20 janvier 2021, elle s'est encore envenimée, Washington ayant enfin réalisé que les ambitions chinoises ont pour objectif non avoué de remplacer les États-Unis comme première puissance mondiale et de mettre à bas le leadership mondial américain. L'affrontement se joue dans tous les domaines – économique commercial, politique, géostratégique. Mais le nouveau président américain est bien décidé à tenir tête à la Chine et à reprendre l'avantage là où son pays l'avait perdu. Depuis son investiture, le président américain s'est entouré d'une solide équipe d'experts de la Chine, illustrant sa volonté de faire du lien Pékin-Washington la première de ses priorités et de mieux faire pièce aux ambitions chinoises. Les choix du président américain dans quasiment tous les départements de l'administration montrent un ensemble d'experts de l'Asie et d'anciens conseillers de l'administration Obama. Ils illustrent également un consensus bipartisan qui s'est accentué sur la conduite à tenir face à Pékin. Ainsi, surtout, du nouveau secrétaire d'État Antony Blinken, qui a déclaré que la Chine représentait « la plus grande menace stratégique contre les États-Unis » : « Ce n'est un secret pour personne que la relation entre les États-Unis et la Chine est probablement la plus importante que nous ayons dans le monde tel qu'il existe », avait-il affirmé à la presse le 27 janvier 2021 à New York. « Elle va façonner une grande partie de notre avenir à tous. » Parmi les décisions de Joe Biden, la création d'une *task force* sur la Chine au département de la Défense. Elle aura pour mission de rechercher « un effort coordonné de gouvernement et une coopération bipartisane au Congrès, de même que des alliances solides et des partenariats », a précisé le président. Le secrétaire à la Défense Lloyd

Austin a déjà expliqué qu'il dirigerait « un focus à l'échelle d'un laser » pour s'assurer que les États-Unis conserveront un avantage compétitif sur la Chine et pourront endiguer les efforts de Pékin pour devenir une puissance mondiale dominante. Ely Ratner, un spécialiste de la Chine qui a déjà servi comme conseiller à la Sécurité nationale pour Joe Biden lorsque ce dernier était vice-président de Barack Obama, devrait être nommé pour prendre la direction de cette *task force* en tant qu'assistant spécial de Lloyd Austin. Le même Ratner s'était exprimé au cours de l'été 2020 pour appeler les États-Unis à adopter une panoplie multiple de stratégies sur la Chine, y compris celle consistant à bloquer l'autoritarisme de Pékin dans le domaine des hautes technologies et sa position dominante en mer de Chine du Sud. « Une ère nouvelle et différente prend corps entre les États-Unis et la Chine » et « Washington doit mettre à jour sa vision des choses », avait-il insisté. Figurent également, au Pentagone, la vice-secrétaire à la Défense Kathleen Hicks, pour qui la Chine représente « le défi fondamental de notre temps », et le vice secrétaire adjoint à la Défense Michael Chase, qui s'est distingué par ses recherches sur la modernisation de l'appareil militaire chinois lorsqu'il faisait partie du *think tank* Rand. S'y trouve, enfin, le chef d'état-major Kelly Magsamen, ancien vice-secrétaire adjoint pour les affaires de sécurité dans la région Asie-Pacifique. Au département d'État, outre Antony Blinken, on trouve Mira Rapp-Hooper, qui a publié un article sur la meilleure façon pour Washington de retrouver une primauté militaire et économique afin de mieux endiguer la Chine, et Wendy Sherman, vice-secrétaire d'État, pour qui le lien entre la Chine et les États-Unis constitue « la relation centrale de notre époque ». Melanie Hart, choisie par Joe Biden comme coordinatrice de la politique chinoise, a coécrit en octobre un rapport pour le *think tank* Centre for American Progress dans lequel elle explique la nécessité pour les États-Unis d'adopter une stratégie globale pour contrer les subventions publiques chinoises au géant chinois des télécoms Huawei. Dans le domaine de la sécurité, le Conseil national de la Défense (NSC) sera dirigé par des experts de la Chine qui se sont tous exprimés à propos du défi chinois. Ainsi, Kurt Campbell, l'architecte de la stratégie de Barack Obama de « pivot vers l'Asie », sera le responsable en chef pour l'Indo-Pacifique dans cette organisation. Kurt Campbell et Rush Doshi, sélectionné par le président américain pour devenir directeur de la NSC, ont écrit ensemble un article publié en janvier par la revue *Foreign Policy* dans lequel ils se font les avocats d'un « réengagement sérieux des États-Unis » en Asie dans le but de mettre sur pied « un effort consciencieux visant à dissuader l'aventurisme chinois ». Sarah Kreps, professeure de droit à l'Université Cornell, a estimé que l'équipe de la nouvelle administration Biden signale un virage de la politique chinoise des États-Unis par rapport à l'administration Obama, à la lumière de l'avertissement déjà exprimé par Joe Biden sur le fait d'une « compétition extrême » à venir avec la Chine. « Tous les signes sont là, venant de l'administration, que même si beaucoup de responsables sont les mêmes qu'il y a dix ans, les politiques seront différentes », analyse-t-elle, citée par le *South China Morning Post.* « Les détails ne sont pas encore clairs, mais le changement de ton comparé à celui de l'administration Obama est sans ambiguïté. » Sur le plan économique, la nouvelle secrétaire au Trésor Janet Yellen a déjà averti que les États-Unis se préparaient à « faire usage de tous les outils » possibles contre les pratiques chinoises jugées « abusives ». Enfin, la nouvelle ambassadrice américaine à l'ONU, Linda Thomas-Greenfield, une diplomate de carrière et une spécialiste de la présence chinoise en Afrique, a déjà souligné qu'elle s'opposerait « au calendrier autoritaire » de la Chine sur la scène des Nations unies. Son adjoint, Jeffrey Prescott, était vice-conseiller à la sécurité nationale de Joe Biden lorsque ce dernier était vice-président et est un expert reconnu des affaires chinoises, à l'origine de la création du Yale Center Beijing. Dernière pièce du puzzle, le numéro deux au Trésor, Wally Adeyemo, a déclaré le 23 février 2021 que les États-Unis entendaient tenir la Chine pour responsable de son respect des règles internationales afin de garantir une concurrence loyale pour les entreprises américaines où qu'elles soient. « La Chine est notre concurrent stratégique », a-t-il affirmé, ajoutant que les Américains devaient dorénavant rechercher une coordination internationale pour « démontrer aux Chinois qu'ils sont isolés lorsqu'ils violent les règles[270] ». Par comparaison, le président Emmanuel Macron n'a, à ma connaissance, aucun expert de la Chine dans son entourage pour le conseiller. François Hollande s'était, lui, entouré d'un diplomate chevronné et excellent connaisseur de la Chine, en la personne de Paul Jean-Ortiz, décédé depuis. La France, un petit pays ?

Le 26 février 2021, le président américain a donné le ton des futures relations sino-américaines, à l'occasion d'un discours de politique étrangère : l'Union européenne et les États-Unis doivent se préparer « à une compétition stratégique de longue haleine » avec la Chine. « La compétition avec la Chine sera intense », a-t-il averti, soulignant que les États-Unis et leurs alliés devront « tenir bon » pour défendre la démocratie face à un autoritarisme qui gagne du terrain à travers le globe. « Il nous faut nous dresser contre les abus et la contrainte du gouvernement chinois qui sabotent les fondements du système économique mondial », a-t-il dit, ajoutant que Washington « s'opposera à ceux qui monopolisent et banalisent la répression ». Le ton de la rivalité entre les deux plus grandes puissances du monde est donné. Les espoirs manifestés par Xi Jinping d'un retour à des relations apaisées entre son pays et les États-Unis avec l'arrivée au pouvoir de Joe Biden seront douchés pour de bon. Juste avant le discours de Joe Biden, le sénateur républicain chef de la Commission des Affaires étrangères du Sénat, Michael McCaul, a invité le président américain à adopter « des actes courageux et significatifs » face à la Chine. « Les réprimandes et le dialogue sévère ne sont plus suffisants », a-t-il lancé[271].

Les revendications de Pékin en mer de Chine du Sud

Un autre dossier brûlant qui s'apparente à une démarche de prédateur est la revendication de la Chine sur plus de 80 % de la mer de Chine du Sud, soit sur toutes les îles Spratleys et Paracels dans le Sud-Est asiatique, territoire d'une superficie de quelque 3 500 000 kilomètres carrés délimité par le fameux tracé en neuf traits qui s'étend de la côte méridionale chinoise jusqu'au sud de la Malaisie. Les revendications chinoises ont été invalidées en 2016 par la Cour permanente d'arbitrage de La Haye à la demande des Philippines. Mais Pékin n'en démord pas et proclame sa souveraineté sur ces vastes étendues à partir de considérations historiques qui sont souvent fictives. Pékin considère que les îles Spratleys et les îles Paracels sont un territoire chinois depuis près de deux millénaires, mettant en avant d'anciens manuscrits qui parlent de ces archipels comme étant chinois, de même que des poteries et des monnaies trouvées sur ces îles, telles des preuves. Pour Pékin, des sources historiques (dont l'authenticité peut être mise en doute) indiquent que vers 110 av. J.-C., la dynastie des Han (206 av. J.-C.-220 ap. J.-C.) aurait installé une administration pour l'île de Hainan, au sud du continent chinois, dont le domaine de compétence incluait les archipels de Nansha (Spratleys) et Xisha (Paracels). Pour les experts, l'existence de monnaies de la dynastie Han n'est pas un argument convaincant, étant davantage l'indice de relations commerciales entre la Chine et l'Asie du Sud-Est qu'une preuve réelle de présence chinoise. Une partie des îles et des étendues maritimes est également revendiquée par le

Viêt-nam, Taïwan, les Philippines, la Malaisie et Brunei. Cette zone est devenue un point chaud du monde, du fait principalement de sa militarisation par la Chine, ces différents pays se disputant sa richesse halieutique et la présence probable d'importants gisements sous-marins de pétrole et de gaz naturel. Au total, 10 % de la pêche mondiale sont effectuées en mer de Chine du Sud. Celle-ci est en outre un carrefour stratégique de routes commerciales d'une importance capitale puisqu'elle est la route la plus courte entre le Pacifique Nord et l'océan Indien. 70 % du trafic mondial de conteneurs et 50 % des flux d'hydrocarbures et de gaz naturel liquéfié transitent par la mer de Chine du Sud.

La Chine a, ces dernières années, nettement intensifié sa présence dans cette zone, avec la construction d'îlots artificiels et le déploiement sur plusieurs îlots de structures militaires, dont des pistes permettant l'atterrissage d'avions de combat et l'installation de missiles, de même que des radars à longue portée. Résultat de sa stratégie de conquête depuis 1987, la Chine contrôle désormais l'intégralité des îles Paracels et une bonne partie des Spratleys. Elle a installé en 2018 des équipements de guerre électroniques sur deux de ses avant-postes fortifiés dans les Spratleys (les récifs Fiery Cross et Mischief). Ces puissantes stations sont capables de brouiller les systèmes de communication et de radar. Dans ces mêmes îles Spratleys, des missiles sol-air et air-air ont été déployés en avril 2018 sur les récifs de Fiery Cross, Subi et Mischief à l'est du Viêt-nam, à l'ouest des Philippines et très loin au sud de la Chine continentale. Le Viêt-nam proteste régulièrement contre l'intrusion de bateaux chinois dans sa Zone économique exclusive (ZEE)*, en vain. Les Philippines et l'Indonésie en font autant. Mais ni l'un ni les autres n'ont les moyens militaires de se mesurer à l'emprise écrasante de la

* Domaine maritime sur lequel un État côtier exerce un droit souverain.

Chine qui va, selon toutes probabilités, se renforcer encore dans les années à venir. L'universitaire américain Graham Allison relève que la Chine a entrepris de grands projets de construction de nature militaire en mer de Chine du Sud où elle a érigé des avant-postes sur sept des îles Spratleys. En juin 2015, elle revendiquait plus de 1 200 hectares de terres dans la zone, à comparer avec les 32 du Viêt-nam, les 28 de la Malaisie, les 5 des Philippines et les 3 de Taïwan. La Chine a construit des ports, des pistes d'atterrissage, des installations radar, des phares et des entrepôts : « Tout en écartant peu à peu les États-Unis de ces eaux territoriales, la Chine attire dans son orbite économique les pays d'Asie du Sud-Est, mais aussi le Japon et l'Australie », dit-il[272]. La Chine, explique-t-il, comme de nombreux stratèges chinois anciens, continue de penser « que la grandeur nationale repose sur le contrôle des mers ». Il faut donc s'attendre à voir la Chine « mettre toute son énergie à préparer des combats et des victoires dans les eaux territoriales » des Spratleys et des Paracels. « En déployant des capacités militaires de déni d'accès et d'interdiction de zone qui menacent les porte-avions américains et autres bâtiments de prix, la Chine éjecte progressivement la flotte américaine » de la mer de Chine du Sud. La Chine aurait amassé dans la zone plus de mille missiles antinavire et une énorme flotte côtière. Des dizaines de sous-marins patrouillent dans ces eaux, armés de torpilles et de missiles en mesure de couler tout navire ennemi. Selon Graham Allison, « la Chine est en mesure d'enrayer ou même de détruire sur toute la zone les satellites américains de renseignement, de surveillance et de communication dans le Pacifique dont jouissaient les États-Unis depuis la bataille de Midway, en 1942 ». « C'en est fini de leur contrôle incontesté de la mer et des airs le long du couloir océanique qui borde la Chine sur une largeur de 1 600 kilomètres[273]. »

Néanmoins, le 13 juillet 2020, les États-Unis, par la voix de leur secrétaire d'État de l'époque Mike Pompeo, ont annoncé un changement de leur politique dans la zone, affirmant que les revendications de la Chine sur la mer de Chine du Sud étaient « illégales ». « Nous le disons clairement : les revendications de Pékin sur les ressources offshore dans la plus grande partie de la mer de Chine méridionale sont complètement illégales, de même que sa campagne d'intimidation pour les contrôler », a ajouté Mike Pompeo, qui a rappelé qu'un tribunal de la Cour permanente d'arbitrage de La Haye avait jugé en 2016 que la Chine n'avait pas de base légale pour revendiquer des « droits historiques » sur cette zone. Il s'agit là d'un virage de la diplomatie américaine qui s'était jusqu'à présent abstenue de prendre position dans les différends territoriaux dans cette région, se contentant d'y affirmer la « liberté de navigation ». Son successeur, Antony Blinken, est allé encore un peu plus loin le 27 janvier 2021, en déclarant que les États-Unis offriraient leur appui militaire aux pays d'Asie du Sud-Est concernés par les revendications chinoises en mer de Chine du Sud. À l'occasion d'une conversation téléphonique avec le ministre philippin des Affaires étrangères Teodoro Locsin, « le secrétaire Blinken s'est engagé à se tenir aux côtés des pays d'Asie du Sud-Est face aux pressions de la République populaire de Chine », a indiqué un porte-parole du secrétaire d'État :

> « Le secrétaire Blinken a souligné l'importance du Traité de défense mutuelle pour les deux pays [Philippines et États-Unis] et son application claire aux attaques armées contre les forces armées des Philippines, les bateaux et les avions dans le Pacifique, y compris la mer de Chine du Sud. » [...] [Il a également souligné que] « les États-Unis rejettent les revendications de la Chine en mer de Chine du Sud puisqu'elles excèdent les zones maritimes que la Chine

est en droit de revendiquer en vertu des lois internationales issues de la Convention sur le Droit de la mer [de 1982][274] ».

Voilà qui est limpide.

Du 1er au 5 juillet 2020, des manœuvres militaires chinoises autour des Paracels avaient brusquement fait monter la tension dans cette zone. Washington y avait répondu en y envoyant deux porte-avions, le *Ronald Reagan* et le *Nimitz*, accompagnés de leur armada, un déploiement de forces sans précédent depuis 2014. D'autre part, d'ordinaire discrets sur cette question, la France, l'Allemagne et le Royaume-Uni ont créé la surprise, le 16 septembre 2020, en envoyant simultanément à l'ONU leurs propres notes sur le sujet, dans lesquelles ils considèrent comme « injustifiées » et contraires au droit international les revendications chinoises sur cette zone. Les notes diplomatiques de ces trois pays ont exprimé leurs désaccords avec les sept notes émises par la Chine précédemment. C'était la première fois que les trois plus grandes puissances européennes – faisant partie du G7 – expriment ensemble une vision commune et confirment leur position unifiée sur la question de la mer de Chine. En outre, cette position a été soigneusement pesée, discutée, préparée par ces trois pays. Elle démontre leur inquiétude face aux conflits en mer de Chine méridionale, ainsi que la nécessité d'expliciter les vues européennes sur cette question. Dans les notes diplomatiques européennes, il est dit que « le fait qu'un État continental se considère comme un État archipélagique pour tracer une ligne de base droite est injustifié[275] ». À son tour, le Japon a déclaré les revendications chinoises en mer de Chine du Sud « sans fondement » car ne respectant pas les termes de la Convention des Nations unies sur le droit de la mer. Cela dans une note verbale adressée à l'ONU le 21 janvier 2021 par sa mission permanente en son siège à New York[276].

« La plupart de ces pays s'appuient sur le verdict de la Cour d'arbitrage de La Haye qui s'était prononcée en 2016 et qui précisait, non pas que les revendications de la Chine sont nulles et non avenues, mais que les revendications chinoises, en particulier celles qu'elle nomme "historiques", ne sont pas valides du point de vue du droit international », estime l'expert de la Chine Antoine Bondaz. « C'est-à-dire que le droit international ne reconnaît pas les revendications "historiques" comme étant, sur le plan purement juridique, un argument suffisant. Ce n'est pas dire que la Chine n'a pas le droit d'avoir des revendications en mer de Chine méridionale, mais c'est dire que l'argument de la Chine qui consiste à dire qu'il y aurait des revendications "historiques" et que, deuxièmement, ces revendications "historiques" légitimeraient le fait que la Chine possède une souveraineté sur l'ensemble d'une zone (c'est ce que fait la Chine, non pas seulement une revendication sur des îlots, mais sur l'ensemble d'une zone, ce que l'on appelle "la ligne en neuf traits"), c'est dire que cela, donc, sur le plan purement juridique, est quelque chose qui n'est pas acceptable[277]. »

La Chine ne cesse de renforcer sa présence dans cette zone. Le 7 mars dernier, les garde-côtes des Philippines ont découvert quelque 220 bateaux de pêche et navires des garde-côtes chinois naviguant en formation dans une zone contestée du récif Whitsun, située à l'intérieur de la zone économique exclusive des Philippines mais que la Chine revendique comme faisant partie de son territoire. Récit d'un loupé majestueux du régime chinois. Sitôt cette flottille découverte, les Philippines ont protesté auprès de Pékin. L'ambassade de Chine a tenté quelques jours plus tard de calmer les esprits en expliquant que ces bateaux ne prenaient pas part à un exercice militaire, mais avaient trouvé refuge dans la zone en raison du mauvais temps. Mais il a fallu bien vite se rendre à l'évidence : le beau temps revenu, les bateaux ne sont pas repartis. Ils étaient là pour rester. Depuis, l'affaire n'a cessé de s'envenimer, au point que le président philippin Rodrigo Duterte, pourtant un ardent pro-Chinois, a été amené à prendre les choses en main. Ses assistants ont publiquement critiqué la Chine, estimant lundi 5 avril que cette incursion dans les eaux nationales était de nature à porter tort aux relations bilatérales. Pékin a eu beau insister sur le fait que ces navires n'étaient que des bateaux de pêche, l'évidence était là : la flottille était bel et bien encadrée par des bâtiments militaires. L'avocat personnel du chef de l'État philippin, Salvador Panelo, a expliqué que la présence prolongée de ces bateaux représentait « une tache » sur les relations entre Manille et Pékin et risquait de dégénérer « en hostilité, une voie que les deux pays ne voudraient probablement pas emprunter ». « Nous pouvons négocier sur des questions d'inquiétude et de bénéfice mutuels, mais ne commettez pas d'erreur : notre souveraineté n'est pas négociable », a déclaré l'avocat dans un communiqué officiel. Le porte-parole de Duterte, Harry Roque, a enfoncé le clou lors d'une conférence de presse : « Nous ne céderons pas un pouce de notre territoire national ou de notre zone économique exclusive », a-t-il dit. « Nous sommes prêts à défendre notre souveraineté nationale et à protéger les ressources maritimes des Philippines », a renchéri le secrétaire à la Défense Delfin Lorenzana. Ces déclarations marquent un virage sur l'aile à cent quatre-vingts degrés dans la position des Philippines à l'égard de la Chine, Philippines qui avaient été, ces dernières années, accommodantes envers Pékin tandis que Manille prenait lentement ses distances avec les États-Unis. Pour ne pas froisser Pékin, le président Duterte était allé jusqu'à ignorer une décision de la Cour permanente d'arbitrage de La Haye rendue en 2016 à la demande des Philippines, décision qui avait invalidé les revendications chinoises en mer de Chine du Sud et donné raison à Manille, déclarant à de nombreuses reprises que confronter la Chine risquait de mener à la guerre. Cette affaire semble bien attester une erreur stratégique grossière de la Chine, la crise avec Manille ayant éloigné les Philippines de sa zone d'influence pour les précipiter dans les bras des Américains. Du grand art de se tirer une balle dans le pied. Immédiatement, Washington s'est engouffré dans la brèche. Le secrétaire d'État Antony Blinken a ainsi déclaré le 29 mars que son pays se tenait aux côtés des Philippines après l'incursion « de la milice maritime chinoise ». « Les États-Unis se tiennent aux côtés de leur allié, les Philippines, face à la flotte armée de la République populaire de Chine aux abords du récif Whitsun. Nous serons toujours du côté de nos alliés et nous défendrons l'ordre international basé sur des règles », a-t-il tweeté. « Les réactionnaires n'auront soulevé une pierre que pour se la laisser retomber sur les pieds », avait dit Mao Zedong dans une déclaration restée célèbre. Cette déclaration, le régime de Pékin peut aujourd'hui se l'appliquer à lui-même. Cela d'autant que les Philippines viennent de faire une autre étrange découverte, le jeudi 2 avril : la marine chinoise aurait, selon toute vraisemblance, construit plusieurs structures en dur sur des récifs appelés Union Banks, dont fait d'ailleurs partie le récif Whitsun, une preuve de l'intention de Pékin de continuer à militariser la mer de Chine du Sud.

Pour y affirmer la « liberté de navigation », plusieurs pays occidentaux dépêchent régulièrement des navires de guerre en mer de Chine du Sud. Il en va ainsi des États-Unis, de l'Australie, de la France et du Royaume-Uni. Partis le 18 février 2021 de leur port d'attache de Toulon, le porte-hélicoptères amphibie *Tonnerre* et la frégate légère furtive *Surcouf*, deux bâtiments français, ont ainsi croisé dans la région Indo-Pacifique ainsi qu'en mer de Chine du Sud avant de prendre part à un exercice naval combiné avec des bâtiments des flottes américaine et japonaise. Interrogé sur le but de cette mission, le commandant du *Tonnerre*, le capitaine Arnaud Tranchant, a expliqué que la flotte tricolore souhaitait « travailler pour renforcer » le partenariat de la France avec les quatre pays du « Quad », les États-Unis, le Japon, l'Australie et l'Inde. Cette incursion de la marine française en mer de Chine du Sud avait suivi le sous-marin d'attaque nucléaire français *Émeraude* et son bâtiment de soutien logistique *Seine*, qui ont croisé dans la même zone à partir du 8 février, suscitant le courroux de Pékin. Pour Fu Kuncheng, un expert de l'Institut de la mer de Chine du Sud à l'Université de Xiamen, dans le sud du pays, ces missions dans une zone maritime disputée sont « alarmantes » et la Chine devra réfléchir à la façon d'y répondre de façon adéquate : « Il est clair que les États-Unis espèrent travailler de concert avec leurs alliés de l'OTAN pour montrer leurs muscles en mer de Chine du Sud avec des exercices de prétendue “liberté de navigation”. Lorsque ces pays se font les avocats de la liberté de navigation, la Chine devrait dépêcher des navires de guerre pour les accompagner. Mais s'ils pénètrent dans des eaux territoriales revendiquées par la Chine, nous devons protester en accord avec la Convention des Nations unies sur le Droit de la mer. » « Il est évident que la France a pour intention de démontrer sa présence militaire dans la région Indo-Pacifique, tout spécialement sous la pression des États-Unis, en vue de coopérer avec le déploiement militaire américain », a pour sa part estimé Song Zhongping, un commentateur des affaires militaires chinoises et ancien instructeur de l'Armée populaire de libération, cité par le quotidien anglophone de Hong Kong[278]. Cette nouvelle mission française intervenait après la présence en mer de Chine du Sud depuis le 9 février 2021 de deux porte-avions américains, l'USS *Theodore Roosevelt* et l'USS *Nimitz*, accompagnés de leurs flottilles, dans ce qui avait constitué le plus important déploiement américain dans cette zone depuis sept mois. Ces missions seront en outre rejointes début 2022 par celle du tout nouveau porte-avions britannique HMS *Queen Elizabeth* qui prendra, lui aussi, la route de la mer de Chine méridionale dans ce qui constituera sa première mission opérationnelle. Cette mission a été révélée en février 2019 par l'ancien ministre britannique de la Défense Gavin Williamson, pour qui cette mission « fera du Royaume-Uni global une réalité ». Le 31 décembre 2020, le porte-parole du ministère chinois de la Défense Tan Kefai avait souligné que « la source réelle de la militarisation de la mer de Chine du Sud émane de pays extérieurs à la région qui envoient des navires de guerre à des milliers de kilomètres de leurs côtes afin de montrer leurs muscles. L'armée chinoise devrait prendre toutes les mesures nécessaires pour sauvegarder la souveraineté nationale, la sécurité, de même que la paix et la stabilité en mer de Chine du Sud. » Mais en réalité, que peut bien faire la Chine ? Rien. Au risque, sinon, de déclencher un incident armé qui pourrait dégénérer dans cette zone stratégique devenue une zone particulièrement « chaude » du monde. Le 20 février 2021, les États-Unis ont mis en garde la Chine contre l'usage de la force en mer de Chine du Sud, réaffirmant en même temps que les revendications chinoises dans la zone étaient « illégales ». Le département d'État a exprimé son « inquiétude » à propos d'une nouvelle législation adoptée le 22 janvier 2021 par l'Assemblée nationale populaire (ANP) qui autorise les navires garde-côtes chinois à faire usage de leurs armes contre des bâtiments étrangers qui pénétreraient de façon « illégale » dans ces eaux. Ce texte « laisse fortement entendre que cette loi pourra être utilisée pour intimider les voisins de la République populaire de Chine, a souligné Ned Price, le porte-parole du département d'État. Nous sommes aussi inquiets du fait que la Chine puisse invoquer cette nouvelle loi pour renforcer ses revendications maritimes illégales en mer de Chine du Sud. »

La diplomatie du masque, les dons de vaccins

La Chine a exporté quelque 220 milliards de masques chirurgicaux en 2020, selon les chiffres du ministère chinois du Commerce. Ce chiffre spectaculaire correspond à 40 masques par être humain vivant en dehors de la Chine. Premier pays touché par le coronavirus, la Chine s'est rapidement imposée comme le principal fabricant de masques au monde, Pékin n'hésitant pas à en user sur le plan diplomatique avec des dons – très médiatisés – à l'étranger. La Chine a par ailleurs exporté 2,3 milliards de combinaisons de protection et un milliard de trousses de dépistage contre le virus, a précisé devant la presse un vice-ministre du Commerce, Qian Keming. Il s'agit pour la Chine d'une « contribution importante à la lutte mondiale contre l'épidémie », s'est-il félicité[279]. Mais qu'on se le dise : si Pékin a fait don d'une petite partie de ces masques et de ces matériels sanitaires (plusieurs millions au total), pour la très grande majorité d'entre eux elle les a en réalité vendus, en retirant même un profit juteux. Il reste qu'après la diplomatie du masque, la Chine s'est engagée dans une offensive politique et diplomatique très agressive de dons de vaccins auprès de nombreux pays, que ce soit le Zimbabwe, la Hongrie, le Maroc, l'Algérie ou d'autres encore, dans l'espoir de conquérir les cœurs mais aussi les sympathies de l'opinion publique à travers le monde. C'est ainsi qu'en date du 15 février 2021, la Chine avait expédié un total de 46 millions de doses de vaccins élaborés sur le sol chinois (Sinovac et Sinopharm), davantage même que le nombre de vaccins inoculés à la population chinoise (40,52 millions)[280] ! C'est ainsi qu'à cette date, une proportion de seulement 3 doses de vaccin avait été administrée en Chine pour 100 habitants, contre plus de 15 doses aux États-Unis, presque 22 doses pour 100 habitants au Royaume-Uni, et même 70 doses en Israël. Priorité, donc, est donnée par les autorités chinoises à leur politique de dons de vaccins sur les soins à la population chinoise*! Il est vrai que, très tôt, le président chinois Xi Jinping avait promis de faire des vaccins chinois un bien au service de l'humanité. En réponse à cette campagne chinoise, les États-Unis, l'Inde, l'Australie et le Japon ont promis, le 12 mars 2021, à l'occasion d'un sommet du Quad, ce forum quadrilatéral informel, de livrer un milliard de doses de vaccin aux populations démunies dans la région Indo-Pacifique d'ici la fin de 2022[281]. Ces vaccins seront tous produits en Inde, une façon pour ce pays de tenir tête à Pékin.

L'origine du coronavirus, une Longue Marche vers la vérité

Une piste sérieuse est en train d'émerger sur l'origine du coronavirus, qui pourrait bien provenir de chauves-souris d'une mine dans le Yunnan (sud-ouest de la Chine) en 2012, tandis que les appels se font de plus en plus pressants à travers le monde en direction de la Chine, sommée de toutes parts de faire enfin la lumière sur une pandémie qui a tué 2653641 personnes (dont un membre de ma famille la plus proche) en date du 14 mars 2021 et pourri la vie de milliards de Terriens, la plus grave crise sanitaire qu'a connue la planète depuis plus d'un siècle. Qu'on se souvienne : en décembre 2019, ces images de pangolins malades, d'animaux sauvages vendus sur les étals du marché humide de Wuhan, de quelques chauves-souris égarées : un scénario qui a longtemps masqué l'origine véritable du virus. Pour lancer la contre-attaque, la propagande chinoise en était arrivée à accuser l'armée américaine d'être responsable de la contamination à Wuhan lors de Jeux militaires mondiaux organisés dans la ville en octobre 2019. Début septembre dernier, des médias officiels chinois avaient même

* Pour être juste, il faut noter que le virus ne circule pratiquement pas en Chine et que la vaccination n'est donc pas une urgence immédiate comme chez nous.

diffusé sur les réseaux sociaux une vidéo évoquant « 200 mystérieux laboratoires de biosécurité mis en place par l'armée américaine tout autour du monde », susceptibles d'avoir laissé s'échapper le nouveau coronavirus. Puis elle était passée à une thèse tout aussi improbable de produits surgelés importés de l'étranger. La réalité est, bien entendu, à chercher ailleurs, et une piste devient de plus en plus crédible, bien que les autorités chinoises cherchent par tous les moyens à étouffer : celle de la contamination d'ouvriers en 2012, dans une mine du Yunnan, par un virus qui aurait ensuite circulé à bas bruit jusqu'à ce qu'une éminente chercheuse chinoise le ramène au laboratoire P4 de l'Institut de virologie de Wuhan. Et c'est là que la question clé surgit : y a-t-il eu un accident et le virus se serait-il échappé du laboratoire ? C'est l'une des interrogations que soulève, dans une lettre ouverte datée du 4 mars 2021, un groupe de 26 scientifiques internationaux. Ils dénoncent le manque d'accès offert aux enquêteurs de l'OMS à Wuhan au début de l'année et préconisent de ne pas écarter la piste d'une fuite accidentelle. Selon les signataires de la lettre, il faudrait pouvoir examiner les différents scénarios, notamment celui où un employé du laboratoire de Wuhan pourrait avoir été infecté accidentellement en prélevant des échantillons de coronavirus, pendant le transport d'animaux malades ou lors de la manipulation de déchets provenant de ce type d'échantillonnage.

Un article très documenté publié le 22 décembre par le journal *Le Monde*[282] explique la séquence : le 25 avril 2012, un homme de 42 ans est admis à l'hôpital de Kunming, la capitale de la province du Yunnan, à quelque 1 500 km au sud-ouest de Wuhan. Il est sujet à une toux persistante depuis deux semaines, souffre d'une forte fièvre et surtout d'une détresse respiratoire qui s'aggrave. Le lendemain, trois autres patients, âgés de 32 à 63 ans, frappés de symptômes semblables, sont admis dans le même établissement. Le surlendemain, un homme de 45 ans y est à son tour hospitalisé. Un sixième, 30 ans, les rejoint une semaine plus tard. Tous partagent plus ou moins les mêmes symptômes de pneumonie sévère. Leurs scanners thoraciques indiquent une atteinte bilatérale des poumons, avec des opacités en verre dépoli qui sont aujourd'hui reconnues comme relativement caractéristiques du Covid-19, bien que non spécifiques. Trois d'entre eux présentent des signes de thrombose, une obstruction des vaisseaux là encore assez typique des complications du Covid-19. Tous ont en commun d'avoir travaillé dans une mine désaffectée à Tongguan, dans le canton de Mojiang. Une mine peuplée de plusieurs colonies de rhinolophes – dites « chauves-souris fer à cheval » – où les six hommes ont passé jusqu'à deux semaines à cureter les galeries du guano des mammifères volants. Trois d'entre eux meurent à l'hôpital, après respectivement douze, quarante-huit et cent neuf jours d'hospitalisation. Les deux plus jeunes en réchappent après un séjour de moins d'une semaine, tandis qu'un autre, âgé de 46 ans, ne sortira de l'hôpital de Kunming que quatre mois après son admission. Pékin garde le silence le plus absolu sur cette piste et la mine en question est aujourd'hui hermétiquement fermée, maintenue soigneusement à l'écart des regards indiscrets. La culture du silence et de la dissimulation du gouvernement chinois est une nouvelle fois mise en lumière, mais cette fois-ci sur un sujet planétaire. Des équipes de journalistes étrangers ont été chassées sans ménagement par des villageois en colère tandis que des caméras ont été installées à l'entrée de la mine et que des barrages routiers bloquent tout passage sur les voies d'accès à la mine. La mission d'une équipe d'experts de l'Organisation mondiale de la santé à Wuhan pour tenter de déterminer l'origine du virus en février dernier s'est soldée par un fiasco intégral. Non seulement les autorités chinoises avaient négocié pied à pied les termes de l'enquête avec l'organisation onusienne, au détriment de l'indépendance de l'expertise, non seulement les experts, réputés, certes, avaient tous été cooptés par Pékin, mais, selon une enquête du *New York Times*, leur travail a dû se contenter de travaux déjà conduits sous l'égide de Pékin. Le chemin parcouru est immense depuis un an. Au tout début de l'épidémie, toute évocation de la piste des laboratoires était catégorisée comme pure théorie du complot, ou associée aux attaques antichinoises de Trump et de son administration. Or cette hypothèse n'est en réalité pas venue du camp Trump, comme l'a bien expliqué Jérémy André, correspondant du *Point* à Hong Kong[283]. Jamie Metzl, chercheur à l'Atlantic Council, un *think tank* américain, ancien membre du cabinet de Joe Biden au Sénat et ancien conseiller du temps de l'administration Clinton, a été le premier à Washington à soutenir qu'un accident de recherche avait pu conduire à la pandémie catastrophique de 2020. Cette figure proche de l'*establishment* démocrate a exposé, dès avril 2020, les nombreux arguments et les preuves l'amenant à conclure qu'il y a « 85 % de probabilités que la pandémie ait commencé par une fuite accidentelle ». Un avis qui pèse, venant d'un spécialiste de la santé publique et des recherches en ingénierie génétique, d'un familier de la Chine, et d'un expert moins suspect de vouloir politiser le dossier que Donald Trump ou Mike Pompeo. Le 11 mars 2021, le Premier ministre chinois Li Keqiang a promis que la Chine continuerait de coopérer avec l'OMS pour poursuivre avec elle les recherches sur l'origine du virus. « Nous continuerons de travailler avec l'OMS pour mener ce travail plus loin », a-t-il dit. Des centaines de scientifiques à travers le monde ont joint leurs voix pour prendre la Chine au mot. La crédibilité de la Chine est une fois de plus mise à mal.

Conclusion

Le 2 juin 2021, le président chinois Xi Jinping a déclaré devant le Bureau politique du Parti communiste chinois que la Chine devait rechercher une politique étrangère apaisée. Cela a étrangement sonné comme une remise en cause de la diplomatie des « loups combattants », ces diplomates chinois critiqués pour leurs déclarations jugées agressives et souvent calomnieuses. Un comportement qui a entraîné des antagonismes avec de nombreux pays et abîmé durablement l'image de son pays sur la scène mondiale. Le président chinois a demandé aux responsables communistes et aux médias d'État de travailler pour construire une image plus « fiable, aimable et respectable » du pays, selon l'agence officielle chinoise Xinhua, dont la BBC se fait l'écho. Comment compte-t-il s'y prendre ? En améliorant sa communication à l'international et en élargissant un cercle de pays amis qui s'est réduit comme peau de chagrin ces deux dernières années. « Il est nécessaire de nous faire des amis, de nous unir et de gagner la confiance de la majorité et d'étendre sans arrêt le cercle de nos amis », a ainsi affirmé Xi Jinping, selon Xinhua. La Chine doit devenir « ouverte et sûre d'elle-même, mais aussi modeste et humble dans sa communication avec le monde extérieur », a-t-il ajouté. Les organisations de propagande du Parti doivent éclaircir le fait que Pékin ne souhaite « rien d'autre que le bonheur du peuple chinois, le bonheur du genre humain et la prospérité pour chacun », a-t-il encore lancé.

Ces déclarations de Xi Jinping entrent en résonance dans un contexte de tension croissante quant aux relations de la Chine avec nombre de puissances mondiales. Cette tension est manifeste avec les États-Unis, bien sûr, mais aussi avec le Japon, l'Australie, l'Union européenne, le Royaume-Uni, les Philippines, la Malaisie et l'Indonésie, pour ne citer qu'eux. La pandémie de Covid-19 n'a pas aidé la Chine à soigner ses relations diplomatiques. Bien au contraire. Dernièrement, la thèse de l'accident de laboratoire comme origine possible de la propagation du coronavirus, a été relancée aux États-Unis. Pékin n'a évidemment pas apprécié et a accusé Washington de « manipulation politique » et de « transfert des responsabilités ». Parmi les autres sujets qui ont gravement terni l'image de la Chine figurent l'enfermement massif et la persécution des Ouïghours au Xinjiang, dénoncés comme un « génocide » par l'administration Biden, ainsi que la répression du mouvement prodémocratie à Hong Kong. Sans compter que les déclarations jugées arrogantes des « loups guerriers » pour défendre ces deux politiques de Pékin ont encore dégradé le *soft power* de l'empire du Milieu, alors même que Xi Jinping et le Parti veulent mettre en avant la « solution chinoise », un modèle censé surpasser des démocraties libérales « inefficaces » et « en déclin ». Xi Jinping a aussi demandé aux diplomates chinois de tout faire pour transmettre une image positive et ouverte du pays. Ce discours s'oppose frontalement avec la stratégie dite des « loups combattants », qui consiste à encourager ces diplomates à faire preuve d'agressivité, quitte à propager des *fake news* et à diffamer ses adversaires internationaux, notamment sur les réseaux sociaux, pour défendre la propagande chinoise face aux modèles politiques occidentaux.

Ces déclarations du dirigeant suprême chinois sont surprenantes, pour ne pas dire sans précédent, même, depuis l'arrivée au pouvoir des communistes à Pékin en 1949. Car elles ressemblent à s'y méprendre à une autocritique en règle. Elles semblent traduire la faillite de la diplomatie des « loups combattants », une politique qui, dans les faits, a bien souvent déclenché des réactions exactement inverses de celles attendues par Pékin. Plutôt que d'être intimidées et de céder, les personnes prises pour cibles par les « loups combattants » se sont trouvé une confiance renforcée et ont reçu le soutien déclaré de milliers de leurs compatriotes, relève-t-on. Au-delà d'un apparent « constat d'échec », comment interpréter ce virage sur l'aile à cent quatre-vingts degrés ? Xi Jinping a-t-il fait ces déclarations dans une logique de politique interne au Parti ? C'est en effet une année cruciale pour lui, qui cherche à se dégager le chemin vers le XXe congrès du PCC à l'automne 2022. À cette occasion, il doit se maintenir au pouvoir pour un troisième quinquennat, inédit depuis le début des réformes de Deng Xiaoping dans les années 1980. Ce chemin n'est pas un long fleuve tranquille, et le numéro un chinois doit manœuvrer constamment pour désarmer les factions du Parti qui n'apprécient guère sa politique de confrontation avec les États-Unis et l'Occident en général, et qui dénoncent tous les dangers d'une nouvelle « guerre froide ». Il faudra observer de près ce qui se passera dans les prochaines semaines ou les prochains mois au sein des instances dirigeantes du pays, car plusieurs signes récents ont laissé percer une certaine nervosité à Zhongnanhai, la résidence des hauts dignitaires du régime chinois, qui longe la Cité interdite au cœur de Pékin. Il faudra donc peut-être ainsi attendre des clarifications. Le ton était réellement monté ces derniers mois, notamment avec les États-Unis. Le beau discours de Xi Jinping a peut-être déjà été entendu par l'administration de Joe Biden. Sera-t-il suivi d'effet ? Les diplomates chinois aux discours de « loups combattants » n'ont pas été démis de leurs fonctions. Bien des observateurs internationaux restent donc méfiants et attendent des actes concrets.

Quand le soleil se lève à l'est et se couche à l'ouest, l'Occident balbutie. On connaît ce stéréotype éculé*. Rien n'est moins sûr. Au terme de ce travail d'enquête, j'en suis arrivé à la conviction que la Chine du président à vie Xi Jinping s'est engagée dans une ligne de collision avec le reste du monde. Pékin est en train de s'attirer l'inimitié, sinon la défiance, de plusieurs de ses partenaires occidentaux, sans compter celle de l'opinion. Depuis l'arrivée au pouvoir du dictateur chinois en 2012, la Chine et ses « loups combattants** » ont réussi la performance de se brouiller avec une bonne partie de la planète.

* Parmi les partisans de l'asiatisme et des critiques de l'occidentalisme, celui dont le discours est le plus articulé est probablement le Singapourien Kishore Mahbubani, un diplomate qui était à l'époque proche de Lee Kuan Yew, représentant de Singapour aux Nations unies de 1971 à 2004, ancien haut fonctionnaire au ministère des Affaires étrangères de Singapour, ancien ambassadeur au Cambodge, en Malaisie et aux États-Unis. Mahbubani prédit depuis des années le triomphe inexorable de la Chine et de l'Asie face aux États-Unis et à un Occident en déclin et condamnés à l'effacement.

** Cette expression désigne communément les diplomates chinois d'un nouveau genre qui, obéissant aux directives du Parti, ont adopté une attitude volontairement agressive pour faire connaître aux monde les prétendus succès enregistrés par la Chine, dont tout particulièrement ceux associés à la gestion par Pékin de la pandémie de coronavirus. Ce terme, tiré d'un film d'aventure et d'action chinois, *Wolf Warrior*, réalisé par Wu Jing et sorti en 2015, tourné à l'intention du public africain, vante les mérites des forces spéciales de l'armée chinoise, confrontées à un groupe de mercenaires engagés par un baron de la drogue. L'action de ces diplomates a en réalité souvent profondément irrité leurs interlocuteurs occidentaux. Il en va ainsi de l'ambassadeur chinois en France, Lu Shaye, convoqué au Quai d'Orsay, le 15 avril 2020, par Jean-Yves Le Drian qui lui a signifié sa « désapprobation » après la publication d'une série de tribunes anonymes jugées très déplacées sur le site de la représentation chinoise à Paris, dans lesquelles celle-ci accusait les personnels des Ephad français, touchés par la pandémie, d'abandonner leurs résidents à leur triste sort.

Profondément fâchée avec les États-Unis[284], et cela pour longtemps, Pékin ne s'entend plus non plus avec le Royaume-Uni, le Canada*, l'Australie, l'Inde, la Suède et, à un degré moindre, avec le Japon, la Corée du Sud et la Nouvelle-Zélande, et peut-être bientôt aussi avec la France et l'Allemagne, cette dernière ayant pourtant été longtemps partisan du dialogue avec la Chine. Tout cela alors que nombre de ses voisins en Asie du Sud-Est vivent dans la crainte de l'influence croissante du géant chinois dans la région. L'Union européenne a, quant à elle, expliqué par la voix de ses dirigeants qu'elle avait maintenant perdu la « naïveté » qui était la sienne à l'égard de la Chine, qu'elle classe désormais dans la catégorie d'un « rival systémique »**. Même la Turquie, pourtant tombée

---

* Suite à l'arrestation et à l'assignation à résidence à Vancouver, en décembre 2018, de Meng Wanzhou, dirigeante de Huawei et soupçonnée de transactions illégales avec l'Iran en violation avec les sanctions américaines à l'égard de ce pays, deux citoyens canadiens, Michael Spavor et Michael Kovrig, ont été arrêtés six jours plus tard, le 10 décembre 2018, et croupissent depuis dans une prison en Chine, accusés d'espionnage. Bien que le lien n'ait jamais été officiellement prouvé, il apparaît que les autorités chinoises auraient procédé à ces arrestations pour s'en servir de monnaie d'échange afin d'arracher des autorités canadiennes la libération de la responsable chinoise. Tandis que Meng Wanzhou passe ses journées dans une luxueuse villa de Vancouver et reste libre de se déplacer dans la ville avec un bracelet électronique au pied, Michael Spavor et Michael Kovrig passent les leurs dans une cellule, placés à l'isolement et au secret.

** « Le temps de la naïveté avec la Chine est derrière nous », a déclaré l'eurodéputée Nathalie Loiseau. « N'ayons pas peur de ce que nous sommes, ni de nos valeurs, ni de notre poids et de notre force. » Marie Brémeau et Pierre Bonte-Joseph, « Accord Chine-UE : "Le temps de la naïveté est derrière nous", estime Nathalie Loiseau », *Publicsénat.fr*, 30 janvier 2021. <https://www.publicsenat.fr/article/parlementaire/accord-chine-ue-le-temps-de-la-naivete-est-derriere-nous-estime-nathalie>.

depuis longtemps dans l'orbite chinoise, s'est mise récemment à demander des comptes à la Chine sur le traitement qu'elle réserve aux Ouïghours du Xinjiang qui, faut-il le rappeler, sont turcophones, devenant ainsi le premier pays musulman à rompre le silence sur cette tragédie. Et le Premier ministre de Singapour, Lee Hsien Loong, qu'on ne pourra guère taxer d'être anti-Chinois, a estimé que la direction politique prise par le régime de Pékin a engendré des tensions avec les pays grands et petits. « Il existe une incertitude significative et une anxiété quant au chemin emprunté par la Chine et sur le fait de savoir si c'est bon pour elle », a-t-il dit dans le cadre du programme de la BBC News *Talking Business Asia.* « Je ne crois pas que ce soit dans l'intérêt de la Chine », a-t-il ajouté[285]. Le 12 mars 2021, le président américain Joe Biden, le Premier ministre japonais Yoshihide Suga, le Premier ministre australien Scott Morrison et le Premier ministre indien Narendra Modi sont convenus de lutter ensemble contre « l'agression » et « l'intimidation » de la Chine contre certains de leurs pays, à l'occasion d'un sommet virtuel du Quad. Les quatre dirigeants ont dénoncé « l'intimidation dirigée contre l'Australie, le harcèlement contre les îles Senkaku [îlots inhabités administrés par le Japon mais également revendiqués par la Chine sous le nom de Diaoyu en mer de Chine orientale], leur agression à la frontière avec l'Inde* », a expliqué le conseiller de la Maison Blanche pour la Sécurité nationale Jake Sullivan à l'issue de ce sommet[286]. Autre illustration de l'isolement dans lequel la Chine est en train de s'enfoncer, Xu Jin, un délégué de la Conférence populaire politique consultative, un organe parlementaire sans

* Au moins 20 soldats indiens et quatre soldats chinois ont péri dans une confrontation entre leurs armée dans la nuit du lundi 15 au mardi 16 juin 2020 sur la frontière disputée au Ladakh, dans le nord de l'Inde, premier accrochage militaire meurtrier en quarante-cinq ans entre les deux géants asiatiques.

aucun pouvoir décisionnaire, a publiquement proposé, début mars 2021, que la langue anglaise soit retirée du programme éducatif obligatoire pour les examens d'entrée à l'université. L'apprentissage de l'anglais, de même que celui d'autres langues étrangères, est une perte de temps et d'énergie pour la jeunesse du pays, a-t-il dit[287]. La Chine a dégringolé dans le classement annuel du *soft power* ces dernières années. Elle est ainsi passée du 5e rang au 8e rang mondial entre 2020 et 2021, selon le classement annuel Global Soft Power Index publié le 25 février 2021, derrière l'Allemagne, le Japon, le Royaume-Uni, le Canada, la Suisse, les États-Unis et la France. Un recul qui illustre une image durablement ternie sur la scène internationale, conséquence collatérale de la répression au Xinjiang et à Hong Kong et des manœuvres d'intimidation constantes en direction de Taïwan[288].

Le 25 février 2021, le président Xi a annoncé, dans un discours télévisé d'une heure, une « victoire totale » dans l'élimination complète de la grande pauvreté dans les zones rurales. « La direction du Parti communiste chinois et le système socialiste de la Chine sont les garanties fondamentales contre les risques, les défis et les difficultés » rencontrées sur la route du développement du pays, a-t-il claironné[289]. La Chine, a-t-il dit, a réussi à extraire 850 millions de ruraux de l'extrême pauvreté en un temps record, « un succès sans précédent » qu'aucun autre pays n'a réussi à égaler dans l'histoire moderne. « Éradiquer l'extrême pauvreté est un autre miracle de l'humanité d'une portée historique. C'est là un grand honneur qui appartient au Parti communiste chinois », a encore déclaré le président chinois[290]. L'élimination de la pauvreté a été l'un des thèmes majeurs du chef de l'État chinois depuis de longues années. Cet objectif désormais atteint marque une indéniable réussite de Xi Jinping dans ce qui constitue l'une des seules légitimités du Parti avec, au deuxième rang, la réunification du pays (d'ailleurs inachevée) et l'indépendance nationale.

Le 5 mars 2021, le Premier ministre chinois Li Keqiang a annoncé un budget militaire de 260 milliards de dollars (1 355 milliards de yuans) pour 2021, en hausse de 6,8 % comparé à 2020, budget qui a été en progression constante ces dernières années. Il est certes très loin du budget militaire américain (934 milliards de dollars pour 2021, soit plus que tous les budgets militaires du monde réunis), mais il se situe au deuxième rang mondial*. Le chef du gouvernement chinois a précisé lors d'un discours prononcé à l'occasion de l'ouverture des travaux de la session plénière annuelle de l'Assemblée nationale populaire (Parlement chinois) que ce budget permettrait à l'Armée populaire de libération (ALP) de « renforcer ses capacités de préparation au combat ». Le 9 mars 2021, le président Xi Jinping a souligné que la Chine faisait face à « une situation sécuritaire instable et incertaine ». « L'ensemble de l'armée doit coordonner ses efforts pour assurer la préparation au combat, afin d'être prête à répondre à une variété de situations difficiles et complexes à tout moment ; de sauvegarder la souveraineté nationale, les intérêts de sécurité et de développement dans le but d'apporter un soutien fort à la construction d'un État socialiste moderne », a-t-il dit[291]. Ce budget est, par comparaison, 16 fois supérieur à celui de Taïwan qui s'élève à 13,2 milliards de dollars, en hausse de 4 % sur un an. De surcroît, ce budget officiel est jugé par les experts de la question très inférieur au budget réel, ne prenant pas en compte notamment le coût des recherches sur de nouveaux armements. Pourquoi un tel budget ? La Chine

* La Chine possède actuellement trois porte-avions en activité (contre onze pour les États-Unis) et bientôt un quatrième qui sera à propulsion nucléaire et dont le chantier a commencé début 2021. Par ailleurs, il est utile de garder à l'esprit que les États-Unis disposent d'environ 800 bases militaires dans plus de 70 pays, contre une seule pour la Chine, à Djibouti.

est-elle menacée d'une invasion étrangère imminente ou même lointaine ? À l'évidence, non. Est-ce alors pour attaquer un jour Taïwan ? Les frères de sang chinois en viendraient-ils à s'entretuer ? Il me vient la crainte que Xi Jinping, lorsqu'il sera confronté à une fronde organisée dans son pays, ne décide de lancer l'assaut contre Taïwan, dans un acte désespéré pour faire diversion et tenter d'user de la fibre nationaliste dans son pays pour retrouver l'unité nationale autour de lui. Le 23 mars 2021, l'amiral John Quilino, commandant des forces américaines en Indo-Pacifique, a lancé cet avertissement lors d'une audition à la Commission des Affaires militaires du Sénat : la Chine pourrait bien lancer l'offensive contre Taïwan « bien plus tôt que la plupart d'entre nous ne le pensons. [...] Nous devons prendre ceci en compte et mettre en place des capacités de dissuasion dans le court terme avec un sentiment d'urgence[292].

Le célèbre sculpteur et metteur en scène chinois Ai Weiwei, qui vit désormais au Portugal, est sans concession sur l'avenir de la démocratie occidentale face à la Chine.

> C'est la nouvelle réalité. Avec la globalisation, les grandes entreprises sont profondément impliquées avec la Chine et il n'y a pas de frontière, d'idéologie ou d'argument d'aucune sorte. Il n'y a que des profits. Stratégiquement, la Chine est gagnante.
>
> La vague de démocratisation de ces 30 à 40 dernières années touche à sa fin. Si vous regardez ce qui se passe aux États-Unis, au Brésil ou dans tant d'autres pays, il y a un énorme retour de bâton en termes de démocratie et d'état libéral. Nombre de ces pays sont en crise interne, ce qui crée un grand avantage pour les régimes autoritaires.
>
> Des leaders comme Bolsonaro, Vladimir Poutine ou le chinois Xi Jinping sont des hommes forts qui ont habilement réussi à obtenir ce qu'ils veulent. Je pense qu'ils vont

> durer longtemps et il semble qu'il n'y ait aucun moyen de les arrêter. [...]
> Nous vivons un moment très délicat. Je ne pense pas que la pandémie va vraiment alarmer les gens au point de leur faire élaborer une stratégie claire face à ce que les sociétés humaines devront affronter à l'avenir. À bien des égards, nous sommes confrontés à des réalités qui n'ont pas de précédents dans l'histoire humaine. La technologie, des États puissants comme la Chine et l'incapacité de l'Occident à faire face à cet État autoritaire, avec en plus les énormes problèmes climatiques. Tout cela remet l'avenir de l'humanité en question[293].

Interrogations légitimes, mais je ne partage pas ce pessimisme. Nous sommes, il est vrai, entrés dans une phase de guerre idéologique aiguë entre, d'un côté, les régimes autoritaires, au premier rang desquels la Chine, et de l'autre, nos sociétés occidentales. Les premiers avancent, sûrs d'eux-mêmes, forts de leurs certitudes et de leur nationalisme exacerbé, tandis que les deuxièmes sont plongés dans une crise morale sans précédent, traversés par une perte de repères, un rejet des élites et un questionnement sans fin sur la destinée du monde. La désinformation, le complotisme et les *fake news* font des ravages, plongeant des millions de crédules et de naïfs dans l'obscurantisme, tandis que le communautarisme et le populisme gangrènent nos sociétés partout dans le monde.

La Chine tire profit de cette profonde crise morale et de ces lignes de fracture pour avancer ses pions. D'un côté, les Chinois sont disciplinés, observent un certain sens civique. Ils ne crachent plus dans les lieux publics, ne jettent pas leurs mégots par terre et ne trichent pas dans les transports en commun. Pas de fusillades sanglantes comme aux États-Unis. En Chine, la détention d'armes à feu est strictement prohibée*. De l'autre côté, chez nous en France, des jeunes de 14 ans s'entretuent dans nos banlieues et le sens civique devient une rareté. Mais après tout, en Chine aussi, l'assassinat sordide, en février 2021, d'un enfant de 6 ans par un adolescent de 14 ans dans le comté de Mianxian (province du Shaanxi dans le nord-ouest du pays) avait suscité un intense débat sur les réseaux sociaux chinois. Le 18 mars 2021, lors du premier face-à-face de haut niveau entre la Chine et les États-Unis depuis l'arrivée au pouvoir de Joe Biden, organisé à Anchorage (Alaska), Yang Jiechi, principal responsable pour les Affaires étrangères du Parti communiste chinois, a bien montré que la Chine se pose désormais en représentante d'un système alternatif à la démocratie libérale. Pékin n'entend plus laisser à Washington le monopole du modèle mondial et conteste la légitimité des États-Unis à s'ériger

---

* Huit personnes sont mortes, dont six femmes d'origine asiatique, le 16 mars 2021 dans une fusillade à Atlanta, un drame qui a suscité une vague d'inquiétude dans la communauté asiatique aux États-Unis et qui fait suite à de nombreuses agressions haineuses contre des Asiatiques, sans doute encouragées par l'utilisation fréquente par l'ancien président Donald Trump du terme « virus chinois ». Les délits haineux contre des Américains d'origine asiatique ont grimpé de 149 % en 2020 dans seize grandes villes américaines comparé à 2019, selon le Center for the Study of Hate and Extremism. Le Congrès américain a adopté, mardi 18 mai 2021, une loi pour les protéger contre le racisme et les violences, selon les défenseurs du texte. La Chambre des représentants, à majorité démocrate, a voté le texte par 364 voix contre 62. Il avait été approuvé à la quasi-unanimité au Sénat, en avril. Le président démocrate, Joe Biden, « a hâte de promulguer cette importante loi » dans la semaine, a réagi la porte-parole de la Maison Blanche, Jen Psaki. La loi (Covid-19 Hate Crimes Act) vise notamment à accélérer l'examen des cas rapportés de violences racistes visant les Américains d'origine asiatique, de mieux communiquer sur ce problème et d'aider les États et les collectivités locales à mieux les combattre.

en leader. Les États-Unis, a déclaré Yang Jiechi, « ne représentent pas l'opinion publique internationale, pas plus que le monde occidental ». En filigrane de l'affrontement Chine/États-Unis qui fait rage, ce sont deux modèles de société qui se font face. Mais en dépit de ces feux qui passent au rouge, je reste intimement convaincu que la démocratie, le débat d'idées et la fermentation intellectuelle garderont le dessus sur la pensée unique, la disparition du libre arbitre et la censure.

L'Occident n'a évidemment pas de leçons à donner à la Chine. Les États-Unis peut-être encore moins que d'autres. Mais après avoir été admiratives devant la rapidité avec laquelle ce pays s'est extrait de la pauvreté, étonnées devant ses progrès économiques fulgurants lorsque la Chine est devenue l'atelier du monde puis son laboratoire, les consciences occidentales se sont mises à rêver que les échanges commerciaux et l'ouverture sur le monde extérieur entrepris par Deng Xiaoping en 1978 déboucheraient un jour sur la démocratisation de la Chine, qui épouserait enfin les valeurs universelles qui sont celles du genre humain. Il y avait là comme un espoir presque amoureux pour ce pays dont la civilisation a pendant des siècles illuminé le monde. Cet espoir s'était cristallisé avec l'adhésion de la Chine à l'OMC (Organisation mondiale du commerce), le 11 décembre 2001. Un coup politique majeur pour la Chine, qui avait été grandement aidée en cela par les États-Unis, et qui consacrait son entrée de plein droit dans le concert des grandes nations commerçantes du globe. Puis la Chine n'en a pas respecté les règles et a triché. À l'espoir avait alors succédé la défiance. Dans les faits, la Chine a emprunté le chemin exactement inverse. Amère désillusion. Aujourd'hui, il y a ce sentiment douloureux d'avoir été trahis, celui d'un immense gâchis et celui non moins tragique d'un effrayant retour en arrière dans ce pays dont ne sait pas très bien encore ce qu'il va engendrer.

Nous sommes arrivés à un moment de vérité. Pourquoi diantre la quasi-totalité des sinologues et des autres consciences éclairées de la réalité chinoise contemporaine que je connais, de même que nombre de journalistes expérimentés sur la Chine, ont-ils tous pris leurs distances avec Pékin ? Beaucoup, même, s'en détournent en se bouchant le nez. Loin de moi l'idée de parler à leur place. Évidemment. Mais ouvrons les yeux. Garder le silence quand on sait, n'est-ce pas un peu se rendre complice ? Récemment, une amie dont je tairai l'identité, m'a écrit ce qui suit :

> La Chine d'une partie de mes ancêtres que j'ai découverte n'a absolument rien à voir avec ce qui peut en être dit ici. Je souhaite ne pas chausser de lunettes idéologiques et passer tous les points de vue. Je ne souhaite pas non plus alimenter une haine incroyable contre un peuple composé d'humains comme les autres avec une culture ancestrale et différente de l'Occident, cette haine peut amener à des dérapages incontrôlés. Mon modèle n'est ni le régime chinois, ni les États-Unis et surtout pas les guerres de propagande. Mon autre ascendance m'oblige à me méfier de tout unanimisme et à ne pas suivre des sources d'extrême droite ou fondamentalistes.

Touché par cette sincérité, mais aussi par cette naïveté, je lui ai répondu que bien qu'étant amoureux de la Chine depuis quarante ans et admirateur sincère de toutes les avancées extraordinaires de ce pays depuis 1978, j'étais aujourd'hui déchiré et bouleversé. Non, il n'y a pas de haine dirigée contre la Chine, et surtout pas contre son peuple. Il y a en revanche des interrogations majeures sur des pratiques épouvantables et choquantes, de même que des questionnements graves sur des orientations politiques et environnementales lourdes de conséquences sur la planète, notre bien commun à tous. Nous avons en Occident une presse libre, contrairement à la Chine où elle est censurée, muselée et aux ordres du pouvoir. Grâce à cette presse libre et pluraliste, qui est l'un des remparts pour le fonctionnement de nos démocraties, Pékin ne peut plus cacher durablement ses secrets au reste du monde. Il existe aujourd'hui une prise de conscience collective dans le monde sur ces atrocités et ces enjeux. Cette prise de conscience, j'en suis intimement convaincu, va s'étendre dans les prochaines années, et le régime chinois, s'il veut sauver la face, n'aura plus d'autre choix que d'apporter des réponses plus convaincantes que ce que nous avons entendu jusqu'à présent. Mais, je le confesse, je ne suis pas sûr qu'il en ait les capacités et, surtout, qu'il en ait la volonté. Le monde d'aujourd'hui est un monde ouvert comme jamais auparavant. Les barrières tombent, et avec elles, les masques aussi. Le XXIe siècle ne sera plus celui de l'Amérique, et probablement pas celui de la Chine. La Chine deviendra peut-être la 1re puissance économique de la planète aux alentours de 2028, mais pas pour autant le leader mondial tout court. Impossible. Pour le devenir, il lui faudrait un système politique qui fasse envie et qui puisse être une alternative crédible à celui proposé par l'Amérique, un *soft power* puissant qui ne serait pas desservi par l'arrogance contre-productive de ses diplomates « loups combattants », et une armée de rayonnement planétaire en mesure d'intervenir simultanément aux quatre coins de la planète. Autant de critères qu'à l'évidence elle ne remplit pas. Ce siècle sera celui de l'information et de la connaissance. Les êtres humains ont soif de savoir et de vérité. Au bout du compte, la vérité va triompher du mensonge, et la lumière, des ténèbres. Plus rien ni personne n'arrêtera le pouvoir de l'écrit et de l'image. Cette guerre de l'information, je suis convaincu que le régime de Xi Jinping va la perdre. Ce n'est qu'une question de temps. Xi Jinping a parié sur le déclin irréversible et inexorable de l'Occident pour imposer sa loi au monde. Pari qui sera perdu. Au contraire, la Chine de Xi Jinping va désormais trouver l'Occident sur sa route. En effet, les États-Unis, en dépit de leurs problèmes internes, viennent d'entrer dans une phase de renaissance économique, politique et technologique qui va s'étendre sur des années, tandis que l'Europe n'est pas loin de leur emboîter le pas. Il se trouve en outre que les individus comme les États sont en train de tirer les enseignements de cette crise pour réparer des erreurs, se retrouver des affinités qu'ils ne soupçonnaient pas et renouer des liens qui avaient tendance à se déliter.

Mais, déjà, Xi Jinping et son régime sont en train de tomber dans le piège qu'ils se sont eux-mêmes tendu : le déshonneur et le discrédit. Le 7 mars 2021, le ministre des Affaires étrangères et conseiller d'État chinois Wang Yi a proclamé que le Parti communiste chinois durerait encore mille ans. En vérité, nous assistons probablement en ce moment aux prémices du naufrage annoncé d'un système en bout de course, la Chine n'étant déjà plus que le dernier grand pays communiste du monde. L'échec retentissant des discussions sino-américaines à Anchorage le 18 mars 2021, les premières depuis l'arrivée au pouvoir de Joe Biden, a illustré le fossé plus béant que jamais qui existe entre les deux grandes puissances mondiales et qui n'augure rien de bon pour l'avenir. Ce sont deux conceptions du monde radicalement différentes qui désormais s'affrontent en plein jour. Celle d'une société ouverte et celle d'une société hermétiquement close. Aujourd'hui, le problème auquel nous sommes confrontés dépasse en fait largement la rivalité entre la Chine et les États-Unis pour la suprématie mondiale. Il est celui, de nature idéologique, du choc frontal entre deux modèles de société : l'un a fait siennes les valeurs universelles qui sont celles largement acceptées par le genre humain, tandis que l'autre les rejette catégoriquement. La démocratie contre le totalitarisme*. La

* Le président américain Joe Biden a résumé les contours de cette confrontation lors d'une conférence de presse le 25 mars 2021 à Washington, la première après son arrivée au pouvoir. « Vos enfants et

très grande tristesse aujourd'hui est que nous n'avons guère la possibilité d'aller à la rencontre du peuple chinois afin de parler avec lui des destinées de notre planète. Les raisons profondes ont été évoquées dans les pages qui précèdent. Sa participation à ce débat est pourtant urgente. Combien de temps cela prendra-t-il pour reconstruire les passerelles entre nous ? Le Parti communiste chinois, qui fête en 2021 le 100e anniversaire de sa création, a enfanté un monstre, une mécanique infernale qui a enrôlé 1,4 milliard d'êtres humains chauffés à blanc et aveuglés par un nationalisme exacerbé. Je ne sais pas très bien vers quoi tout cela va nous mener. N'est-il pas déjà trop tard pour arrêter cet engrenage ? Parfois, j'en viens à me demander si nous ne nous dirigeons pas vers une Troisième Guerre mondiale, avec d'un côté un fascisme rampant et des millions d'êtres humains pris en otage, et de l'autre une résistance qui s'organise lentement, maladroitement, en ordre dispersé, avec encore bien des tâtonnements. Cette question me taraude depuis un certain temps. Alors, un conflit généralisé ? Peut-être que non, en définitive. Mais quand les passions humaines s'en mêlent, comme c'est le cas en ce moment, on ne peut plus jurer de rien.

---

vos petits-enfants vont écrire leur thèse de doctorat sur le fait de savoir qui va triompher, l'autocratie ou la démocratie. Voilà ce qui est en jeu ici. Nous devons fournir la preuve que la démocratie fonctionne », a-t-il dit. Cf. « At his first conference, Biden showed his passion for democracy – starting at home », *Washington Post*, 25 mars 2021. <https://www.washingtonpost.com/opinions/at-his-first-news-conference-biden-showed-his-passion-for-democracy--starting-at-home/2021/03/25/f4d5117a-8dac-11eb-9423-04079921c915_story.html>.

Notes

1. François Heisbourg, *Le Temps des prédateurs*, Paris, Odile Jacob, 2020.
2. Jean-Pierre Cabestan, *Demain la Chine : démocratie ou dictature ?*, Paris, Gallimard, 2018.
3. Paul Bischoff, « Surveillance camera statistics : which cities have the most CCTV cameras ? », *Comparitech.com*, 22 juillet 2020. <https://www.comparitech.com/vpn-privacy/the-worlds-most-surveilled-cities/>.
4. Daniel Kliman, Rush Doshi, Kristine Lee et Zack Cooper, *Grading China's Belt and Road*, CNAS, 2019. <https://s3.amazonaws.com/files.cnas.org/CNAS+Report_China+Belt+and+Road_final.pdf>.
5. *Ibid.*, p. 23. Voir aussi Leigh Hartman, « La Chine exporte ses outils de répression dans le monde », *Share America*, 6 mai 2019. <https://share.america.gov/fr/la-chine-exporte-ses-outils-de-repression-dans-le-monde/>.
6. Martin Untersinger, « Amnesty International dénonce l'exportation vers la Chine de technologies européennes de srveillance », *Le Monde*, 21 septembre 2020. <https://www.lemonde.fr/pixels/article/2020/09/21/amnesty-international-denonce-l-exportation-vers-la-chine-de-technologies-europeennes-de-surveillance_6052969_4408996.html>.
7. Valentino Cimino, « Single Day 2020 : Alibaba et JD.com explosent leur record avec 62,58 milliards d'euros de ventes », *Siecledigital.fr*, 13 novembre 2020. <https://siecledigital.fr/2020/11/13/single-day-alibaba-jd-record/>.

8. « Over half of Chinese adults overweight… », *BBC*, 23 décembre 2020. <https://www.bbc.com/news/world-asia-china-55428530>.
9. Simone McCarthy et Zhuang Pinghui, « Did half a million people in Wuhan contract the coronavirus ? », *SCMP*, 29 décembre 2020. <https://www.scmp.com/news/china/science/article/3115725/did-half-million-people-wuhan-contract-coronavirus>.
10. Laura Westbrook et Kanis Leung, « Hong Kong minister blasts city's disappearance from "world's freest economies" rankings, as compilers list the financial hub under China for first time », *SCMP*, 4 mars 2021. <https://www.scmp.com/news/hong-kong/hong-kong-economy/article/3124023/hong-kong-disappears-heritage-foundations-worlds>.
11. Déclaration des ministres des Affaires étrangères du G7 sur la situation à Hong Kong, 12 mars 2021. <https://www.vie-publique.fr/discours/279015-ministere-de-leurope-et-des-affaires-etrangeres-12032021-hong-kong>.
12. Rachida El Azzouzi, « Répression des Ouighours : "Briser, modeler, puis renvoyer dans la société" », *Mediapart*, 22 novembre 2020. <https://www.mediapart.fr/journal/international/221120/repression-des-ouighours-briser-modeler-puis-renvoyer-dans-la-societe>.
13. Ursula Gauthier, « Un rapport chinois confirme la volonté de détruire les structures sociales ouïgoures », *L'Obs*, 3 mars 2021. <https://www.nouvelobs.com/monde/20210302.OBS40875/exclusif-un-rapport-chinois-confirme-la-volonte-de-detruire-les-structures-sociales-ouigoures.html#xtor=AD-192-[20210303_ouigours]>.
14. Gulbahar Haitiwaji, *Rescapée du goulag chinois : premier témoignage d'une survivante ouïghoure*, Paris, Équateurs, 2021.
15. Cette citation et les suivantes sont extraites d'un entretien accordé à Baptiste Fallevoz, « "Rescapée du Goulag chinois" par Gulbahar Haitiwaji : le témoignage d'une Ouïghoure de France », *Asialyst.com*, 12 janvier 2021. <https://asialyst.com/fr/2021/01/12/rescapee-du-goulag-chinois-gulbuhar-haitiwaji-temoignage-livre-ouighours-france/>.
16. *Ibid.*

17. Harold Thibaut, « "J'étais morte de l'intérieur" : une Ouïgoure rescapée des camps de rééducation en Chine témoigne », *Le Monde*, 19 janvier 2021. <https://www.lemonde.fr/international/article/2021/01/19/j-etais-morte-de-l-interieur-rescapee-des-camps-chinois-une-oui-goure-de-france-temoigne_6066730_3210.html>.
18. Matthew Hill, David Campanale et Joel Gunter, « "Their goal is to destroy everyone" : Uighur camp detainees allege systematic rape », *BBC.com*, 2 février 2021. <https://www.bbc.com/news/world-asia-china-55794071>.
19. Rachida El Azzouzi, « Gulbahar Jalilova, rescapée ouïghoure : "Nous ne sommes pas des êtres humains pour eux" », *Mediapart*, 22 novembre. <https://www.mediapart.fr/journal/international/221120/gulbahar-jalilova-rescapee-ouighoure-nous-ne-sommes-pas-des-etres-humains-pour-eux?utm_source=facebook&utm_medium=social&utm_campaign=Sharing&xtor=CS3-66&fbclid=IwAR32GvblCP9mP3>.
20. Pour ceux qui souhaitent se documenter plus avant sur cette tragédie, nous ne saurions trop recommander la lecture du livre de la journaliste Sylvie Lasserre, *Voyage au pays des Ouïghours*, Saint-Claude-de-Diray, Hesse, 2020.
21. Sorya Khaldoun, « Ouïghours : "La Chine remplit tous les critères de définition du génocide" », *France Info*, 13 mars 2021. <https://www.francetvinfo.fr/monde/chine/ouighours-la-chine-remplit-tous-les-criteres-de-definition-du-genocide_4332709.html?fbclid=IwAR3NqMdBWOpk5tzc2-6SC-y_c5fIvSubOsMv8Gtho4joG46L66H4IBya_R8#xtor=CS2-765-%5Bautres%5D->.
22. Joel Gunter, « The cost of speaking up against China », *Bbc.com*, 31 mars 2021. <https://www.bbc.com/news/world-asia-china-56563449>.
23. « Au Xinjiang, la mémoire en ruines des cimetières musulmans », *Le Point*, 9 octobre 2019. <https://www.lepoint.fr/monde/au-xinjiang-la-memoire-en-ruines-des-cimetieres-musulmans-09-10-2019-2340180_24.php>.
24. Frédéric Lemaître, « 2020, mauvaise année pour les journalistes étrangers en Chine », *Le Monde*, 2 mars 2021. <https://www.

lemonde.fr/actualite-medias/article/2021/03/02/2020-mauvaise-annee-pour-les-journalistes-etrangers-en-chine_6071636_3236.html>.

25. « Inside China's police state tactics against muslims », *The Intercept*, 3 février 2021. <https://theintercept.com/2021/02/03/intercepted-china-uyghur-muslim-surveillance-police/?fbclid=IwAR0tkdWaT3sUQFzj72LwVCK-r3eSI9BKD6qVjt5GtlZHUqfx-ruQ-Ukb9M4>.
26. Déclaration de M. Jean-Yves Le Drian, ministre de l'Europe et des Affaires étrangères, en réponse à une question sur la situation des Ouïghours en Chine, au Sénat le 10 mars 2021. <https://www.vie-publique.fr/discours/278951-jean-yves-le-drian-10032021-ouighours-en-chine>.
27. *Ibid.*
28. « Dutch Parliament : China's treatment of Uighurs is genocide », *Reuters.com*, 26 février 2021. <https://www.reuters.com/article/us-netherlands-china-uighurs-idUSKBN2AP2CI>.
29. Propos tenus le 22 février à un forum traitant des relations Chine/États-Unis. « Xinjiang, Tibet "shining xamples" of our human rights progress : China », *Wionews.com*, 22 février 2021. <https://www.wionews.com/world/xinjiang-tibet-shining-examples-of-our-human-rights-progress-china-365449?fbclid=IwAR2Qc1i115dfa65gV-KHiFdnI-DbwHALPoTxoIbeXodiXdw-gpLs-lxKUCY>.
30. Jérémy André, « Comment la Chine pousse ses pions à l'université », *Le Point*, 25 février 2021. <https://journal.lepoint.fr/comment-la-chine-pousse-ses-pions-a-l-universite-2415125>.
31. O. C., « Le premier adjoint de Strasbourg demande des explications à Christian Mestre, déontologue de l'Eurométropole », *Dernières nouvelles d'Alsace*, 25 février 2021. <https://www.dna.fr/societe/2021/02/25/le-1er-adjoint-de-strasbourg-demande-des-explications-a-christian-mestre-deontologue-de-l-eurometropole>.
32. Raphaël Glucksmann, post sur sa page Facebook, 26 février 2021. <https://www.facebook.com/rglucks1/photos/a.107331528019087/117155390370034/?type=3>.

33. Demetri Sevastopulo et Tom Mitchell, « Joe Biden holds first call with Xi Jinping since taking office », *Financial Times*, 11 février 2021. <https://www.ft.com/content/d637fa79-0002-41ee-97ab-08bb5c472562>.
34. Adrian Morrow, « Biden talks tough on human rights in China », *The Globe and Mail*, 25 mars 2021. <https://www.theglobeandmail.com/world/us-politics/article-joe-biden-talks-tough-on-human-rights-in-china/>.
35. « Rapahël Glucksmann : “Les citoyens veulent-ils financer une entreprise qui massacre des Ouïghours ?” », *Rue89 Strasbourg*, 27 février 2021. <https://www.rue89strasbourg.com/raphael-glucksmann-huawei-citoyens-massacre-ouighours-201534?fbclid=IwAR3OlehBXbun7g5-JuDc-25v0eq4Pw31Iout-c3hiTc1OGkdNvqmID33wIdU>.
36. « Antoine Griezmann rompt son contrat avec Huawei, accusé de participer à la surveillance des Ouïghours », *Le Monde* avec AFP, 10 décembre 2020. <https://www.lemonde.fr/international/article/2020/12/10/antoine-griezmann-rompt-son-contrat-avec-huawei-accuse-de-participer-a-la-surveillance-des-ouigours_6062936_3210.html>.
37. « Nabilla soutient les femmes ouighoures persécutées en Chine », *MCETV*, 9 mars 2021. <https://mcetv.fr/mon-mag-buzz/people/nabilla-soutient-femmes-ouighoures-08032021/>.
38. « “La Chine doit fermer les camps de rééducation politique” en région ouïgoure », *Le Monde*, 10 octobre 2018. <https://www.lemonde.fr/idees/article/2018/10/10/la-chine-doit-fermer-les-camps-de-reeducation-politique-en-region-ouigoure_5367381_3232.html>.
39. Stephanie Nebehay, « Chine : la haute commissaire de l'Onu dénonce les violations dans le Xinjiang », *Reuters.com*, 26 février 2021. <https://www.reuters.com/article/chine-droits-de-l-homme-onu-idFRKBN2AQ257>.
40. Clémentine Autain, « Ouïghours : création d'un collectif de soutien », *Clementine-autain.fr*, 3 octobre 2020. http://clementine-autain.fr/ouighours-creation-dun-collectif-de-soutien/>.
41. « Exclusive : China formulating countermeasures against planned EU sanctions over Xinjiang ; no escape for some EU institutions

and poorly behaving individuals », *Global Times*, 19 mars 2021. <https://www.globaltimes.cn/page/202103/1218882.shtml>.

42. « Ouïghours : l'UE, le Canada et les USA sanctionnent la Chine, Pékin réplique », *Le Point*, 22 mars 2021. <https://www.lepoint.fr/monde/ouighours-l-ue-le-canada-et-les-usa-sanctionnent-la-chine-pekin-replique-22-03-2021-2418887_24.php>.
43. Raphaël Glucksmann, post sur Twitter, 22 mars 2021. <https://twitter.com/rglucks1/status/1373997665495703552>.
44. « "Badge of honour" – Chinas sanctions UK politicians for Xinjiang "lies" », *Reuters.com*, 26 mars 2021. <https://www.reuters.com/article/uk-china-uk-xinjiang/china-sanctions-uk-entities-individuals-over-xinjiang-lies-idUSKBN2BH3LK>.
45. Charlie Parker, « China denounced over "grave threat to academic freedom" », *The Times*, 29 mars 2021. <https://www.thetimes.co.uk/article/china-denounced-over-grave-threat-to-academic-freedom-z82kxh7lb>.
46. Raphaël Glucksmann, post sur Facebook du 24 mars 2021. <https://www.facebook.com/permalink.php?story_fbid=125908482828058&id=106683624750544>.
47. *Id.*, post sur Facebook du 26 mars 2021. <https://www.facebook.com/permalink.php?story_fbid=127342402684666&id=106683624750544>.
48. Nathalie Guibert, « Controverse autour d'un article de propagande de la télévision d'État chinoise sur les Ouïgours », *Le Monde*, 31 mars 2021. <https://www.lemonde.fr/international/article/2021/03/31/quand-la-television-chinoise-cgtn-invente-une-journaliste-francaise_6075155_3210.html>.
49. Pascal Hérard, Loup Bureau, Slimane Zeghidour, « Ouïghours : pourquoi le monde musulman ne réagit-il pas face aux persécutions du gouvernement chinois ? », *TV5 Monde*, 26 mai 2019. <https://information.tv5monde.com/info/ouighours-pourquoi-le-monde-musulman-ne-reagit-il-pas-face-aux-persecutions-du-gouvernement>.
50. Entretien avec l'auteur, 5 mars 2021.
51. Ben Westcott et Rebecca Wright, « First independant report into Xinjuang genocide allegations claims evidence of Beijing's "intent to destroy" Uyghur people », *CNN*, 10 mars 2021. <https://edi-

tion.cnn.com/2021/03/09/asia/china-uyghurs-xinjiang-genocide-report-intl-hnk/index.html>.

52. « Uighurs: Chinese Foreign minister says genocide claims "absurd" », *BBC*, 7 mars 2021. <https://www.bbc.com/news/world-asia-china-56311759>.
53. Justin Ramzy et Chris Buckley, « "Absolutely no mercy": leaked files expose how China organized mass detentions of muslims », *New York Times*, 16 novembre 2019. <https://www.nytimes.com/interactive/2019/11/16/world/asia/china-xinjiang-documents.html>.
54. Pierre-Antoine Donnet, *Tibet mort ou vif*, Paris, Gallimard, 1990, rééd. 2019.
55. Cate Cadell, « Exclusive: China sharply expands mass labor program in Tibet », *Asialyst*, 11 décembre 2020. <https://www.reuters.com/article/us-china-rights-tibet-exclusive-idUSKCN26D0GT>.
56. Entretien avec l'auteur, in *Tibet mort ou vif*, 2019, *op. cit.*, p. 321-322 et p. 325.
57. Entretien avec l'auteur, 5 mars 2021.
58. Robert Badinter, Discours prononcé à Paris le 14 mars 2015, lors de la déclaration du soutien de l'Europe au combat pour la liberté du Tibet. <http://www.tibet.fr/actions/paris-14-mars-2015-discours-de-monsieur-robert-badinter-ancien-ministre-de-la-justice-lors-du-rassemblement-europeen-pour-le-tibet/>.
59. « Pelosi Statement on the 62nd anniversary of Tibet uprising day », communiqué de la Chambre des représentants, 10 mars 2021. <https://www.speaker.gov/newsroom/31021>.
60. « Chine: des Mongols manifestent pour défendre leur langue à l'école », *Le Point*, 1er septembre 2020. <https://www.lepoint.fr/monde/chine-des-mongols-manifestent-pour-defendre-leur-langue-a-l-ecole-01-09-2020-2389900_24.php>.
61. Brice Pedroletti, « Les Mongols de Chine manifestent pour la défense de leur langue et de leur identité », *Le Monde*, 2 septembre 2020. <https://www.lemonde.fr/international/article/2020/09/02/les-mongols-de-chine-manifestent-pour-la-defense-de-leur-langue-et-de-leur-identite_6050740_3210.html>.

62. Mimi Lau, « Two sessions: Xi Jinping tells Inner Mongolia's NPC deputies to put Mandarin first in schools », *SCMP*, 6 mars 2021. <https://www.scmp.com/news/china/politics/article/3124370/two-sessions-xi-jinping-tells-inner-mongolias-npc-deputies-put>.
63. Enquêtes de l'ONG basée à San Francisco Global Energy Monitor et du Centre for Research on Energy and Clean Air (CREA), *think thank* indépendant, cités dans un article de Harry Pearl, « China's coronavirus recovery drives boom in coal plants, casting doubt over commitments to cut fossil fuels », *SCMP*, 13 décembre 2020. <https://www.scmp.com/economy/china-economy/article/3094098/chinas-coronavirus-recovery-drives-boom-coal-plants-casting>.
64. Jean-François Huchet, *La crise environnementale en Chine*, Paris, Presses de Sciences Po, 2016, p. 85-86.
65. Jean-Michel Gradt, « Centrales à charbon: la Chine donne le mauvais exemple », *Les Échos*, 28 mars 2019. <https://www.lesechos.fr/industrie-services/energie-environnement/centrales-a-charbon-la-chine-donne-le-mauvais-exemple-1004442>.
66. Melyun Lin, Larry W. Horowitz, Arlene M. Flore et al., « Transport of Asian ozone pollution into surface air over the western United States in spring », *Journal of Geophysical Research: Atmospheres* 117, février 2012. <https://www.researchgate.net/publication/232702108_Transport_of_Asian_ozone_pollution_into_surface_air_over_the_western_United_States_in_spring> ; et Douglas M. Main, « A new East Asian import: ozone pollution », *Greenblogs.nytimes.com*, 6 mars 2012. <http://green.blogs.nytimes.com/2012/03/06/a-new-east-asian-import-ozone-pollution>.
67. *World Energy Outlook 2009*, Paris, Agence internationale de l'énergie, novembre 2009. <https://www.iea.org/reports/world-energy-outlook-2009>.
68. Cabinet international de conseil en stratégie, créé à Boston en 1963.
69. *South China Morning Post*, 21 octobre 2020.
70. *South China Morning Post*, 15 décembre 2020.
71. *Le Canard enchaîné*, 14 octobre 2020.
72. *Financial Times*, 9 janvier 2015.

73. Jean-François Huchet, *La crise environnementale en Chine,* 2016, *op. cit.*, p. 105.
74. *Ibid.*, p. 109.
75. Hubert Testard, « Changement climatique : où en est la Chine ? », *Asialyst,* 21 janvier 2021. <https://asialyst.com/fr/2021/01/21/changement-climatique-ou-en-est-chine/>.
76. Xeni Jardin, "Beijing air akin in smoking lounge", *Bloomberg News*, 31 janvier 2013. <https://boingboing.net/2013/01/31/beijing-air-quality-is-like-li.html>.
77. http://ajw.asahi.com/article/asia/china/AJ201302030021 (consulté le 4 février 2013).
78. Jean-François Huchet, *La crise environnementale en Chine*, 2016, *op. cit.*, p. 10.
79. Robert A. Rohde, Richard A. Muller, « Air Pollution in China : mapping of concentrations and sources », PlOS one 10(8), 2015. <http://berkeleyearth.org/wp-content/uploads/2015/08/China-Air-Quality-Paper-July-2015.pdf>.
80. Yangzhong Huang, « Chocking to death : health consequences of air pollution in China », *The Diplomat*, 6 mars 2013. <http://thediplomat.com/2013/03/06/chocking-to-death-the-health-consequences-of-air-pollution-in-china>.
81. Jean-François Huchet, *La crise environnementale en Chine*, 2016, *op. cit.*, p. 38.
82. Muyu Xu et David Stanway, « China's ocean waste surges 27 % in 2018 : ministry », *Reuters.com*, 29 octobre 2019. <https://www.reuters.com/article/us-china-polltion-oceans/chinas-ocean-waste-surges-27-in-2018-ministry-idUSKBN1X80FL>.
83. « Biodegradables will not solve China's plastics crisis », *Greenpeace.org*, 17 décembre 2020. <https://www.greenpeace.org/international/press-release/46066/biodegradables-will-not-solve-chinas-plastics-crisis/>.
84. La déforestation : définition, données, causes et conséquences », *Notre-planète.info*, 11 décembre 2020. <https://www.notre-planete.info/environnement/deforestation.php>.
85. « Chine », *Globalforestwatch.org*, 2020. <https://www.globalforestwatch.org/dashboards/country/CHN>.

86. « Le Laos tente d'endiguer le trafic illégal des bois », *Leboisinternational.com*, 18 mars 2020. <http://www.leboisinternational.com/le-laos-tente-dendiguer-le-trafic-illegal-des-bois/>.
87. FAO, *Global Forest Ressources Assessment 2020, Key findings*, décembre 2020. <http://www.fao.org/forest-resources-assessment/2020/en/>.
88. Stéphane Lagarde, « Une loi pour protéger le Yangtsé : le plus grand fleuve de Chine asphyxié par la pollution », *Rfi.fr*, 27 décembre 2020. <https://www.rfi.fr/fr/asie-pacifique/20201227-une-loi-pour-prot%C3%A9ger-le-yangts%C3%A9-le-plus-grand-fleuve-de-chine-asphyxi%C3%A9-par-la-pollution>.
89. Stephen Chen, « Drop by drop, China's Yangtze river is drying up », *SCMP*, 28 février 2021. <https://www.scmp.com/news/china/science/article/3123418/how-drop-drop-chinas-yangtze-river-drying>.
90. Jean-François Huchet, *La crise environnementale en Chine*, 2016, *op. cit.*, p. 48.
91. OCDE, *Examens environnementaux de l'OCDE: Chine 2007*, Paris, OCDE, 2007. <https://doi.org/10.1787/9789264031180-fr>.
92. Jean-François Huchet, *La crise environnementale en Chine*, 2016, *op. cit.*, p. 51.
93. Xie Haitao, Liu Hongqiao, Huang Jin et Zhang Xia, « Sip of death plagues cancerous river villages », *Caixinglobal.com*, 10 septembre 2013. <http://english.caixin.com/2013-10-09/100589447.html>.
94. Viet Anh, « Experts worried about impacts of Chine Red River dams », *VnExpress International*, 2 mars 2021. <https://e.vnexpress.net/news/news/experts-worried-about-impacts-of-chinese-red-river-dams-4240742.html>. *VnExpress* est le premier journal au Viêt-nam qui n'ait pas de format papier. C'est l'un des sites Web les plus populaires au Viêt-nam.
95. « La Chine va construire un barrage hydro-électrique au Tibet », *Chine-magazine.com*, 4 décembre 2020. <https://www.chine-magazine.com/la-chine-va-construire-un-barrage-hydroelectrique-au-tibet/>.

96. Kinling Lo, « China-India relations : Beijing should speed up hydropower project, Tibetan official says », *SCMP*, 10 mars 2021. <https://www.scmp.com/news/china/diplomacy/article/3124698/china-india-relations-beijing-should-speed-hydropower-project>.
97. Alda Engoian, « Kazakhstan, « Après la mer d'Aral, au tour du lac Balkhach de s'assécher ? », *Courrier international,* 27 mars 2021, <https://www.courrierinternational.com/article/kazakhstan-apres-la-mer-daral-au-tour-du-lac-balkhach-de-sassecher>, citant David Trilling, « China's water use threatens Lazakhstan's other big lake », *Eurasianet*, 17 mars 2021. <https://eurasianet.org/chinas-water-use-threatens-kazakhstans-other-big-lake>.
98. *Ibid.*
99. Jonathan Watts, « China makes gain in battle against desertification but has long fight ahead », *The Guardian*, 4 janvier 2011. <http://www.theguardian.com/world/2011/jan/04/china-desertification>.
100. Jean-François Huchet, *La crise environnementale en Chine*, 2016, *op. cit.*, p. 81.
101. Entretien avec l'auteur, 29 janvier 2021.
102. Charlotte Anglade, « Pour lutter contre la sécheresse, la Chine ambitionne de faire la pluie et le beau temps », *LCI*, 16 décembre 2020. <https://www.lci.fr/environnement-ecologie/pour-lutter-contre-la-secheresse-la-chine-ambitionne-de-faire-la-pluie-et-le-beau-temps-2173009.html>.
103. Claude Leblanc, « Pétrole : pour la Chine, l'occasion fait le larron », *L'Opinion*, 22 avril 2020. <https://www.lopinion.fr/edition/international/petrole-chine-l-occasion-fait-larron-216311>.
104. « China commodity imports & exports : how China continues to dominate world trade », *Commodity.com*, 6 novembre 2020. <https://commodity.com/data/china/>.
105. Vincent Collen, « Gaz : la Chine renforce ses liens avec la Russie », *Les Échos*, 2 décembre 2019. <https://www.lesechos.fr/monde/chine/gaz-la-chine-renforce-ses-liens-avec-la-russie-1153027>.
106. Su-Lin Tan, « China's ban on Australian coal drives diversification, but can it fill the gap ? », *SCMP*, 17 janvier 2021. <https://

www.scmp.com/economy/china-economy/article/3117908/chinas-ban-australian-coal-drives-diversification-can-it-fill>.

107. « La pénurie de sable, c'est pour bientôt ! », *Natura Sciences*, 29 avril 2020. <https://www.natura-sciences.com/environnement/penurie-sable.html>.

108. Pascaline Boittiaux, « La Chine imbattable sur le marché du ciment », *Statista*, 10 juillet 2018. <https://fr.statista.com/infographie/14616/la-chine-imbattable-sur-le-marche-du-ciment/#:~:text=Une%20situation%20corrobor%C3%A9e%20par%20les, que%20le%20reste%20du%20monde>.

109. « Submersion : le delta du Mékong est menacé de disparition ». *Courrier International*, 9 février 2020. <https://www.courrierinternational.com/article/submersion-le-delta-du-mekong-est-menace-de-disparition>. Reprise de l'article de John Reed, « The Mekong Delta : an unsettling portrait of coastal collapse », *Financial Times*, 5 janvier 2020. <https://www.ft.com/content/31bf27a4-1c0e-11ea-9186-7348c2f183af>.

110. Vince Beiser, « Dramatic photos show how sand mining threatens a way of life in Southeast Asia », *National Geographic*, 15 mars 2018. <https://www.nationalgeographic.com/science/article/vietnam-mekong-illegal-sand-mining>.

111. « Blé, maïs, soja : la Chine a eu très faim en 2020 », *Pleinchamp*, 3 décembre 2020. <https://www.pleinchamp.com/actualite/ble-mais-soja-la-chine-a-eu-tres-faim-en-2020>.

112. Jean-François Huchet, *La crise environnementale en Chine*, 2016, *op. cit.*, p. 146.

113. Entretien avec l'auteur, 9 janvier 2021.

114. *Ibid.*

115. Martine Valo, « Comment la pêche chinoise pille les océans de la planète », *Le Monde*, 4 avril 2013. <https://www.lemonde.fr/planete/article/2013/04/04/comment-la-peche-chinoise-pille-les-oceans-de-la-planete_3154101_3244.html>.

116. Ian Urbina, « Secrets et puissance de la flotte de pêche chinoise », *Le Monde diplomatique*, novembre 2020. <https://www.monde-diplomatique.fr/2020/11/URBINA/62394>.

117. Charles Clover, « How China's fisherman are impoverishing Africa », *Spectator*, 9 juin 2020. <https://www.spectator.co.uk/

article/how-china-s-fishermen-are-impoverishing-africa>. Repris dans *Courrier international*, 6 juillet 2020. <https://www.courrierinternational.com/article/peche-les-navires-usines-chinois-epuisent-les-eaux-africaines>.

118. Joaquim Gaignard, « La Chine maritime et navale : pêche et prospection, l'avant-poste de la puissance », *Asialyst*, 10 octobre 2019. <https://asialyst.com/fr/2019/10/10/chine-maritime-navale-6-7-peche-prospection-avant-poste-puissance/>.
119. Charles Clover, « How Chinas's fisherman… », 9 juin 2020, art. cité.
120. Joaquim Gaignard, « La Chine maritime et navale… », 10 octobre 2019, art. cité.
121. Liselote Mas, « Une flotte géante de navires chinois pêche en bordure des Galapagos, ONG et habitants lancent l'alerte », *France 24*, 6 novembre 2020. <https://observers.france24.com/fr/20200806-equateur-galapagos-flotte-chinoise-peche-alerte-environnement>.
122. Charles Clover, « How China's fisherman… », 9 juin 2020, art. cité.
123. « En photos : aujourd'hui, la plus importante flotte de pêche en Afrique de l'Ouest vient de Chine », *Greenpeace.org*, 2 février 2017. <https://www.greenpeace.org/africa/fr/les-blogs/2349/en-photos-aujourdhui-la-plus-importante-flotte-de-peche-en-afrique-de-louest-vient-de-chine/>.
124. Martin Mateso, « La flotte de pêche chinoise, "nouveau pirate des mers" en Afrique de l'Ouest », *Francetvinfo.fr*, 16 janvier 2018.<https://www.francetvinfo.fr/monde/afrique/environnement-africain/la-flotte-de-peche-chinoise-nouveau-pirate-des-mers-en-afrique-de-l-ouest_3055631.html>.
125. « Les dépenses de la Chine en matière de recherche et développement battent un nouveau record en 2019 », *French.xinhuanet.com*, 27 août 2020. <http://french.xinhuanet.com/2020-08/27/c_139322369.htm >.
126. Antoine Izambard, *France-Chine, les liaisons dangereuses. Espionnage, business… révélations sur une guerre secrète*, Paris, Stock, 2019.
127. *Idib.*, p. 40.

128. « Huawei personnel worked with China's military on research projects », *Bloomberg.com*, 27 juin 2019. <https://www.bloomberg.com/news/articles/2019-06-27/huawei-personnel-worked-with-china-military-on-research-projects>.
129. On lira utilement, sur ce sujet, « Huawei lève une armée de lobbyistes et de consultants pour imposer sa 5G en France », *Le Canard enchaîné*, 24 décembre 2019.
130. Solenn de Royer et Nathalie Guibert, « L'intense lobbying du géant chinois Huawei auprès des décideurs politiques français », *Le Monde*, 3 mars 2021. <https://www.lemonde.fr/economie/article/2021/03/03/entrisme-ou-relations-tout-a-fait-normales-enquete-sur-la-french-connection-de-huawei-a-paris_6071760_3234.html>.
131. Adrien Zenz, « "Huawei est une arme stratégique de l'État chinois pour réprimer les Ouïgours" », *Le Monde*, 5 mars 2021. <https://www.lemonde.fr/idees/article/2021/03/04/huawei-est-une-arme-strategique-de-l-etat-chinois-pour-reprimer-les-ouigours_6071970_3232.html>.
132. Che Pan, « Beijing's biggest chipmaking champion SMIC faces uncertain future after US blacklisting », *SCMP*, 21 décembre 2020. <https://www.scmp.com/tech/big-tech/article/3114795/beijings-biggest-chipmaking-champion-smic-faces-uncertain-future>.
133. Alexandra Alper, Toby Sterling et Stephen Nellis, « Trump administration pressed Dutch hard to cancel China chip-equipment sale : sources », *Reuters.com*, 6 janvier 2020. <https://www.reuters.com/article/us-asml-holding-usa-china-insight-idUSKBN1Z50HN>.
134. Cheng Ting-fang et Lauly Li, « US steps up talks with Taiwan to secure chip supply chain », *Asia.nikkei.com*, 25 février 2021. <https://asia.nikkei.com/Business/Tech/Semiconductors/US-steps-up-talks-with-Taiwan-to-secure-chip-supply-chain>.
135. « China forecast to fall far short of its "made in China 2025" goal for ICs », *IC Insight Research Bulletin*, 6 janvier 2021. <https://www.icinsights.com/data/articles/documents/1330.pdf>.
136. Entretien avec l'auteur le 5 mars 2021.

137. Sidney Leng, « China's semiconductor dream takes a hit as local authority takes over "nightmare" Wuhan factory », *SCMP*, 18 novembre 2020. <https://www.scmp.com/economy/china-economy/article/3110368/chinas-semiconductor-dream-takes-hit-local-authority-takes\>.
138. Entretien avec l'auteur le 8 mars 2021.
139. Amanda Lee, « China to curb "chaos" in semiconductor industry and hold bosses accountable for risky, loss-making projects », *SCMP*, 20 octobre 2020. <https://www.scmp.com/economy/china-economy/article/3106307/china-curb-chaos-semiconductor-industry-and-hold-bosses>.
140. Entretien avec l'auteur.
141. Cheng Ting-fang, « China's top chipmaker hires sought-after former TSMC executive », *Asia.nikkei.com*, 16 décembre 2020. <https://asia.nikkei.com/Business/China-tech/China-s-top-chipmaker-hires-sought-after-former-TSMC-executive>.
142. Raj Varadarajan, Antonio Varas, Marc Gilbert et al., « What's at stake if the US and China really decouple », *BCG*, 20 octobre 2020. <https://www.bcg.com/publications/2020/high-stakes-of-decoupling-us-and-china>.
143. Antonio Varas, Raj Varadarajan, Jimmy Goodrich et Falan Yinug, *Government incentives and US competitiveness in semiconductor manufacturing*, Boston, BCG & SIA, septembre 2020. <https://web-assets.bcg.com/27/cf/9fa28eeb43649ef8674fe764726d/bcg-government-incentives-and-us-competitiveness-in-semiconductor-manufacturing-sep-2020.pdf>.
144. « Taïwan approves chipmaker TSMC's plan to invest $3.5 bln in new Arizona plant », *Reuters.com*, 22 décembre 2020. <https://www.reuters.com/article/usa-semiconductors-tsmc-idUSL1N2J20UK>.
145. Natalia Drozdiak et Helene Fouquet, « EU weighs deal with TSMC, Samsung for semiconductor foundry », *Bloomberg.com*, 11 février 2021. <https://www.bloomberg.com/news/articles/2021-02-11/europe-weighs-semiconductor-foundry-to-fix-supply-chain-risk>.

146. Ching-Tse Cheng, « Former Taiwan president admits "one country, two systems is dead" », *Taiwannews.com*, 12 mars 2021. <https://www.Taiwannews.com.tw/en/news/4149035>.
147. Linda Jakobson, « Why should Australia be concerned about rising tensions in the Taïwan straits ? », *Chinamatters.org*, février 2021. <https://chinamatters.org.au/policy-brief/policy-brief-february-2021/>.
148. Masha Borak, « Taïwan prosecutes semiconductor recruiters accused of illegally poaching talent for Chinese company », *SCMP*, 10 mars 2021. <https://www.scmp.com/tech/tech-war/article/3124845/taiwan-prosecutes-semiconductor-recruiters-accused-illegally-poaching>.
149. Mensuel *L'Astronomie*, n° 145, janvier 2021, p. 32-34.
150. *Ibid.*
151. Rémy Decourt, « Chang'e est de retour sur Terre avec sa cargaison d'échantillons », *Futura Sciences*, 17 décembre 2020. <https://www.futura-sciences.com/sciences/actualites/lune-change-5-retour-terre-cargaison-echantillons-lunaires-54866/>.
152. Kristin Huang, « China aims for commercial race with at least 20 Long March-8 rocket launches a year », *SCMP*, 22 décembre 2020. <https://www.scmp.com/news/china/military/article/3115067/china-aims-commercial-race-least-20-long-march-8-rocket>.
153. William Zheng et Eduardo Baptista, « Touchdown for China's Mars river Zhu Rong after "nine minutes of terror" », *SCMP*, 15 mai 2021. <https://www.scmp.com/news/china/science/article/3133587/china-successfully-lands-mars-rover-zhu-rong-after-nine-minutes>.
154. « Jiuzhang, un ordinateur quantique réaliserait en 3 minutes un calcul qui prendrait 2 milliards d'années à un superordinateur », *Lunif.com*, 8 décembre 2020. <http://www.lunil.com/jiuzhang-ordinateur-quantique-plus-puissant-superordinateur/>.
155. Nathalie Mayer, « Fusion nucléaire : la Chine a allumé son "soleil artificiel" », *Futura Sciences*, 7 décembre 2020. <https://www.futura-sciences.com/sciences/actualites/fusion-fusion-nucleaire-chine-allume-son-soleil-artificiel-64846/>.

156. AFP, « Fusion nucléaire: la Chine s'échauffe au soleil artificiel de demain », *Sciencesetavenir.fr*, 28 avril 2019. <https://www.sciencesetavenir.fr/fondamental/fusion-nucleaire-la-chine-echauffe-au-soleil-artificiel_133304>.
157. Julien Lausson, « Le "soleil artificiel" de la Corée du Sud établit un nouveau record en fusion nucléaire », *Numerama.com*, 28 décembre 2020. <https://www.numerama.com/sciences/678606-le-soleil-artificiel-de-la-coree-du-sud-etablit-un-nouveau-record-en-fusion-nucleaire.html?fbclid=IwAR1-V9ysHaE6M06iiPCrc-goyB4N9rZWOh3oQoxWMbeupNzv1cJwAOQX4Tig>.
158. Valérie Niquet, « La Chine et l'arme des terres rares », *Revue internationale et stratégique* 2011/4, n° 84, p. 105-113. <https://www.cairn.info/revue-internationale-et-strategique-2011-4-page-105.htm>. Sur ce sujet, lire l'ouvrage de Qiao Liang et Wang Xiangsui, *La guerre hors limites*, Paris, Rivages, 2003.
159. Liu Zhen, « China raises rare earth quotas in goodwill trade signal to US », *SCMP*, 19 février 2021. <https://www.scmp.com/news/china/diplomacy/article/3122501/china-raises-rare-earth-quotas-goodwill-trade-signal-us>.
160. « Factbox: rare earths projects under development in U.S. », *Reuters.com*, 22 avril 2020. <https://www.reuters.com/article/us-usa-rareearths-projects-factbox-idUSKCN2241L6>.
161. William Stevens, « Chine: face à une urbanisation démesurée », *The McGill International Review*, 17 décembre 2018. <https://www.mironline.ca/chine-face-a-une-urbanisation-demesuree/>.
162. « Yu Kingjian, Demas Nwoko et Freddy Mamami: trois architectes qui construisent autrement », *Courrier International* n° 1572, 17 décembre 2020, p. 65. <https://www.courrierinternational.com/revue-de-presse/portraits-yu-kongjian-demas-nwoko-et-freddy-mamani-trois-architectes-qui>.
163. Nicolas Douay et Carine Henriot, « La Chine à l'heure des villes intelligentes », *L'Information géographique* 2016/3, vol. 80, p. 89-102. <https://www.cairn.info/revue-l-information-geographique-2016-3-page-89.htm#:~:text=La%20notion%20de%20ville%20intelligente, au%20d%C3%A9but%20des%20ann%C3%A9es%202010>.

164. *Ibid.*
165. David P. Goldman, *You will be assimilated. China's plan to sino-form the world*, Brentwood, Bombardier Books, 2020., p. XVI. David P. Goldman est connu pour sa tribune dans le *Asia Times Online* publiée sous le pseudonyme de Spengler. En 2011, il a publié le livre *How civilisations die* (« Comment meurent les civilisations »), Washington D.C., Regnery Publishing, 2020.
166. *BBC*, 8 novembre 2019.
167. Jean-Baptiste Mendes, « Espionnage industriel chinois : ambiance de "guerre froide" ou réalité de "la domination" ? », *Sputnik News*, 16 décembre 2020. <https://fr.sputniknews.com/international/202012161044940203-espionnage-industriel-chinois-ambiance-de-guerre-froide-ou-realite-de-la-domination/>.
168. Crowdstrike, *Huge fan of your work: how turbine Panda and China's top spies enable Beijing to cut corners on the C919 passenger jet*, rapport, octobre 2019. <https://fr.scribd.com/document/430534695/Crowdstrike-Huge-Fan-of-Your-Work-Intelligence-Report>.
169. « Airbus cibé par des cyberattaques, un espionnage industriel piloté depuis la Chine ? », *Capital*, 26 septembre 2019. <https://www.capital.fr/entreprises-marches/airbus-cible-par-des-cyberattaques-un-espionnage-industriel-pilote-depuis-la-chine-1351227>.
170. « Airbus, la Chine rejette les soupçons d'espionnage », *France24.com*, 27 septembre 2019. <https://www.france24.com/fr/20190927-airbus-la-chine-rejette-les-soup%C3%A7ons-d-espionnage>.
171. Raphaël Balenieri, « La Chine a fait un TGV toute seule », *Libération*, 4 juillet 2017. <https://www.liberation.fr/futurs/2017/07/04/la-chine-a-fait-un-tgv-toute-seule_1581577/>.
172. Parmi les ouvrages en langue française de Roger Faligot : *Les services secrets chinois : de Mao à Xi Jinping*, Paris, Nouveau Monde, 2015 ; *Kang Sheng, le maître espion de Mao* (avec Rémi Kauffer), Paris, Tempus, 2014; et en langue anglaise : *Chinese spies : from chairman Mao to Xi Jinping*, London, C. Hurst & Co, 2019.
173. Entretien avec l'auteur, 10 janvier 2021.

174. « Soupçonnée d'espionnage industriel une étudiante chinoise est finalement condamnée pour “abus de confiance” », *Le Monde*, 18 décembre 2007. <https://www.lemonde.fr/societe/article/2007/12/18/soupconnee-d-espionnage-industriel-une-etudiante-chinoise-est-finalement-condamnee-pour-abus-de-confiance_991249_3224.html>.
175. *Le Figaro*, 11 février 2021.
176. John Power, « Chinese spying feears revived by security probe into Australian universities », *SCMP*, 11 février 2021. <https://www.scmp.com/week-asia/politics/article/3121400/chinese-spying-fears-revived-security-probe-australian>.
177. « Deux anciens espions condamnés à 8 et 12 ans de prison pour trahison au profit de la Chine », *Le Parisien*, 10 juillet 2020. <https://www.leparisien.fr/faits-divers/deux-anciens-espions-condamnes-a-8-et-12-ans-de-prison-pour-trahison-au-profit-de-la-chine-10-07-2020-8351193.php>.
178. Jérémy André, « Comment Pékin profite de nos chercheurs », *Le Point*, 18 mars 2021. <https://journal.lepoint.fr/comment-pekin-profite-de-nos-chercheurs-2418022>, pour les citations de ce paragraphe.
179. *Ibid.*
180. *Ibid.*
181. « Les instituts culturels Confucius pris dans les tensions diplomatiques entre Chine et États-Unis », *Francetvinfo.fr*, 14 août 2020. <https://www.francetvinfo.fr/culture/les-instituts-culturels-confucius-pris-dans-les-tensions-diplomatiques-entre-chine-et-etats-unis_4075107.html >.
182. Echo Xie, « China-US relations : White House denies backtracking on Confucius Institutes », *SCMP*, 12 février 2021. <https://www.scmp.com/news/china/diplomacy/article/3121554/china-us-relations-white-house-says-confucius-institutes>.
183. Sun Haoran et Zhai Yusha, « Most cyber attacks from the US : report », *Global Times*, 10 juin 2019. <http://www.globaltimes.cn/content/1153777.shtml>.
184. Élise Vincent, « Tensions entre les États-Unis, la Russie et la Chine après deux cyberattaques majeures », *Le Monde*, 13 mars 2021. <https://www.lemonde.fr/international/article/2021/03/13/

tensions-entre-etats-unis-russie-et-chine-apres-la-concomitance-de-deux-cyberattaques-majeures_6072975_3210.html>.

185. Ingrid Vergara, « L'ampleur de la cyberattaque contre le logiciel de messagerie Microsoft Exchange inquiète Washington », *Le Figaro*, 8 mars 2021. <https://www.lefigaro.fr/secteur/high-tech/l-ampleur-de-la-cyberattaque-contre-le-logiciel-de-messagerie-microsoft-exchange-inquiete-washington-20210308>.

186. Cody Godwin, « Facebook removes accounts of "China-based hackers" targeting Uighurs », *BBC.com*, 24 mars 2021. <https://www.bbc.com/news/technology-56518467>.

187. « Facebook bloque une opération de cybersurveillance visant des expatriés ouigours », *Le Monde*, 25 mars 2021. <https://www.lemonde.fr/pixels/article/2021/03/25/facebook-bloque-une-operation-de-cybersurveillance-visant-des-expatries-ouigours_6074427_4408996.html>.

188. Pierre Alonso, « La Chine à l'école russe de la désinformation », *Libération*, 9 mars 2021. <https://www.liberation.fr/international/la-chine-a-lecole-russe-de-la-desinformation-20210309_ZKICU6EJ3BEHDMR55NAJS556VA/>.

189. Yang Jisheng, *Renverser ciel et terre; la tragédie de la Révolution culturelle*, Paris, Seuil, 2020.

190. Pierre-Antoine Donnet, « Livre: La Révolution culturelle en Chine à cœur ouvert », *Asialyst.com*, 19 janvier 2021. <https://asialyst.com/fr/2021/01/19/livre-chine-yang-jisheng-ausculte-revolution-culturelle-coeur-ouvert/>.

191. Bernadette Arnaud, « La Chine réécrit-elle son histoire ? », *Sciencesetavenir.fr*, 25 janvier 2021. <https://www.sciencesetavenir.fr/archeo-paleo/archeologie/la-chine-reecrit-elle-son-histoire_151199>.

192. *Ibid.*

193. Nicolas Weill, « Anne Cheng: "Cela ferait énormément de bien à la Chine de ne plus être cet 'empire du Milieu'" », *Le Monde.fr*, 21 février 2021. <https://www.lemonde.fr/livres/article/2021/02/21/anne-cheng-cela-ferait-enormement-de-bien-a-la-chine-de-ne-plus-etre-cet-empire-du-milieu_6070692_3260.html>.

194. Hannah Beech, « China's chairman builds a cult of personality », *Time Magazine*, 31 mars 2016. <https://time.com/magazine/south-pacific/4278204/april-11th-2016-vol-187-no-13-asia-europe-middle-east-and-africa-south-pacific/>.
195. *Ibid.*
196. Alex Payette, « Chine : flatteries à Xi Jinping, "patriotes" à Hong Kong et tensions dans le Parti », *Asialyst*, 25 mars 2021. <https://asialyst.com/fr/2021/03/25/chine-flatteries-xi-jinping-patriotes-hong-kong-tensions-parti-communiste/>.
197. Jarrett Renshaw et Steve Holland, « Biden compares Xi to Putin, Républican voting restriction plans to segregation-era laws », *Reuters.com*, 25 mars 2021. <https://www.reuters.com/article/us-usa-biden/biden-compares-xi-to-putin-republican-voting-plans-to-jim-crow-laws-idUSKBN2BH1AY?il=0>.
198. Marc Schildt, « "Demain la Chine : démocratie ou dictature ?" ; entretien avec l'auteur », *Lepetitjournal.com*, 11 juin 2018. <https://lepetitjournal.com/hong-kong/demain-la-chine-democratie-ou-dictature-entretien-avec-lauteur-232882>.
199. Jean-Pierre Cabestan, *Demain la Chine : démocratie ou dictature ?*, 2018, *op. cit.*, p. 26-27.
200. *Ibid.*, p. 41.
201. *Ibid.*, p. 57.
202. *Ibid.*, p. 94.
203. *Ibid.*, p. 97.
204. *Ibid.*, p. 98.
205. *Ibid.*, p. 99.
206. *Ibid.*, p. 109.
207. *Ibid.*, p. 115.
208. *Ibid.*, p. 120.
209. *Ibid.*, p. 212.
210. *Ibid.*, p. 265.
211. *Ibid.*, p. 273.
212. *Ibid.*, p. 285.
213. Colum Murphy et Jing Li, « China teaches school children "Do as president Xi tells you" », *Bloomberg.com*, 4 février 2021. <https://www.bloomberg.com/news/articles/2021-02-04/china-teaches-school-children-do-as-president-xi-tells-you>.

214. Claude Leblanc, « En Chine, Xi Jinping toujours plus haut devient "dirigeant du peuple" », *L'Opinion*, 6 janvier 2020. <https://www.lopinion.fr/edition/international/en-chine-xi-jinping-toujours-plus-haut-devient-dirigeant-peuple-207682>.
215. Frédéric Lemaître, « En Chine, la "pensée Xi Jinping" ne fait pas l'unanimité », *Le Monde*, 16 juin 2020. <https://www.lemonde.fr/international/article/2020/06/16/en-chine-la-pensee-xi-jinping-ne-fait-pas-l-unanimite_6043030_3210.html>.
216. « Clubhouse discussion app knocked offline in China », *BBC.com*, 8 février 2021. <https://www.bbc.com/news/technology-55982137>.
217. Li Yuan, « The great firewall cracked, briefly. A people shined through. », *New York Times*, 9 février 2021. <https://www.nytimes.com/2021/02/09/technology/china-clubhouse.html>.
218. Claude Leblanc, « La Chine, la démocratie et l'esprit de revanche », *L'Opinion*, 8 juin 2020. <https://www.lopinion.fr/edition/international/chine-democratie-l-esprit-revanche-218352>.
219. Echo Xie, « Chinese President Xi Jnping says corruption remains biggest threat to Communist party », *SCMP*, 23 janvier 2021. <https://www.scmp.com/news/china/politics/article/3118964/chinese-president-xi-jinping-says-corruption-remains-biggest>.
220. Stéphane Corcuff, « La littérature comme outil d'analyse politique », préface. In Gwennaël Gaffric (dir.), *Formosana, Histoires de démocratie à Taïwan*, Paris, L'Asiathèque, 2021, p. 9.
221. Liu Zhen, « "Taiwan independence means war" : China's Defence ministry warns Joe Biden against siding with Taipei », *SCMP*, 28 janvier 2021. <https://www.scmp.com/news/china/military/article/3119663/taiwan-independence-means-war-chinas-defence-ministry-warns>.
222. Marc Marmino et Layne Vandenberg, « The role of political culture in Taiwan's Covid-19 success », *The Diplomat*, 25 janvier 2021. <https://thediplomat.com/2021/01/the-role-of-political-culture-in-taiwans-covid-19-success/>.
223. Frédéric Lemaître, « 2020, mauvaise année… », 2 mars 2021, art. cité.
224. Brice Pedroletti, « La télévision internationale chinoise privée d'antenne au Royaume-Uni », *Le Monde*, 6 février 2021.

<https://www.lemonde.fr/international/article/2021/02/05/la-television-internationale-chinoise-privee-d-antenne-au-royaume-uni_6068954_3210.html>.

225. Judith Kormann, « “Pratiquement tous les produits chinois bon marché proviennent d'un camp de travail” », *Info.arte.tv*, 1er septembre 2015. <https://info.arte.tv/fr/pratiquement-tous-les-produits-chinois-bon-marche-proviennent-dun-camp-de-travail?fbclid=IwAR0q542ha0jESnqPzr6XjQOkM_2R59kCIi-aXWL-CpJgE--wVBgZ176Yq6ao>.

226. « Diplomatie des “loups guerriers” : quand la Chine veut redéfinir les droits de l'homme à l'ONU », extrait de « Chine, la grande offensive », documentaire diffusé dans l'émission *Complément d'enquête* sur France 2 le 25 février 2021. *Francetvinfo.fr*, 25 février 2021. <https://www.francetvinfo.fr/monde/chine/video-diplomatie-des-loups-guerriers-quand-la-chine-veut-redefinir-les-droits-de-l-homme-a-l-onu_4309159.html>.

227. Lu Shaye, « Allocution de l'ambassadeur Lu Shaye à l'occasion de la rencontre avec la Society for East Asian Affairs de Sciences Po », *Amb-chine.fr*, 12 mars 2021. <http://www.amb-chine.fr/fra/zfzj/t1860661.htm>.

228. Zhang Zhulin, « Victoire. La Chine réélue membre du Conseil des droits de l'homme de l'ONU », *Courrier international*, 14 octobre 2020. <https://www.courrierinternational.com/revue-de-presse/victoire-la-chine-reelue-membre-du-conseil-des-droits-de-lhomme-de-lonu>. La parenthèse est de Zhang Zhulin.

229. « La réalisatrice de Nomadland, primée aux Golden Globes, accusée d'être une “traîtresse” par la Chine », *Le Figaro.fr*, 6 mars 2021. <https://www.lefigaro.fr/culture/la-realisatrice-de-nomadland-au-coeur-d-une-polemique-en-chine-20210306?fbclid=IwAR35aYXX9_0dmVXB7A9pOR4GPxszr2duI-xD6Sxw6JDsVExf1e234rRhF2g>.

230. « Old H&M comment on “forced labor” in China's Xinjiang raises online storm », *Reuters.com*, 24 mars 2021. <https://www.reuters.com/article/us-china-xinjiang-cotton/hms-xinjiang-labour-stance-raises-social-media-storm-in-china-idUSKBN2BG1G4>.

231. Robert Delaney, « UN panel warns that “well-known global brands” may be linked to Xinjiang human rights abuses »,

SCMP, 30 mars 2021. <https://www.scmp.com/news/china/article/3127537/un-panel-warns-well-known-global-brands-may-be-linked-xinjiang-human?utm_source=Facebook&utm_medium=share_widget&utm_campaign=3127537&fbclid=IwAR2dpEL1DOA5EFS6rqgacoadA7sC4Jjhk1EKYYwhqarmsP0jhx-kGtWS4s4>.

232. François Heisbourg, *Le temps des prédateurs*, 2020, *op. cit.*, p. 34.
233. Olivier Guillard, « Les « “Nouvelles Routes de la Soie” », la Chine et le néocolonialisme en Asie du Sud », *Asialyst*, 22 janvier 2021. <https://asialyst.com/fr/2021/01/22/nouvelles-routes-soie-chine-neocolonialisme-asie-sud-pakistan-birmanie/>.
234. Jean-Pierre Cabestan, « Les nouvelles routes de la soie », *Études*, décembre 2019, p. 19-30. <https://www.cairn.info/revue-etudes-2019-12-page-19.htm>.
235. David Dodwell, « The myth of China’s “debt-trap” diplomacy must be put to bed once and for all », *SCMP*, 28 mars 2021. <https://www.scmp.com/comment/opinion/article/3127314/myth-chinas-debt-trap-diplomacy-must-be-put-bed-once-and-all>.
236. Sur ce sujet, on pourra consulter utilement le travail universitaire d’Alexandre Debaune intitulé « Les Nouvelles Routes de la Soie : un cadeau empoisonné pour l’Asie Centrale ? », *Misterprepa.net,* 2 juin 2020. <https://misterprepa.net/les-nouvelles-routes-de-la-soie-un-cadeau-empoisonne-pour-lasie-centrale/>.
237. « De “Nouvelles routes de la soie” durables, un défi impossible ? », *The Conversation*, 9 février 2020. <https://theconversation.com/de-nouvelles-routes-de-la-soie-durables-un-defi-impossible-130672>.
238. Hubert Testard, « Changement climatique… », 21 janvier 2021, art. cité.
239. « De “Nouvelles routes de la soie”… », 9 février 2020, art. cité.
240. *Ibid.*
241. Cissy Zhou, « China debt : Beijing may cut belt and road lending due to domestic pressure, to ensure future of project », *SMCP*, 24 novembre 2020. <https://www.scmp.com/economy/china-economy/article/3111052/china-debt-beijing-may-cut-belt-and-road-lending-due-domestic>.

242. Olivier Guillard, « Face au créancier chinois, l'Asie du Sud saura-t-elle sortir du "piège de la dette" ? », *Asialyst*, 8 janvier 2021. <https://asialyst.com/fr/2021/01/08/face-crenacier-chine-asie-du-sud-sortir-piege-dette/>.
243. Brice Pedroletti, « Au Kirghizistan, l'indésirable présence de la Chine », *Le Monde*, 7 février 2021. <https://www.lemonde.fr/international/article/2021/02/05/au-kirghizistan-l-indesirable-presence-chinoise_6068910_3210.html>.
244. Yuan Jiang, « The continuing mistery of the Belt and Road », *The Diplomat*, 6 mars 2021. <https://thediplomat.com/2021/03/the-continuing-mystery-of-the-belt-and-road/>.
245. Sur ce sujet, voir Asia Balluffier et Antoine Schirer, *Que fait la Chine en Afrique ?*, vidéo de la chaîne du *Monde*, mise en ligne sur YouTube le 22 février 2019. <https://www.youtube.com/watch?v=-ko5BxPz2OE>.
246. Entretien avec l'auteur, 22 janvier 2021.
247. Carrie Nooten, « La future ambassadrice à l'ONU et l'"adversaire stratégique" chinois », *Le Monde*, 5 février 2021. <https://www.lemonde.fr/international/article/2021/02/05/la-future-ambassadrice-a-l-onu-et-l-adversaire-strategique-chinois_6068905_3210.html>.
248. *Ibid.*
249. Julien Wagner, *Chine-Afrique, le grand pillage*, Paris, Eyrolles, 2014.
250. Laurent Ribadeau Dumas, « L'Afrique serait-elle en passe de devenir une colonie chinoise ? », entretien avec Julien Wagner, *Francetvinfo.fr*, 20 septembre 2017. <https://www.francetvinfo.fr/monde/afrique/economie-africaine/lafrique-serait-elle-en-passe-de-devenir-une-colonie-chinoise_3059111.html>.
251. *Ibid.*
252. Afrikhepri Fondation, « Afrique : les agro-impérialistes font main basse sur les terres agricoles », *Afrikhepri.org*, s.d. <https://afrikhepri.org/afrique-les-agro-imperialistes-font-main-basse-sur-les-terres-agricoles/?fbclid=IwAR2v0io2aQ7YxR7gSLh-aJGXpLUGAk66NUK_uaPW0OWbQYuqdH5uFSUbD-o>.
253. Malik Diawara, « Dette et colonisation de l'Afrique : ces peurs que réveille la Chine », *Le Point*, 7 mai 2019. <https://www.lepoint.

fr/economie/dette-et-colonisation-de-l-afrique-ces-peurs-que-reveille-la-chine-03-09-2018-2247943_28.php>.

254. David Mihalyi et Hervé Lado, « Amid plunging prices, Africa's commodity-backed debts to China become perilous », *Chinafricaproject.com*, 13 mars 2020. <https://chinaafricaproject.com/podcasts/amid-plunging-prices-africas-commodity-backed-debts-to-china-become-perilous/>.

255. « La Chine pille les ressources de l'Afrique ? Ce n'est qu'un mythe ! », *Agence Chine nouvelle (Xinhua)*, 24 avril 2019. <http://french.xinhuanet.com/2019-04/24/c_138005703.htm>.

256. Thierry Vircoulon, « Au bout de vingt ans, la "succes story" de la Chinafrique a des conséquences qui posent problème », *Le Monde*, 16 mars 2021. <https://www.lemonde.fr/afrique/article/2021/03/16/au-bout-de-vingt-ans-la-success-story-de-la-chinafrique-a-des-consequences-qui-posent-probleme_6073324_3212.html?fbclid=IwAR15YznZyrl-pvnyZAE-apebCqKai2rbUesgurxV_G4Djbj581HvgdQKn90>.

257. François Heisbourg, *Le Temps des prédateurs*, 2020, *op. cit.*, p. 19, 21, 36.

258. Jean-Raphaël Chaponnière, « Le Cambodge entre sanctions européennes et opportunités chinoises », *Asialyst*, 11 septembre 2013. <https://asialyst.com/fr/2019/09/11/cambodge-sanctions-europeennes-opportunites-chinoises/>.

259. Pierre-Antoine Donnet, *Le leadership mondial en question ; l'affrontement entre la Chine et les États-Unis*, La Tour d'Aigues, l'Aube, 2020.

260. Anyck Béraud, « Le Cambodge sous influence chinoise », *Cambodianess*, 29 novembre 2020.<https://ici.radio-canada.ca/nouvelle/1171564/cambodge-chine-influence-economie-politique>.

261. Florence Evin, « Au Cambodge, les temples d'Angkor menacés par un parc d'attractions », *Le Monde*, 13 février 2021. <https://www.lemonde.fr/culture/article/2021/02/13/patrimoine-les-temples-d-angkor-menaces-par-un-parc-d-attractions_6069804_3246.html>.

262. « "Angkor lake of wonder" : the shadow cast over Angkor by NagaWorld », *Cambodianess.com*, 29 novembre 2020. <https://

cambodianess.com/article/angkor-lake-of-wonder-the-shadow-cast-over-angkor-by-nagaworld>.

263. « Cambodia's new China-style gateway decried as repression tool », *Reuters.com*, 18 février 2021. <https://www.reuters.com/article/us-cambodia-internet/cambodias-new-china-style-internet-gateway-decried-as-repression-tool-idUSKBN2AI140>.
264. James Palmer, « Why are Myanmar's protesters targerting China ? », *Foreign Policy*, 17 février 2021. <https://foreignpolicy.com/2021/02/17/myanmar-protesters-target-china-misinformation-coup/>.
265. Amber Wang et William Zheng, « Chinese in fear in Myanmar after attacks on factories », *SCMP*, 15 mars 2021. <https://www.scmp.com/news/china/diplomacy/article/3125510/chinese-fear-myanmar-after-attacks-factories>.
266. *Libération*, 16 mars 2021.
267. Bethany Allen-Ebrahimian, « Estonia warns of "silenced world dominated by Beijing" », *Axios.com*, 17 février 2021. <https://www.axios.com/estonia-warns-of-silenced-world-dominated-by-beijing-09e54843-6b45-491a-9bfd-e880f6f14795.html>. *Axios* est un site américain indépendant d'informations en ligne créé en 2017.
268. Bethany Allen-Ebrahimian, « Growing number of countries issue warnings on China's espionage », *Axios.com*, 16 février 2021. <https://www.axios.com/china-espionage-europe-1ff03504-0245-4b9c-b967-8807f6c75288.html>.
269. Warren P. Strobel et Dustin Volz, « Les États-Unis dopent leur budget dédié à l'espionnage de la Chine », *L'Opinion*, 4 décembre 2020. <https://www.lopinion.fr/edition/wsj/etats-unis-dopent-leur-budget-dedie-a-l-espionnage-chine-231010>.
270. Pour la rédaction de ce passage, je me suis largement inspiré d'une remarquable analyse du *South China Morning Post*, un excellent journal anglophone de Hong Kong dont les journalistes courageux poursuivent leur travail d'information en dépit des pressions multiples qui s'abattent sur la presse de Hong Kong. Voir Sarah Zheng, « US-China tensions : Joe Biden signals tougher line on Beijing with key appointments », *SCMP*, 21 février 2021.

<https://www.scmp.com/news/china/diplomacy/article/3122370/us-china-tensions-joe-biden-signals-tougher-line-beijing-key>.

271. *South China Morning Post*, 28 février 2021.

272. Graham Allison, *L'Amérique et la Chine dans le piège de Thucydide ? Vers la guerre*, Paris, Odile Jacob, 2019.

273. *Ibid.*

274. « U.S. stands with SE Asian countries against China pressure, Blinken says », *Reuters.com*, 28 janvier 2021. <https://www.reuters.com/article/us-usa-china-south-china-sea-idUSKBN-29X0C1>.

275. Hoang Viet, « Mer de Chine: la France, l'Allemagne et le Royaume-Uni dans la bataille diplomatique », *APN News*, 2 octobre 2020. <https://asiepacifique.fr/mer-de-chine-france-allemagne-royaumeuni-bataille-diplomatique/>.

276. *South China Morning Post*, 21 janvier 2021.

277. Entretien avec l'auteur, 22 janvier 2021.

278. Amber Wang, « France sends warships to South China Sea ahead of exercise with US and Japan », *SMCP*, 19 février 2021. <https://www.scmp.com/news/china/diplomacy/article/3122416/france-sends-warships-south-china-sea-ahead-exercise-us-and>.

279. « China exported more than 220 billion masks in 2020 : government », *Agence France-Presse*, 29 janvier 2021. <https://www.france24.com/en/live-news/20210129-china-exported-more-than-220-billion-masks-in-2020-government>.

280. Linda Lew, Mandy Zuo et Simone McCarthy, « China tilts to Covid-19 vaccine diplomacy as domestic jab programme lags », *SCMP*, 15 février 2021. <https://www.scmp.com/news/china/diplomacy/article/3121766/china-tilts-covid-19-vaccine-diplomacy-domestic-jab-programme>.

281. Simone McCarthy, « Quad summit: US, India, Australia and Japan counter China's "vaccine diplomacy" with pledge to distribute a billion doses across Indo-Pacific », *SCMP*, 13 mars 2021. <https://www.scmp.com/news/china/diplomacy/article/3125344/quad-summit-us-india-australia-and-japan-counter-chinas>.

282. Stéphane Foucart, « Les silences de la Chine, un virus repéré dès 2013, la fausse piste du pangolin… Enquête sur les origines du SARS-CoV-2 », *Le Monde,* 22 décembre 2020. <https://www.

lemonde.fr/sciences/article/2020/12/22/a-l-origine-de-la-pandemie-de-covid-19-un-virus-sars-cov-2-aux-sources-toujours-enigmatiques_6064168_1650684.html>.

283. Jérémy André, « Covid : “La thèse du laboratoire de Wuhan n’est pas une théorie du complot” », *Le Point*, 17 février 2021. <https://www.lepoint.fr/monde/covid-la-these-du-laboratoire-de-wuhan-n-est-pas-une-theorie-du-complot-17-02-2021-2414409_24.php>.

284. Cf. mon ouvrage *Le leadership mondial en question…*, 2020, *op. cit.*, qui traite abondamment de cette question.

285. Karisma Vaswani, « Singapore PM : “Considerable risk” of severe UC-China tensions », *BBC.com*, 12 mars 2021. <https://www.bbc.com/news/business-56318576>.

286. Robert Delaney et Jacob Fromer, « “Quad” summit backs “democratic” Indo-Pacific region, cites Chinese “aggression” », *SCMP*, 13 mars 2021. <https://www.scmp.com/news/china/diplomacy/article/3125290/us-president-joe-biden-opens-quad-summit-calling-alliance?utm_source=email&utm_medium=share_widget&utm_campaign=3125290>.

287. Wang Xiangwei, « China walks fine line between stoking nationalism and seeking global engagement », *SCMP*, 13 mars 2021. <https://www.scmp.com/week-asia/opinion/article/3125260/china-walks-fine-line-between-stoking-nationalism-and-seeking>.

288. Latika Bourke, « Australia enters top 10 in global ranking of soft power », *The Sydney Morning Herald*, 25 février 2021. <https://www.smh.com.au/world/europe/australia-enters-top-10-in-global-rankings-of-soft-power-20210225-p575ll.html>.

289. « China’s Xi trumpets “victory” in campaign to end rural poverty », *Reuters.com,* 25 février 2021. <https://www.reuters.com/article/us-china-politics-poverty-idUSKBN2AP09Q>.

290. Mimi Lau, « Xi Jinping declares extreme poverty has been wiped out in China », *SCMP*, 25 février 2021. <https://www.scmp.com/news/china/politics/article/3123174/xi-jinping-declares-extreme-poverty-has-been-wiped-out-china>.

291. Catherine Wong, « Xi Jinping tells China’s military “be prepared to respond” in unstable times », *SCMP*, 9 mars 2021. <https://

www.scmp.com/news/china/military/article/3124733/xi-jinping-tells-chinas-military-be-prepared-respond-unstable>.

292. Robert Delaney, « China's ability to invade Taiwan "much closer than most think", US Indo-Pacific Command nominee says », *SCMP*, 24 mars 2021. <https://www.scmp.com/news/china/military/article/3126702/chinas-ability-invade-Taïwan-much-closer-most-think-us-indo?utm_source=email&utm_medium=share_widget&utm_campaign=3126702>.

293. Jamil Chade, « Genève montre le film que Pékin voulait cacher », *SwissInfo*, 12 mars 2021. <https://www.swissinfo.ch/fre/economie/gen%C3%A8ve-montre-le-film-dont-p%C3%A9kin-voulait-que-personne-ne-le-voie/46442890?fbclid=IwAR3PEqa_Z9kRACk-08w-5CxgQ4ki8pIGKKKESFTd4OjQ-7miTUidh1492A#.YE3RIUxDnJM.facebook>.

Remerciements

J'ai moi-même beaucoup appris tout au long de la rédaction de ce livre, grâce aux conseils éclairés de nombreux amis. Une Longue Marche vers un peu plus de lumière, en quelque sorte.

Je voudrais remercier en priorité Manon Viard, éditrice aux éditions de l'Aube, et son père Jean Viard, sociologue de renom, pour leur confiance maintes fois renouvelée et leur appui à un projet engagé qui n'allait pas de soi. Cette confiance n'était pas une évidence et elle m'a profondément touché. La maison d'édition l'Aube se revendique d'être un éditeur engagé. Voilà pourquoi je m'y suis immédiatement senti très bien.

Un grand merci aussi à Jean-Pierre Cabestan pour sa préface, que je considère comme un acte de courage par les temps qui courent.

Merci à Hubert Testard pour son soutien indéfectible dans une entreprise qui a plus d'une fois suscité des doutes chez moi et pour sa relecture attentive du manuscrit. Ses encouragements ont été très précieux.

Merci pour ses idées lumineuses à Thierry Dussard, reporter chevronné et compagnon de route fidèle avec qui j'ai souvent partagé les joies toujours renouvelées du journalisme d'investigation.

Encore merci, aussi, à Catherine Martel-Rousson pour ses contributions précieuses dans la recherche d'informations.

Merci à ma sœur Anne-Michèle qui a relu le manuscrit et ajouté au débat des propositions très constructives, tout comme l'a fait mon vieil ami Hubert Villette.

Toute ma gratitude va à ma consœur Joëlle Garrus qui connaît bien la Chine et qui, bien que son temps soit compté, a pris le taureau par les cornes et a relu mon manuscrit.

Merci à Marie Holzman dont l'avis sur mon manuscrit a compté pour moi.

Un clin d'œil amical à Katia Buffetrille pour son œil de lynx qui n'a rien laissé passer.

Merci à Nancy Li pour ses traits d'humour incroyables qui m'ont été très utiles.

Merci encore à Patrick Bonnassieux qui, involontairement sans doute, m'a mis sur la piste d'informations précieuses.

Merci à Didier Lacaze pour sa contribution généreuse et fidèle en sources d'information.

Il y a aussi toutes ces autres solides amitiés, qui resteront anonymes mais qui se reconnaîtront, sans le soutien desquelles je n'aurais peut-être pas réussi à venir à bout de mon travail.

Ma profonde reconnaissance va, enfin et surtout, à ma femme, Monika, ma muse infatigable, qui a si souvent réussi à me transmettre un peu de son énergie débordante alors que je n'en avais plus guère et qui a accepté de bonne grâce de renoncer à toutes ces journées de vie commune volées pour la rédaction de ce livre, une infidélité pour laquelle je ne sais trop comment me faire pardonner.

Table des matières

Du même auteur

Le Dragon et la Souris (avec Lawrence MacDonald), Christian Bourgois, 1987

Tibet mort ou vif, Gallimard, 1990, 1991 ; Folio Actuel, 1993. Préface d'Élisabeth Badinter. Traduit en cinq langues. Nouvelle édition mise à jour et augmentée, mars 2019. Prix Alexandra David-Néel

Le Japon achète le monde, Seuil, 1991 (traduit en chinois)

Tibet, des journalistes témoignent (avec Jean-Paul Ribes et Guy Privat), L'Harmattan, 1992

Tibet, un autre monde, (avec Robert Dompnier), Olizane, 1993

Cabu au Japon (avec Cabu), Seuil, 1993 (traduit en chinois)

Au Tibet avec Tintin, collectif, Casterman, 1994

Le choc Europe-Asie, Seuil, 1998

Asie, les nouvelles règles du jeu, collectif, Philippe Picquier, 1999

Cabu en Chine (avec Cabu), Seuil, 2000 (traduit en chinois)

Le Japon, la fin d'une économie (avec Anne Garrigue), Gallimard/Le Monde, 2000

Cabu en Inde (avec Cabu), Seuil, 2002 (traduit en chinois)

Pontgibaud et son canton, Alan Sutton, 2003

Volcans d'Auvergne : les montagnes et les hommes, Alan Sutton, 2003

Les Châteaux d'Auvergne, Alan Sutton, 2004

Villes d'eaux en Auvergne, Alan Sutton, 2006

Chirac, pile et face (avec Thierry Dussard), Hoebeke, 2007

La saga Michelin, Seuil, 2008

Chine, 30 ans de photographies de l'Agence France-Presse, Philippe Picquier, 2008

Quand la Chine achète le monde, Philippe Picquier, 2018. Prix spécial Turgot 2019. Édition poche, 2019

Le leadership mondial en question, l'affrontement entre la Chine et les États-Unis, préface de Jean-Claude Guillebaud, l'Aube, 2020, Prix spécial Turgot 2021, nouvelle édition Mikrós, l'Aube, août 2021. Traduit en anglais, *World Leadership in the Balance, China and the US Clash for Supremacy*, Singapour, World Scientific Publishing, 2021. Traduit en chinois, Taipei, China Times Publishing, 2022

À paraître :

Ma balade avec Confucius, une philosophie humaniste à l'épreuve de l'Asie d'aujourd'hui, l'Aube, janvier 2022

Pour limiter l'empreinte environnementale de leurs livres,
les éditions de l'Aube font le choix de papiers
issus de forêts durablement gérées et de sources contrôlées.

Achevé d'imprimer en juillet 2021
sur les presses de l'imprimerie Flex Print
pour le compte des éditions de l'Aube
331, rue Amédée-Giniès, F-84240 La Tour d'Aigues

Numéro d'édition : 4457
Dépôt légal : août 2021
Numéro d'impression :

Imprimé dans l'Union européenne